Maria Pruckner

Die Komplexitätsfalle

Das Problem der Komplexität ist das Limit des Menschen, sie zu erfassen.
Schneller als man denkt
führt ein Mangel an relevanter Information zu einem Mangel an relevanter Information.
Nach dem Muster dieses Teufelskreises schreibt das Leben die Dilemmata der Komplexitätsfalle.

Für die drei genialsten Beobachter in meinem Leben:
Axel Corti, Heinz von Foerster und Esther Pruckner

Maria Pruckner

Die Management-Kybernetikerin ist Vorreiterin strikt praxisbezogener, kybernetischer Lösungen komplexer Probleme. Versiert In den unterschiedlichsten Branchen und Bereichen, betrachtet die Beraterin und Trainerin den persönlichen und gesellschaftlichen Kontext von Managementproblemen als entscheidenden Faktor im Informationszeitalter. Vorreiter und Vordenker in der Wirtschaft, Wissenschaft und Politik bedienen sich ihrer Expertise und oft unkonventionellen Wege. Eher findet man sich bei ihr am Steuerrad eines Donauschiffs, im Theater oder vor einem Käfig im Tiergarten wieder, als in einem Seminarraum bei gruppendynamischen Spielen. Zauberlösungen hat sie keine. Ihre nachhaltig wirksamen Lösungen verlangen kurzfristig oft harten Einsatz, der aber langfristig viele Tätigkeiten überflüssig macht. Manchmal setzt sie diese gleich selbst um, anstatt endlos zu diskutieren: „Kybernetik lässt sich viel einfacher machen, als man sie erklären kann." Viele, die sich für die Probleme durch Komplexität und Kybernetik interessieren, kennen die Autorin durch ihre Internet-Publikationen. Mit ihren Ratgebern spricht sie ein breiteres Publikum an. Als Brückenbauerin zwischen Wissenschaft und Praxis vermittelt sie das Wichtigste über das Problem der Komplexität und den Nutzen der Kybernetik auf der Basis ihres Privatstudiums bei Heinz von Foerster. Für die Werke der Professoren Stafford Beer und Fredmund Malik hat sie allgemein verständliche Worte gefunden. Das Lebenswerk von Heinz von Foerster verfilmte sie unter dem Titel 90 Jahre Heinz von Foerster – seine wichtigsten Arbeiten und ihre praktische Bedeutung. Mehr unter www.mariapruckner.com

Esther Pruckner

Jahrgang 1989
Schülerin
Karikaturistin, wenn nötig.
Aus Altersgründen noch keine Karriere nachweisbar.

Maria Pruckner

Die Komplexitätsfalle

Wie sich Komplexität auf den Menschen auswirkt:
vom Informationsmangel bis zum Zusammenbruch

Bibliografische Information der Deutschen Bibliothek:
Die Deutsche Bibliothek verzeichnet diese Publikation in der Deutschen Nationalbibliografie; detaillierte Daten sind im Internet über http://dnb.ddb.de abrufbar.

Herstellung und Verlag: Books on Demand GmbH, Norderstedt
Umschlagdesign, Satz und Grafiken: Books on Demand GmbH, Norderstedt
Karikaturen: Esther Pruckner
Comics und Porträts: Maria Pruckner

ISBN 3-8334-3153-9

Inhalt

Gebrauchsanleitung

Sehr geehrter Leser, Sie haben sich für ein Thema entschieden, das unter Umständen kritisch für Sie werden könnte. Bitte lesen Sie sorgfältig diese Gebrauchsanleitung und halten Sie sich an die entsprechenden Hinweise.

Welches Problem dieses Buch behandelt

In diesem Buch wird auf spielerische Weise anschaulich gemacht, wie sich komplexe Bedingungen auf den Menschen auswirken und wie man am besten damit umgeht. Es zeigt besonders auf, dass Information in komplexen Umständen eine entscheidende Rolle spielt. Wenn wichtige Informationen fehlen und wenn man das nicht erkennt, sucht man die Ursachen und die Verantwortung an der falschen Stelle. Man zeigt Reaktionen, die anderen schaden, aber am meisten einem selbst. Man verliert die Kontrolle und liefert sich aus, ohne das zu wollen. Man steuert nicht mehr, man wird gesteuert und verliert damit zunehmend an Freiheit. Dieses Problem betrifft nicht nur große Katastrophen, wie wir sie immer öfter erleben. Es betrifft auch kleinere und größere, vor allem aber vollkommen unnötige Dilemmata im beruflichen und privaten Alltag.

Für wen dieses Buch gedacht ist

Das Buch will die Menschen ansprechen, die zu den lebensfähigen, kreativen, neugierigen und verantwortungsbewussten Menschen des 21. Jahrhunderts gehören möchten, egal wie alt sie sind und welchen Aufgaben sie sich auch immer zu stellen haben.

Wichtiger Warnhinweis: Wer dieses Buch besser nicht lesen sollte!

Menschen, die weder etwas von Humor halten noch von Phantasie, sollten dieses Buch am besten sofort weglegen. Sie könnten durch seine Lektüre in die Komplexitätsfalle geraten. Leser, die sichere Information und sicheres Wissen wollen, werden schon jetzt darauf hingewiesen, dass sie gefährdet sind, durch dieses Buch massiv verunsichert zu werden.

Welche Organfunktionen betroffen sind

Der radikale Wandel vom Industrie- in das heutige Informationszeitalter hat ein noch nie da gewesenes Angebot an Möglichkeiten mit sich gebracht. Zusätzlich können wir heute unzählbar mehr Nachrichten unvergleichbar schneller erzeugen, transportieren und erfahren. Die zunehmende Vielfalt verlangt uns mehr und schnellere Entscheidungen denn je ab. Das ist in mehrfacher Hinsicht eine Herausforderung für das menschliche Gehirn. Viele Menschen sind auf dieses Problem nicht vorbereitet. Es erfordert nicht nur körperliche Fitness, sondern vor allem Konzentration und einen regen, klaren und starken Geist, der sich vor Reizflut ebenso zu schützen versteht wie vor fatalen Irrtümern.

Wir können nicht sicher wissen, was sich außerhalb unserer Haut tatsächlich befindet und abspielt. Wenn wir von Komplexität sprechen, dann steht das, was wir über sie sagen, immer nur für das, was unser Gehirn von ihr erkennen kann. Nicht nur die Schädelknochen schließen es vehement von seiner Umwelt ab. Auch unsere Sinnesorgane sind nicht wie durchsichtige Fenster hinaus in die Welt. So wie unser Organismus gebaut ist und funktioniert, sorgt er dafür, dass wir uns einsam und abgekapselt von unserer Umgebung Bilder über sie machen. Was um uns herum ist und passiert, verstehen wir nicht immer, ja immer seltener. Und um es zu verstehen, hilft es immer weniger, die Augen und Ohren weiter aufzureißen. Es ist gar nicht so wichtig, möglichst alles über seine Umwelt zu wissen. Es reicht, die Umstände in ihr zu kennen, die einen selbst und seine Aufgaben betreffen. Dazu muss man vor allem verstehen, wie unsere Innenwelt mit unserer Außenwelt zusammenwirkt. Wie die Vorgänge unter unserer eigenen Schädeldecke das beeinflussen, was wir um uns herum wahrnehmen und auslösen, versucht dieses Buch anschaulich zu machen; insbesondere was passiert, wenn uns unsere Wahrnehmung täuscht.

Ganzheitliche Behandlung

Die Autorin geht davon aus, dass sich die Anforderungen von Lesern nicht verallgemeinern lassen. Gerade die Natur des menschlichen Gehirns macht sie zu unverwechselbaren Individuen, denen man nur mit einem speziell für sie gestalteten Buch vollends gerecht werden könnte. Die Autorin hat sich bei der Gestaltung dieses Buches daher primär an den Anforderungen des menschlichen Gehirns in einer komplexen Umwelt orientiert. Dazu wurden folgende Kriterien definiert: Es soll ein komplexes Problem auf leicht verständliche Weise darstellen und darf Menschen, die am Limit ihrer Aufnahmefähigkeit stehen, nicht zusätzlich fordern. Es soll junge Menschen ebenso ansprechen wie ältere und für Leser mit unterschiedlichsten Voraussetzungen gleichermaßen informativ sein. Es soll unterschiedliche Gewohnheiten, Interessen und Bedürfnisse beim Lesen unterstützen. Es soll nicht nur hirngerecht gestaltet, sondern auch für gestresste Menschen geeignet sein. Diese Anforderungen sind mit den allgemein hochgehaltenen Regeln des Bücherschreibens unvereinbar. Sie wurden bewusst gebrochen, um denen des konsequent ganzheitlichen Denkens und Kommunizierens zu folgen.

Zusammensetzung, Anwendung und Dosis

Der erste Teil dieses Buches ist auf herkömmliche Weise verfasst. Er dient der Einführung in die Hintergründe der Komplexitätsfalle. Der Leser erfährt hier das Wichtigste, um die einzelnen Beiträge im zweiten Teil richtig zu verstehen. Es wird empfohlen, diesen Abschnitt sowie die Einführung in den zweiten Teil als Erstes zu lesen.

Im zweiten Teil findet der Leser fiktive Ausschnitte aus verschiedenen Zeitungen, Radio- und Fernsehsendungen, die breitere und kleinere Zielgruppen ansprechen. Sie erzählen, wie die Komplexitätsfalle im Staat Innerwelten zum Kriminalfall und strafrechtlich verfolgt wurde. Die Medien erkennen ihre eigene Rolle bei der Versorgung mit relevanter Information und versetzen mit ihren Berichten eine ganze Gesellschaft in ein umwälzendes Umdenken.

Die einzelnen Artikel im zweiten Teil beleuchten das Problem der Komplexitätsfalle aus den unterschiedlichsten Perspektiven. Sie können im Grunde in beliebiger Reihenfolge, Dosis und in beliebigen Abständen gelesen werden. Nur wer am Krimi interessiert ist, sollte die Beiträge im zweiten Teil aber von vorne nach hinten lesen. Er ergibt sich durch die chronologische Aneinanderreihung der Artikel.

Erwünschte und unerwünschte Wirkungen

Viele der Artikel im zweiten Teil dieses Buchs sind als Interviews gestaltet. Der Leser hat somit die Möglichkeit, sich je nach Lust und Laune in die Rolle des Fragenden oder Antwortenden zu versetzen. Das bietet ihm eine wichtige Form seiner Selbstreflexion, die nicht auf seinen eigenen Impulsen beruht. Dieses Buch fungiert für ihn auf diese Weise sozusagen als Coach.

Der Preis für die ganzheitliche, hirn- und stressgerechte Gestaltung dieses Buches sind Wiederholungen. Ohne Wiederholung kein Lernen. Diese Nebenwirkung ist erwünscht.

In professionellen Medienbeiträgen wird das Wichtigste zu einem Thema bei jeder Nachrichtenübertragung erneut zusammengefasst. In diesem Buch würde das zu unerträglich häufigen Wiederholungen führen. Aus diesem Grund wurde das Wichtigste über die Komplexitätsfalle im Glossar zusammengefasst. Was in einzelnen Artikeln als bekannt vorausgesetzt wird, kann dort nachgelesen werden.

Manchem Leser könnte die eine oder andere Stelle zu schwierig erscheinen. In diesem Fall ist die weitere Lektüre zu empfehlen. Gerade die Bücher, die man nicht sofort versteht, bringen am weitesten. Sie zeigen einem nicht nur, was man versteht, sondern auch, womit man sich noch intensiver auseinander setzen muss.

Manches könnte für den einen oder anderen Leser eine Reihe von Fragen aufwerfen, die in diesem Buch nicht beantwortet werden. Jede dieser Fragen sollte als Bestätigung der eigenen Intelligenz aufgefasst werden. Lassen Sie sich vom Buchhändler Ihres Vertrauens über geeignete Lektüre beraten.

1. Teil
Die Hintergründe

Zur Entdeckung der Komplexitätsfalle

Wie alles begann

1976, ein kalter Wintertag. Ein altes Kaffeehaus am nördlichen Rande Österreichs, nahe am Stacheldraht zum damaligen Ostblock. Pfeife rauchend, im Firmungsanzug ihres Bruders den gerade aufkommenden Feminismus auf seine Tauglichkeit testend, kritzelt eine 15-jährige Schulaussteigerin bei einer Tasse Melange Folgendes in ihr Skizzenbuch:

Es gibt Menschen, denen sagt man nur ein einziges Wort,
und sie verstehen ein ganzes Buch.
Es gibt Menschen, denen erzählt man ein ganzes Buch,
aber sie verstehen kein einziges Wort.

Sie steckt ihren Stift in die Brusttasche und starrt zufrieden auf diese beiden Sätze. Ihr war, als habe sie mit ihnen alles gesagt, was man über die Menschen unbedingt sagen muss. Damals ahnte die Entdeckerin der Komplexitätsfalle nicht, dass die beiden Sätze sie auf die Spuren eines Kernproblems des 21. Jahrhunderts bringen würden.

Woran liegt es, dass manche Menschen aus ihren Gedichten und Geschichten etwas ganz anderes herauslasen, als sie hineingeschrieben hatte? Wie ist zu erklären, dass sie mit anderen kaum ein Wort wechseln musste, um einander bis tief in die Seele hinein zu verstehen? Zum Leben und zur Arbeit der Entdeckerin der Komplexitätsfalle ist der Kürze halber hier nicht mehr zu sagen als: Es hat sich aus ihrem sturen Verfolgen dieser Fragen entwickelt.

Wohin es führte

1976 dachte die Entdeckerin der Komplexitätsfalle noch, sie habe das Problem der Informationsübertragung mit der kleinsten möglichen Anzahl an Worten zum allgemein verständlichen Ausdruck gebracht. Heute braucht sie genau zwölf Worte weniger, um ein noch viel komplexeres Problem zu verdichten: die Komplexitätsfalle.

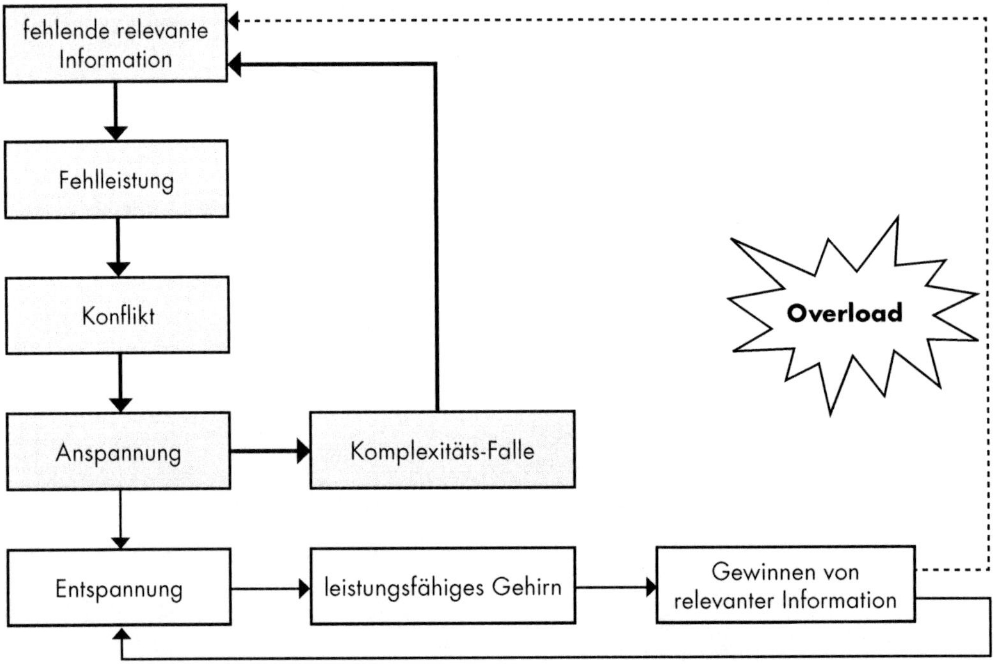

Das Grundprinzip der Komplexitätsfalle,
dargestellt in einem kybernetischen Modell

War es entscheidend zu verstehen, warum sich Informationen nicht so einfach von einem Menschen auf den anderen übertragen lassen, indem man Worte, Zeichen, Gesten und Bilder vermittelt? Gewiss ist das eine fundamental wichtige Frage. Jetzt, rund dreißig Jahre später, nach einem ereignis- und arbeitsreichen Leben, ist sie sicher, sie hat damals nicht tief genug angesetzt. Das Problem entsteht nicht erst durch die Informationsübertragung, es entsteht bereits durch Information an sich.

Woher die Komplexitätsfalle kommt

Die Entdeckung der Komplexitätsfalle geschah rein zufällig. Angetrieben von purem Neid auf die Geschichten, die das Leben selber schreibt, fand ihre Entdeckerin mit der Zeit heraus, dass im wahren Leben die unglaublichsten Begebenheiten entstehen, wenn für das richtige Verstehen von Umständen die notwendigen Informationen fehlen. Viele

Schriftsteller hätten Hemmungen, solche Geschichten zu schreiben. Sie würden zu sehr an den Haaren herbeigezogen erscheinen. Als Dichter, der solches erzählt, käme man rasch in den Verdacht, sich nicht allzu viel dabei gedacht zu haben. Nur das Leben selbst darf solche Storys erfinden, jeden Tag aufs Neue, auf der ganzen Welt, unter Milliarden von Menschen. Aber so unterschiedlich sie sind, je länger die Entdeckerin der Komplexitätsfalle sie betrachtete, umso deutlicher wurde: Diese Geschichten haben System. Sie folgen einem klaren Muster. Sie entwickeln sich nach eindeutigen Gesetzen. So geschah es mit der Zeit, dass sie diese irgendwann nicht mehr überraschten. Sie konnte ihr Ende schon am Anfang vorhersehen. Ihr Rezept war so einfach wie das für die Romane Rosamunde Pilchers.

Wie dichtet das Leben seine Geschichten? Vordergründig sieht es so aus, als habe sich die Entdeckerin der Komplexitätsfalle ziemlich bald dem Beruf der Organisation und des Managements gewidmet. Davon lasse man sich bloß nicht täuschen. Das ist für sie nur ein Mittel zum Zweck, den Spuren des Lebens als dem besten Dichter aller Zeiten zu folgen. Was tut der Mensch anderes, als sich im Leben zu organisieren und seine Vorstellungen mittels Management zu verwirklichen? Er tut das, ob er will oder nicht, ob er das weiß oder nicht. Wie gut er das macht, ist eine andere Frage. Sie hat in erster Linie mit Information und dann erst mit Organisation bzw. Management zu tun. Genauer gesagt, sind beide Aspekte untrennbar miteinander verbunden.

Wir alle sind unglaubliche Dichter. Nur ein paar unter uns müssen ihre Dichtungen unbedingt auch zu Papier bringen. Allen anderen genügt es, sie direkt ins Leben hinein zu schreiben. Wie das funktioniert, kann man auf der Webseite der Entdeckerin der Komplexitätsfalle ansehen. Sie hat es in einem Modell abgebildet: *MMEE – Mein Modell der Effektivität und Effizienz.* Dieses kybernetische Modell beschreibt, dass Wirksamkeit und Ökonomie des menschlichen Problemlösens von den herrschenden Vorstellungen und Informationen abhängen, über die ein Mensch oder ein soziales System verfügt.[1]

So gut die Vorstellungen des Menschen und so gut ihr Management, so gut entwickelt sich ihre Wirklichkeit. Gelingen und Misslingen, Glück und Unglück, Erfolg und Misserfolg, Anerkennung und Missachtung, Strahlkraft und Unscheinbarkeit, Gestaltungskraft und Unbeholfenheit, Freude und Missmut, Verstehen und Verständnislosigkeit, Erfüllung und Mangel, Stabilität und Unruhe liegen viel weniger in den scheinbar unergründlichen Tiefen der menschlichen Seele. All das liegt vor allem an den Informationen, über die der Einzelne verfügt. Das ist das Einfache an der ganzen Sache. Das Schwere ist, wie das entsteht, was man solide als *Information* bezeichnen

---

1 www.mariapruckner.com

darf und wie es von einem Kopf in einen anderen, in mehrere und in viele wandern kann.

Auf diese wichtigen Erkenntnisse zu stoßen hat die Entdeckerin der Komplexitätsfalle ganz mit Absicht verfolgt. Zumal sie sich seit mehr als 13 Jahren als Management- und Organisationsspezialistin ausgibt, erwartet man ja auch genau das von ihr. Aber derlei war auch schon für die 16 Jahre davor entscheidend, die sie als Krankenschwester an verschiedensten Kliniken zubrachte. Das aber wurde schon in einem anderen Buch[2] beschrieben, davon soll hier nicht weiter die Rede sein.

Relevante Information: Gott, wenn man sie hat. Dämon, wenn man sie nicht hat.

Die Entdeckerin der Komplexitätsfalle hat im Laufe der Zeit erkannt, dass all das Wissen, das sie in ihrem Beruf angesammelt hat, nicht sonderlich weiterhilft, wenn man eines nicht weiß: wie gefährlich es werden kann, wenn man nicht weiß, dass man nicht weiß, dass man etwas nicht weiß. Genau dieser Umstand ist der Auslöser, der diese Falle zuschnappen lässt.

Diese Falle ist grauenhaft. Der Anfang in ihrer Gefangenschaft erinnert an die Romane Franz Kafkas: mysteriöse Geschichten, durchsetzt von Orientierungslosigkeit, Sinnkrisen, Angst, Kummer, Misstrauen, Einsamkeit und Konflikt, gewürzt mit einem permanent wehenden Hauch von Wahnsinn. Aber was auch Kafka – vermutlich weil ihn die damit verbundene Trivialität abschreckte – nicht zu schreiben wagte: Die Falle kann Wirkungen bis zur Existenzbedrohung, ja totalen Zerstörung entfalten.

Oft sieht die Komplexitätsfalle Intrigen, Mobbing oder anderen dunklen Machenschaften zum Verwechseln ähnlich. Aber – und hier liegt der geniale Kunstgriff des Meisterdichters Leben – sie kommt nicht aus Bösartigkeit und Hinterhältigkeit! Die Probleme der Komplexitätsfalle entstehen ausschließlich durch fehlende relevante Information! Genau das erfahren die Gefangenen in ihr nie. Es wäre zu flach, das Problem allein auf Dummheit zurückzuführen. Viel mehr ist es die untrennbare Verbindung zwischen der wirksamen Komplexität, dem menschlichen Gehirn und der Eigendynamik beider. Und so erleben die Gefangenen der Komplexitätsfalle anfangs, was der Jurist und Versicherungsangestellte Franz Kafka in unnachahmlicher Weise beschrieben

---

2 Pruckner, M., HILFE|KRANKENHAUS, Chancen erkennen – Krisen bewältigen, 1999, Döcker, Wien

hat: einen zermürbenden und bald sinnlos erscheinenden, einsamen und verzweifelten Kampf gegen eine unsichtbare und unbekannte Übermacht. Aber so manchen Protagonisten der Komplexitätsfalle trifft es stärker als die des Prager Dichters. In den ärgsten Fällen zerstört er andere, anderes und sich selbst.

Was in der Falle passiert

Menschliche Gehirne geraten unter komplexen Bedingungen aus verschiedensten Gründen an ihr Limit. Als Problem dieses Limits folgt, dass Betroffenen wichtige Informationen fehlen. Das ist der Starter der Komplexitätsfalle. Er wirft ihren Motor an, und der ist zusammengebaut aus anwachsendem Stress und der Konzentration auf falsche Aspekte und Strategien.

Das individuelle Limit ist von Gehirn zu Gehirn, von Umstand zu Umstand, von Verfassung zu Verfassung unterschiedlich. Seine verschiedenen individuellen und naturgegebenen Ursachen werden in diesem Buch erst später näher beschrieben. Generell kann man sie mit den Begriffen *Überlastung, Überladung, Überforderung, Überanspannung, Überreizung, Überspanntheit* und *Überreaktionen* zusammenfassen. Als Sammelbegriff für das Limit des menschlichen Gehirns, komplexe Umstände ausreichend oder gar vollständig zu erfassen, verwendet die Autorin in diesem Buch durchgängig den Begriff *Overload*. Er soll die naturgegebenen und individuellen Grenzen menschlicher Gehirne ständig im Bewusstsein halten.

Der Leser wird in diesem Buch laufend Gehirnen begegnen, die unter *Overload* stehen. Sie werden zur klaren Unterscheidung von Gehirnen mit günstiger Verfassung *Overload-Hirne* genannt. Was der Leser unbedingt über sie wissen sollte: Das Verhalten ihrer Besitzer wird, je stärker ihr Overload ist, umso weniger durch ihre Vernunft gesteuert und umso mehr durch ihre Biologie. Genau daraus ergeben sich die unglaublichsten Geschichten.

Es ist eine Frage der Lebensfähigkeit, mit Overload-Hirnen erfolgreich umzugehen. Würde man sich ihnen so anpassen, wie sie das gerne hätten, geriete man bald an sein eigenes geistiges Limit. Sich ihnen nicht mehr anzupassen, als gesund ist, verlangt nach den Künsten eines Dompteurs.

Ob in zwischenmenschlichen Beziehungen privater und beruflicher Natur, ob in komplexen Aufgabenstellungen und Führungsfunktionen, ob in gesellschaftlicher, politischer, wissenschaftlicher oder kultureller Hinsicht, ob in den Händen öffentlicher Steuerung und Verwaltung oder im privaten Raum des eigenen Haushalts: Wer die

Informationen nicht hat, die er braucht, um Probleme durchgreifend zu lösen oder erst gar keine zu entwickeln, stößt an die Grenzen seiner Freiheit. Das ist halb so schlimm. Kritisch wird es, wenn er nicht weiß, dass ihm entscheidende Informationen fehlen. Dann stößt er nicht nur an die Grenzen seiner eigenen Lebensfähigkeit, er gefährdet auch die anderer.

Man wird von der Komplexitätsfalle gefangen genommen durch das Fehlen von relevanter Information, das sich in dieser Falle systematisch aufschaukelt. Sie ist sozusagen eine *Verblödungsmaschine.* Das größte Problem ist, dass ihre Gefangenen, je tiefer sie in der Falle stecken, umso weniger Zweifel haben, dass sie mit ihren Erkenntnissen richtig liegen.

Was das Buch über die Komplexitätsfalle kann und was nicht

Die Ursache der Komplexitätsfalle ist gleichzeitig beruhigend einfach und erschreckend schwer. Beruhigend ist zu wissen, dass sie durch wichtige, aber fehlende Information ausgelöst wird. Schwer ist, dass man Menschen nicht so einfach mit den notwendigen Informationen versorgen kann wie mit Trinkwasser und Brot. Hungerstreikende oder Magersüchtige kann man notfalls zwangsernähren. Aber Overload-Hirnen kann man die nötigen Informationen nicht aufzwingen. Sie sind vollkommen verschlossen.

Das Problem der *Nachrichten* und ihrer Übertragung war nie so weit reichend gelöst wie heute. Das ist das Problem, eine Botschaft von A nach B wandern zu lassen. Die moderne Datenverarbeitungs-, Nachrichten- und Kommunikationstechnik sowie die Technik der Buchproduktion macht das immer besser möglich. Der Verlag, in dem dieses Buch erschienen ist, ist das beste Beispiel dafür, dass optimale Organisation es sogar erlaubt, Nachrichten nur dann zu liefern, wenn sie nachgefragt werden.

Das Problem der *Information* selbst und ihrer Übertragung wird aber noch bei weitem unterschätzt. Information ist jede Erkenntnis, die zu Veränderung führt. Sie befindet sich nicht auf Papier gedruckt oder auf Datenträgern gespeichert, sondern nur in lebenden aktiven Köpfen. Information ist bezogen auf den Menschen immer eine neue Erkenntnis von jemandem. Das Problem der Information ist, wie eine Erkenntnis in einem Gehirn entstehen und wirken kann. Das Problem der Informationsübertragung liegt darin, wie eine Erkenntnis sinngemäß von einem Hirn in ein anderes gelangen kann. Die Lösung der damit verbundenen Probleme können wir nicht an die Daten- und Nachrichtentechniker delegieren. Auch die Druckereien können es nicht lösen und nicht Politiker, Führungskräfte und Manager jeder Art. Das ist ein Problem der zwischenmenschlichen Kommunikation, des Formulierens und Entschlüsselns von Botschaften. Dieses Problem kann nur jeder Einzelne in der Gesellschaft in den Griff bekommen. Es hängt davon ab, auf welchem Wissen konkreter Gehirne konkreter Menschen eine konkrete Information landet.

Die erfolgreiche Übertragung von Information ist *die* Herausforderung im erfolgreichen Umgang mit Komplexität. Jedes menschliche Gehirn ist hier gefordert. Es ist nicht nur ein Problem des Wissens und der Erfahrung, sondern auch eines des Fokussierens, Beobachtens und Wahrnehmens, des Unterscheidens und Urteilens, des miteinander Redens, des Schreibens und des Lesens, des Darstellens und Betrachtens. Es ist ein Problem des Erkennens und Verstehens.

Was die Entdeckerin der Komplexitätsfalle tun konnte, war, die mit dem Entstehen und Übertragen von Information verbundenen Bedingungen, Anforderungen und Auswirkungen zusammenzufassen und erreichbar zu machen. Was sie nicht tun kann, ist für das richtige Erkennen und Verstehen zu sorgen. Was sie aber immer kann, ist damit verbundene Fragen zu beantworten.

Wer die Komplexitätsfalle einmal erlebt hat, wird sie nie wieder unterschätzen. Wer sie öfter erlebt hat, erkennt sie mit der Zeit auf den ersten Blick. Sie ist ein Killer. Sie tötet Möglichkeiten und Chancen, Harmonie und Kreativität, Konstruktivität und Konsens. Sie macht das Erreichen von Zielen kalt. Sie vernichtet wertvolle Ressourcen und Vertrauen. Sie bringt wichtige Entwicklungen und den notwendigen Fortschritt um. Sie zerstört zwischenmenschliche Beziehungen und ein angenehmes kulturelles Klima. Sie erstickt jede wichtige Information schon im Keim. Sie treibt ihre Opfer in die Isolation und in den Zusammenbruch, reißt Interaktionspartner mit sich und kann zum Massenphänomen werden.

Dieses Buch will die Komplexitätsfalle aufzeigen, vor ihr warnen und mithelfen, sich vor ihr zu schützen. Ob es das auch kann, entscheidet nicht das Buch, sondern das Gehirn seiner Leser.

Was man über Komplexität wissen sollte

Komplexität – ein Wort hat Hochkonjunktur

2001 war die Autorin damit beschäftigt, eine Webseite für die Stiftung des Begründers der Management-Kybernetik und seines Partners zu gestalten.[3] Diese Wissenschaft beschäftigt sich unter anderem mit der Bewältigung von *Komplexität* in Organisationen. Zwecks Recherche über die damalige Wahrnehmung dieses Problems gab sie den Begriff *Komplexität* in die Suchmaschine Google ein. Damals, im November 2001, fanden sich dazu rund 6000 Erwähnungen. Damit war klar, sie musste unbedingt einige Worte über Komplexität verlieren. Ob das Einfluss hatte, weiß sie nicht, aber im September 2003 bot Google bereits 244.000, im März 2005 sogar 625.000 Ergebnisse zum Suchbegriff *Komplexität* an. *Komplexität* ist ein viel gebrauchtes, großes Schlagwort geworden.

Was ist Komplexität?

Häufig wird das Wort *Komplexität* als Synonym für *Haken, Klippe, Problem, Hürde, Hindernis, Schwierigkeit, Tücke* oder *Streitfrage* verwendet, allerdings nicht ganz korrekt. Diese Worte stehen vielmehr für typische Wirkungen und Folgen von Komplexität.

Der Begriff *Komplexität* steht für die Gesamtheit aller erwünschten sowie unerwünschten Merkmale und Möglichkeiten eines Systems, wenn es eine unermesslich hohe Anzahl verschiedener Eigenschaften, Verhaltensweisen, Varianten, Wahl- bzw. Reaktionsmöglichkeiten hervorbringen kann.

Der Begriff *Varietät* wird als Maß für Komplexität verwendet. Er steht für die Anzahl möglicher Unterschiede, Nuancen, Abstufungen bzw. Varianten, die ein System welcher Art auch immer grundsätzlich generieren kann, unabhängig davon, welche tatsächlich zur Erscheinung kommen.

Ein Fernsehgerät, verbunden mit entsprechend vielen Fernsehsendern, kann zum Beispiel unendlich viele verschiedene Bilder, Töne und Botschaften hervorbringen. Seine Varietät ist dann enorm hoch, das TV-System ist entsprechend komplex. Löst man die Antennenkabel vom Gerät, reduziert sich die Varietät beträchtlich. Ein Fernsehgerät ohne

---

3 Die Webseite von Prof. Dr. Dr. h.c. mult. Stafford Beer und Prof. oec. habil. Dr. Fredmund Malik, die zusammen das Cwarel Isaf Institute gegründet haben: www.managementkybernetik.com

Antenne ist nicht deshalb bedeutend weniger komplex, weil ein Kabel und die Antenne fehlen, sondern weil die Verbindung zu einem oder mehreren Fernsehsendern nicht vorhanden ist und deren Sendungen nicht auf den Bildschirm übertragen werden können.

Komplexität ist kein neues Problem, sondern nur wirksamer denn je

Das Problem der Komplexität verfolgt die Menschheit nicht erst seit ein paar Jahren. Die Welt und der Mensch waren immer schon komplex. Wir bekommen das heute nur immer mehr zu spüren. Der Grund dafür ist weniger, dass viele Dinge in unserem Leben vielfältiger, vielschichtiger und vernetzter geworden sind, vor allem technische Entwicklungen. Dass uns Komplexität heute Probleme bereitet, liegt vor allem daran, dass wir immer schneller immer mehr Daten, Signale und Informationen produzieren, übertragen und erfahren können. Das führt einerseits zu einer bemerkenswerten Beschleunigung von Abläufen, der immer mehr Menschen kaum noch gewachsen sind. Andererseits führt es zu einer Reiz- und Nachrichtenüberflutung. Es wird dadurch immer schwerer, die relevanten Informationen herauszufiltern und sinnvoll zu verarbeiten.

Die Eigenschaften von komplexen Systemen

Komplexität an sich ist weder gut noch schlecht. Aber komplexe Systeme können besser oder schlechter organisiert sein und dadurch für mehr oder weniger Probleme sorgen. Was Komplexität für den einzelnen Menschen bedeutet, hängt vor allem von der Leistungsfähigkeit seiner Wahrnehmung und seines Gehirns ab.

Komplexe Zusammenhänge sind nicht durchschaubar. Der Mensch ist vielfach auf seine Vorstellungskraft und Gedankenarbeit angewiesen, um ein Bild davon zu bekommen, was in ihnen vor sich geht. Schon eine einzelne Zelle des menschlichen Körpers ist so komplex, dass ihre Beschaffenheit, Vorgänge und Wirkungen auch der beste Experte nicht vollständig erfassen kann. Er muss sich diese Aufgabe mit anderen Fachleuten teilen.

Komplexe Systeme haben Folgendes gemeinsam:

1. Sie sind nicht durchschaubar, entziehen sich jeder Analyse.
2. Ihr Verhalten ist eigendynamisch, man kann es nicht direkt beeinflussen. Ziele zu erreichen verlangt meist indirekte und verschlungene Wege.
3. Kein Mensch kann sicher vorhersagen, wie komplexe Systeme reagieren und wie sie sich entwickeln werden.
4. Komplexe Systeme sind nie vollständig erfassbar. Sie verändern sich durch jeden

Impuls. Ihre Beschaffenheit wird durch ihre Geschichte geprägt.

Das gilt für mechanische und technische Systeme, sowie für geistige, sofern diese komplexe Systeme sind, für die Wesen der belebten Natur, für die Menschen, ihre Organisationen und Gesellschaften.

Wer die Welt und das Leben mit wachen und unvoreingenommenen Sinnen beobachtet, wird ohne größere Zweifel zustimmen, dass komplexe Systeme diese Eigenschaften aufweisen. Sie erklären zum Beispiel, warum so manche menschliche Ansinnen nicht gelingen können, warum heute falsch ist, was gestern noch richtig war, warum es immer wieder zu Überraschungen kommt, warum die Wettervorhersage noch eher zutrifft als politische Meinungsumfragen mit den Wahlergebnissen übereinstimmen, warum nicht alle Menschen so genial und erfolgreich sind, wie sie es gerne wären bzw. darstellen, warum das Auto heute nicht mehr anspringt, obwohl es gestern noch tadellos gefahren ist, und warum man nie genug wissen kann.

Wenn Systeme komplexer sind, als ein Mensch sie verstehen kann

Komplexe Umstände bringen prinzipiell eines mit sich: Sie enthalten immer mehr Information, als man als Einzelner über sie erreichen kann. Während weit und breit über Informationsüberflutung geklagt wird, plagt viele Menschen tatsächlich ein ganz anderes Problem. Sie leiden immer häufiger unter einem Mangel an Information, und zwar an *relevanter* Information.

Unzureichend erkannte, verstandene und bewältigte Komplexität versetzt den Menschen einerseits in erhöhte Aktivität und gesteigerten Ressourcenverbrauch, andererseits in Stress und Angst. Das menschliche Gehirn arbeitet undurchschaubar vielschichtig und vielfältig vernetzt. Das ist gut so. Das macht es überhaupt erst möglich, dass der Mensch auch in zunehmender Informationsdichte, Beschleunigung und Veränderung grundsätzlich noch klarkommen kann. Aber jedes Gehirn hat auch Grenzen – individuelle, fließende und flexible, aber Grenzen. Wo und wann sie in welchem Ausmaß auftreten, haben wir bis zu einem gewissen Grad selbst in der Hand. Aber das Gehirn spielt uns auch so manchen Streich. Man sollte seine Tücken kennen und wissen, wie man mit ihnen am besten umgeht. Wer sich darum nicht selbst kümmert, macht sich zum Freiwild für die Komplexitätsfalle.

Das Problem der relevanten Information

Wenn es unmöglich ist, über alle Informationen eines komplexen Systems zu verfügen, dann müssen wir darauf setzen, wenigstens die für ein bestimmtes Problem relevanten zu erreichen. Aber wie bestimmt man die Relevanz? Dazu sagt man am besten sehr viel oder sehr wenig. Es gibt einen einfachen, pragmatischen Weg, um zu erkennen, ob man mit den richtigen Informationen arbeitet: Funktioniert, was man verfolgt, liegt man richtig. Funktioniert es nicht, liegt man falsch.

Es ergibt wenig Sinn, dem Erfolg hinterher zu rennen, was immer man tut, als Erfolg darzustellen, oder Misserfolg auf andere abzuwälzen. Wahrer Erfolg ist immer eine Folge des Gelingens, wie dem Misslingen der Misserfolg folgt. Wer sich weniger auf seinen Erfolg und mehr auf das Gelingen seiner einzelnen Schritte konzentriert, wird viel eher auf die richtigen Fragen und Informationen stoßen und damit in komplexen Umgebungen am besten zurechtkommen.

2. Teil

Die Komplexitätsfalle

Ein paar Worte zur Phantasie

Wenn wir über Komplexität sprechen, dann reden wir immer nur von der, die wir uns gedanklich vorstellen können, aber niemals von der, die tatsächlich existiert. Wir können aufgrund unserer Beschaffenheit als Menschen gar nicht sicher wissen, was sich außerhalb unserer Haut tatsächlich befindet und abspielt. Warum das so ist, erzählen die folgenden Zeitungsausschnitte, Radio- und Fernsehbeiträge aus dem fiktiven Staat Innerwelten.

Diese Nachrichten basieren auf reiner Phantasie. Auch wenn das, was in den folgenden Artikeln lesen zu ist, real erscheinen mag, ist zu beachten: Alle Personen, Orte, Institutionen sowie Vorfälle in diesen Medienbeiträgen sind frei erfunden, ja oft stark überzeichnet, um das eine oder andere zu verdeutlichen! Ähnlichkeiten der fiktiven Personen, Orte, Institutionen sowie Vorfälle mit realen Existenzen, Zuständen, Ereignissen und Beschreibungen in diesem Buch sind unbeabsichtigt und reiner Zufall.

In den Medienberichten kommen zweierlei Arten von Experten zu Wort: erfundene und tatsächlich existierende. Die erfundenen Experten tragen alle den Titel EdR. Das bedeutet in Innerwelten, dass dieser *Experte die Regierung* berät und für die *Erkenntnis der Regierung* steht. Außerdem tragen die fiktiven Experten Namen, die an ihr Fachgebiet erinnern. Sie bedienen sich aber auch der Erkenntnisse von Wissenschaftlern, die tatsächlich in realen Staaten leben bzw. lebten. Ihre Namen klingen vertraut, und zu ihnen finden sich entsprechende Literaturangaben.

Wie Justiz und Gesetz im Staat *Innerwelten* funktionieren, ist ebenfalls pure Dichtung. Sie kommen in mancher Hinsicht nicht an reale Ordnungen und Begriffe heran. Letztlich ist auch die Beschreibung der Komplexitätsfalle eine reine Erfindung der Autorin. Sie erhebt keinerlei Anspruch, mit diesem Buch ein wissenschaftliches Werk oder gar eine Wahrheit vorzulegen.

Was ist verrückter?

Warum sollte man sich mit Phantasien befassen, wenn man ein reales Problem verstehen und lösen will? Wozu soll das gut sein? Fangen wir mit der Frage an: Was ist die Realität? Besonders, wenn man den zeitgenössischen Physikern zuhört, wird uns klar, dass wir nicht wissen können, was sich um unsere Haut herum abspielt. Albert Einstein hat angemerkt, dass Vorstellungskraft wichtiger ist als Wissen. Wie wir die

Welt wahrnehmen, hat mehr mit unseren Vorstellungen von ihr zu tun, als viele Menschen ahnen.

Fahren wir fort mit der Frage: Was ist Wahrheit? Wahrheit kann in Konsequenz zu dem, was wir über die Realität wissen, wohl immer nur die Wahrheit von jemandem sein, und die kann mehr oder weniger nahe an seiner Phantasie liegen.

Was ist Phantasie? Von ihr wissen wir wenigstens, was sie ist! Sie rührt allein aus unserer Geisteskraft, uns Dinge mehr oder weniger lebhaft, strukturiert und exakt vorzustellen. Trotzdem gelingt es uns in vieler Hinsicht, unsere Wahrnehmungen mit anderen Menschen zu teilen. Wie ist das möglich? Es gibt viele Erklärungen dafür, aber kein sicheres Wissen darüber. Tatsache ist, dass es den meisten Menschen als selbstverständlich erscheint, die Dinge gleichartig oder ähnlich zu sehen, obwohl dahinter regelrechte Wunder des Menschseins stecken. Viele werden zustimmen, dass viel eher unterschiedliche Wahrnehmungen zu Konflikten und Unruhe führen, obwohl die Ursachen dafür wissenschaftlich längst erforscht sind. Es liegt in unserer Natur, dass unsere Sinnesorgane unsere Umwelt nicht so abbilden, wie sie ist, sondern nur so, wie es unser Nervensystem entschlüsseln kann.

Ist es dann nicht absurd, die Schilderung von Realität und Wahrheit einzufordern? Sind wir dann nicht regelrecht verpflichtet dazu, unsere Phantasien auch als solche zu erkennen und zu deklarieren? Gerade in der Komplexitätsfalle werden Phantasien mit der so genannten *Wirklichkeit* verwechselt, und das führt, wenn man ihre ernsthaftesten Folgen betrachtet, oft zu regelrechten Verbrechen an sich selbst und an Mitmenschen.

Bleibt die Frage: Was gibt Sicherheit?

Es gibt nur eine, auf die sich die Autorin stützt: Funktionieren. Wahrer Erfolg ist immer die Folge eines Gelingens. Das Gelingen entscheidet man nie selbst, das entscheidet immer das System, um das es geht.

Es gab im 20. Jahrhundert einen Mann, der sich wohl wie kaum ein anderer mit dem Problem komplexer Systeme auseinander gesetzt hat. Er war Physiker, Mitbegründer der Kybernetik, Erfinder und Philosoph und glücklicherweise Freund, Lehrer und Mentor der Autorin: Heinz von Foerster. Er hat nur selten explizit von Komplexität gesprochen, sondern viel öfter von Nichttrivialen Maschinen, die sich nicht analysierbar, nicht vorhersagbar, nicht berechenbar, eigendynamisch und geschichtsabhängig evolutionär verhalten.

Man könnte sagen, Heinz von Foerster war wohl einer der besten Geschichtenerzähler über das Funktionieren, den die Welt je gesehen hat. Er wusste nur zu gut, wie sehr den Menschen nach Sicherheit, nach Wahrheit und nach objektiver Erkenntnis ist. Er wusste noch besser, dass dieses Verlangen unstillbar ist. Nicht, weil die Menschen so gierig danach sind, sondern weil unsere Welt diese Bedürfnisse umso weniger erfüllt, je mehr man sich ihnen widmet.

Wer sich in der Auseinandersetzung mit der Komplexitätsfalle und mit allem anderen in seinem Leben auf das Gelingen konzentriert und nur das Funktionieren als einzig verlässliches Erfolgsmerkmal akzeptiert, der muss seine Problemlösungskompetenz nicht lautstark und penetrant demonstrieren. Seine Ergebnisse und die Systeme, mit denen er arbeitet, sprechen für ihn.

Heinz von Foerster hat die beste Sicherheit, die wir gewinnen können, mit einfachen Worten auf den Punkt gebracht: „*Meine Formel lautet: Das Funktionieren ist ein Beleg für das Funktionieren. Wieso soll ich dieses Funktionieren nun mit diesen lächerlichen acht Buchstaben WAHRHEIT gleichsetzen? Wozu? Um recht zu behalten? Um dem anderen über den Kopf zu hauen …?*“[4] Deshalb wird die Komplexitätsfalle in diesem Buch bewusst nicht als eine Theorie beschrieben, nicht als eine objektivierte Wahrheit, nicht als sicheres Wissen, sondern als eine Phantasie.

---

4 von Foerster, H., Pörksen B., Die Wahrheit ist die Erfindung eines Lügners, Carl Auer Systeme Verlag, Heidelberg, 1998

Was man über Innerwelten wissen muss

Manchmal versagen Menschen. Manchmal versagen Systeme – lebende, technische, soziale oder gedankliche. Oft liegt das an ihrer Natur. Oft hat das Versagen einen tieferen Sinn. Noch öfter erscheint es unsagbar sinnlos. In Innerwelten passiert das in den letzten Jahrzehnten auf merkwürdige Weise immer öfter und massiver. Im Anschluss an diesen Abschnitt soll davon ausführlich berichtet werden. Damit der Leser verstehen kann, was in Innerwelten genau vor sich geht, muss er in diesen Phantasiestaat zuerst sozusagen eingebürgert werden. Es ist hier manches ein bisschen anders als man das gewohnt ist.

Die Falle greift um sich

Immer mehr Menschen in Innerwelten verhalten sich auf eigenartige Weise nicht kooperativ. Sie scheinen zu mobben und intrigieren, sorgen für Verwirrung und Orientierungslosigkeit, bringen wichtige Vorhaben zum Scheitern und vernichten wertvolle Ressourcen. Im Volk erhärtet sich der Verdacht einer heimtückischen Verschwörung durch eine unbekannte Macht. Eine unabhängige Tageszeitung macht der Regierung Druck, sich des Problems anzunehmen.

Bei Gericht häufen sich Streitfälle im bedenklichen Maß. Betroffene fordern Schadenersatz für Rufschädigungen und schwere Verluste ein, für ihre Rechte am Arbeitsplatz und im Geschäftsleben. Auch die Zahl familien- und privatrechtlicher Auseinandersetzungen steigt merklich an.

Die Gerichte sehen sich nicht nur wegen der steigenden Menge der Klagen, sondern auch wegen deren Natur außer Stande, weiterhin für Recht, gar Gerechtigkeit zu sorgen. Sie stellen immer häufiger fest, dass sie es mit Konflikten zu tun haben, von denen nicht entschieden werden kann, wer der Täter und wer das Opfer ist. Auch die Richter wenden sich letztlich orientierungslos an die Regierung um Hilfe.

Experten am Werk

Die Experten der Regierung – sie alle tragen den Titel EdR – werden beauftragt, für eine Erkenntnis der Regierung zu sorgen, wie die Justiz diesem Phänomen gegenüber künftig wirksamer begegnen kann. Die EdR empfehlen, dem Problem zuerst mit kriminalistischen Mitteln auf den Grund zu gehen, um die Natur dieser Konflikte genau zu verstehen.

Es werden über Jahre sorgfältigste Nachforschungen angestellt. Dabei stellt sich heraus, dass die angeklagten Täter auf seltsame Weise Opfer ihrer selbst zu sein scheinen. Außerdem zeigt sich immer deutlicher, dass sie von Fehlwahrnehmungen und einem oft massiven Informationsmangel fehlgeleitet sind. Im Extremfall wirken Betroffene wie geistesgestört.

Der kriminalistische Leiter der Untersuchungen hat aufgrund der verwirrenden Umstände immer öfter Mühe einen klaren Kopf zu bewahren. Er erhält daher nach einiger Zeit Unterstützung durch eine Gruppe verschiedenster hochrangiger Experten aus dem Stab der EdR. Die Untersuchungen erweisen sich dennoch zusehends als mühsamer. Denn je genauer sie nachforschen, desto deutlicher wird: Opfer und Täter sind tatsächlich so gut wie nicht zu unterscheiden.

Am Ende ihres Lateins?

Die EdR wissen, dass sie sich angesichts der sich anbahnenden Staatskrise keinen Fehler leisten dürfen. Entsprechend lange Zeit wenden sie für eine verantwortungsbewusste Erklärung auf. Es vergehen fast zwei Jahrzehnte. Dann geben sie der Regierung in letzter Minute bekannt: Verantwortlich scheint ein bisher unbeachtetes Phänomen zu sein. Die EdR nennen es *Komplexitätsfalle.*

Die Regierung ist über dieses Ergebnis alles andere als glücklich. Die Verschwörung einer unbekannten Macht werde dem Volk nach wie vor plausibler erscheinen als ein solch abstraktes Phänomen! Damit könne man unmöglich vor das Volk treten! Die EdR mögen ihre Erkenntnisse in einem Dokument präziser darlegen. Insbesondere mögen sie auf Empfehlungen eingehen, wie der Einzelne vor vorschnellen Verurteilungen durch seine Mitmenschen und Gerichte geschützt werden könne. Ebenso sorgfältig sei aber auch der Frage nach der Verantwortung für diese seltsamen Konfliktfälle nachzugehen. Das Dokument solle so verfasst werden, dass es allenfalls ohne Abstriche dem Volk vorgelegt werden könne.

Dokument der EdR zum vermutlichen Sachverhalt der Komplexitätsfalle zur Erkenntnis der Regierung

Die Experten der Regierung geben zur Erkenntnis der Regierung folgende Hintergründe bekannt, die den Verdacht erhärten, dass hinter der vom Volk befürchteten Verschwörung einer unbekannten Macht gegen den Staat Innerwelten und seine Einwohner ein bisher unbeachtetes Phänomen der Natur steckt, welches wir Komplexitätsfalle *nennen und welches unseren bisherigen Erkenntnissen nach von den Auswirkungen von Komplexität auf den Menschen herrührt.*
Die Experten der Regierung teilen zur Erkenntnis der Regierung Folgendes mit:

Das Problem der Wahrnehmung

Der Mensch nimmt auf zwei Ebenen wahr. Die eine Ebene ist die der Sinnesorgane. Die andere Ebene ist die gedankliche. So kann man etwa sehen *wie jemand bei roter Ampel die Straße überquert. Dass er damit eine Verkehrsregel verletzt und damit Gefahr auslöst, kann man nur* wissen. *Wüsste man nicht, was eine rote Ampel bedeutet, würde man sich nichts dabei denken. Weiß man es aber, erkennt man die Gefahr. Man kann sich etwa auch vor einen Computer setzen, eine bestimmte Software laden, ihre Masken und Menüs betrachten. Wenn man nicht weiß, welche Funktionen das Programm ausübt, hilft einem das, was man sinnlich wahrnimmt, nur wenig. Die Software kann noch so ausgeklügelt sein, man kann ihre Funktion nur durch Versuch und Irrtum erkennen oder ihr Regelwerk wissen, zum Beispiel indem man das Handbuch studiert.*

Es ist typisch für komplexe Umgebungen und Systeme, dass wir sie nur zu einem geringen Teil mit den Sinnen wahrnehmen können. Die überwiegende Menge an Information können wir nur gedanklich erfassen. Man kann etwa sehen, wie ein Land aussieht. Wenn man über seine Geschichte, geografischen, politischen und wirtschaftlichen Strukturen, seine Gesetze und Kultur nichts weiß, wird man in diesem Land, wenn überhaupt, nur mit Mühe klarkommen.

Unsere Sinne können uns ebenso täuschen wie unsere Gedanken. Noch viel bemerkenswerter ist, dass unsere gedankliche Wahrnehmung die sinnliche beeinflusst und die sinnliche die gedankliche. Klarsehen ist alles andere als einfach. Was man wahrnimmt, muss nicht unbedingt wahr sein.

In den untersuchten Streitfällen haben wir auf Seiten der Angeklagten wie auf Seiten der Kläger eine bemerkenswerte Häufung von Fehlleistungen der sinnlichen und gedanklichen Wahrnehmung festgestellt.

Komplexität

Komplexe Umgebungen und Systeme sind keine besonderen Angelegenheiten, denen man nur im Ausnahmefall begegnet. Sie sind allgegenwärtig, alltäglich. Nicht ganz so selbstverständlich sind ihre Eigenschaften. Auch sie sind nicht besonders. Es hat sie wohl immer schon gegeben. Aber sie sind anders als noch vielfach gedacht wird. Deshalb werden sie gerne als besondere Eigenschaften *bezeichnet.*

Menschen und ihre sozialen Strukturen sind zweifellos komplexe Systeme, unzählige ihrer Errungenschaften auch. Komplex sind auch alle biologischen Systeme, die Natur an sich. Einfache Systeme sind zum Beispiel Scheren, Korkenzieher, Bleistifte. Kaum jemand hat mit ihnen ein Problem. Es ist vorhersagbar, wie sie funktionieren und durchschaubar, woraus sie bestehen. Von komplexen Systemen kann man das nicht sagen. Sie sind weder analysierbar, noch vorhersagbar. Aber sie funktionieren nach bestimmten Gesetzen, die von der Natur vorgegeben sind. Man kann sie nicht mit den Sinnen wahrnehmen. Sie können nur gedanklich erfasst werden und uns helfen, besser zu erkennen, was tatsächlich vor sich geht.

Wir machen darauf aufmerksam, dass mit zunehmender technischer, kultureller und gesellschaftlicher Entwicklung die Komplexität unserer Welt einerseits zugenommen hat, andererseits wesentlich mehr Signale, Daten und Informationen hergestellt und ausgesendet werden, die das menschliche Gehirn verarbeiten muss. Es muss angenommen werden, dass viele Menschen, genauer gesagt deren Gehirne, auf diese Anforderungen nicht hinreichend vorbereitet sind.

Wissen und Verantwortung

Leider werden komplexe Angelegenheiten noch zu oft mit Vorstellungen und Theorien betrachtet, die nicht besonders hilfreich oder sogar kontraproduktiv wirken. Häufig wird der liebe Gott für Ereignisse und Zustände verantwortlich gemacht, die sich durch die Natur komplexer Systeme erklären lassen. Oft wird das Verstehen in einer spirituellen Neuorientierung gesucht und oft wird diese so häufig gewechselt wie das Hemd. Das kann möglicherweise helfen für alles, was der Mensch tatsächlich nicht wissen, sondern nur glauben kann. Gibt man sich allerdings zu rasch damit zufrieden, etwas zu glauben, weil man etwas nicht sicher weiß, hört man auf, Fragen zu stellen und infolgedessen auch nachzudenken. Man ergibt sich dann seinem Glauben. Die Gesetzmäßigkeiten komplexer Systeme kann man aber wissen und vom Prinzip her kann sie jeder verstehen und überprüfen. Man muss also weder den lieben Gott strapazieren noch das unbekannte X, das angeblich für eine heimtückische Verschwörung verantwortlich ist.

Wir haben im Zuge unserer Untersuchungen festgestellt: Mindestens ebenso oft werden Menschen für die natürlichen Reaktionen komplexer Systeme verantwortlich gemacht. Andere klagen sich selbst für ein Misslingen durch deren Ursachen an. Aber kein Mensch kann das Geschehen und Wirken in komplexen Systemen in allen einzelnen Details erfassen, eben weil sie so vielfältig und vielschichtig sind. Kein Mensch, auch der Mächtigste nicht, hat direkten oder gar sicheren Einfluss auf das Verhalten komplexer Systeme, es wird durch das System selbst bestimmt. Je mehr und verbissener man versucht, komplexe Systeme zu kontrollieren, durch direkten Einfluss zu einem bestimmten Verhalten sozusagen zu zwingen, desto eher entsteht die Wahrscheinlichkeit, dass dieses System außer Kontrolle gerät. Denkt man nur daran, was passiert, wenn man Menschen zwingt, wird die Natur komplexer Systeme deutlich.

Die Welt, in der wir heute leben, konfrontiert uns mit immer mehr Komplexität. Ihre Eigendynamik wird immer deutlicher und besonders unsere Abhängigkeit vom Funktionieren komplexer Systeme. Allein der Ausfall eines Handys kann große Probleme machen. Ein Störfall in einem Atomreaktor oder allein auch nur in einem Krankenhaus ist eine Katastrophe. Ein Projekt, das scheitert, kann viele Arbeitsplätze kosten.

So konnten wir feststellen, dass in einem überwiegenden Teil der Streitfälle bisher geringfügig erscheinendes Fehlverhalten oder als minimal erachtete Fehlfunktionen bzw. Fehlleistungen die Auslöser von dramatischen Fehlentwicklungen waren, die sich durch ein hartnäckiges Glauben an unzutreffende Erklärungen systematisch verschärften.

Störungen

Je komplexer Systeme sind, desto störungsanfälliger sind sie, wenn sie nicht optimal organisiert sind. Wir sind gerade dabei zu lernen, wie wir sie organisieren müssen, um ihr Potential auszuschöpfen. Wir sprechen ebenso vom Management einer Regierung wie von dem unserer Unternehmen. Ärzte sprechen zum Beispiel vom Management der Diabeteskrankheit. Folgende Aussage zweier Vordenker der Eliteuniversität St.Gallen machen das besonders deutlich: „Die Gesellschaft braucht zahllose Manager, und Management ist nicht auf die Unternehmungen oder die Wirtschaft beschränkt, sondern stellt eine für die Gesellschaft entscheidend wichtige Funktion dar. In kritischer Sicht kann man kaum behaupten, dass die Gesellschaft von heute besonders gut funktioniert; im Gegenteil scheinen sich mehr und mehr unerwünschte, von niemandem gewollte Zustände in allen Lebensbereichen zu häufen und vieles, was gestern noch zufriedenstellend funktionierte, gerät heute periodisch außer Kontrolle oder produziert negative Nebenwirkungen in einem nicht mehr tolerierten Ausmaß. Dies deutet darauf hin, dass das Management der Gesellschaft und ihrer vielen zweckgerichteten Institutionen offenbar nicht so gut ist, wie es von einem gesellschaftlichen Standpunkt aus sein sollte, und dies ist wohl zum Teil darauf zurückzuführen, dass weitgehend unbekannt ist, was Management in gesellschaftlicher Sicht eigentlich bedeutet.“ [5]

Management

Management *ist heute eines der am häufigsten gebrauchten Wörter im Arbeitsalltag und es ist zweifellos eine der wichtigsten Funktionen in der Gesellschaft. Aber was ist die Gesellschaft? Sie ist ein Verbund von Menschen. Management wird nicht von* Unternehmen, Regierungen *oder* Institutionen *ausgeübt, sondern von Menschen, die diese Verbände bilden und gestalten. Also ist nicht vorrangig zu behandeln, wie bestimmte Organisationen der Gesellschaft gemanagt werden müssen. Die wichtigste Frage muss sein, wie sich der Mensch in einer komplexen Umwelt selbst managen muss, insbesondere was er* selbst *dazu beitragen kann, um Probleme in komplexen*

---

5 Ulrich, H., Probst. G.J.B., Anleitung zum ganzheitlichen Denken und Handeln. Ein Brevier für Führungskräfte. Verlag Haupt, Stuttgart 1995, S. 304, 305

Umständen richtig wahrzunehmen und zu diagnostizieren sowie nachhaltig zu lösen. Erst unter dieser Voraussetzung kann er in seinen Organisationen und in seinem privaten Umfeld hilfreiche Beiträge zum größeren Ganzen leisten.

Stress

Wir haben als Experten der Regierung die Frage zu behandeln, wofür sich der Mensch selbst verantwortlich sehen muss und wofür man ihn nicht verantwortlich machen kann. Gelingen und Misslingen beginnen mit einer sinnlichen und gedanklichen Wahrnehmung, die geeignet oder eben nicht geeignet ist, bestehende Probleme richtig zu erkennen. Wenn man für ein Problem die richtige Erklärung gefunden hat, hat man seine Lösung bereits in der Hand.

Wer im ungesunden Maß gestresst ist, nimmt nicht mehr klar wahr. Wer nicht klar wahrnimmt, gerät rasch in immer stärkeren Stress. Kurz: Wem relevante Informationen fehlen, der gerät in Stress. Wer gestresst ist, kann relevante Informationen nicht mehr aufnehmen.

Wenn man menschliches Versagen – in seinem ganzen Spektrum vom kleinen Lapsus bis zur schwersten Fehlhandlung – verstehen möchte, dann muss man im Wesentlichen verstehen, wie das menschliche Nervensystem funktioniert, wo die Grenzen und Möglichkeiten seines Gehirns in seiner Anpassung an eine komplexe Umwelt liegen.

Das menschliche Nervensystem unterdrückt unter Stress die Aufnahme von Information. Die Wahrnehmung wird schlechter, bricht mit zunehmendem Stress zusammen. Auf diese Weise schützt sich das Gehirn vor zu starker Überladung und dem totalen Zusammenbruch.

Hoher Stress ist ein Signal des Nervensystems, dass die Anforderungen für den Organismus zu viel geworden sind, dass sie weniger werden müssen. Kaum jemand in einer Leistungsgesellschaft wie der unseren wagt es aber, diesem Signal zu folgen, oft muss man es ignorieren.

Werden Stresssignale zu lange unterdrückt, häufen sich sinnliche und gedankliche Wahrnehmungsfehler und Fehlleistungen, es kommt zu einem irrational erscheinenden Verhalten.

Die Komplexitätsfalle

Die Erscheinungen der Komplexitätsfalle sind im Grunde eine gesunde Reaktion des menschlichen Organismus, die nur dann gefährlich wird, wenn man sie nicht rechtzeitig erkennt und wenn man nicht richtig auf sie reagiert. Leider führt mangelhafte Wahrnehmung und fehlende Information zu immer mehr Stress und umgekehrt. Diese Wechselwirkung macht es nicht gerade einfach, selbst zu erkennen, dass man in dieser Falle steckt. Betroffene sind häufig auf das geschulte Auge anderer angewiesen, die ihnen helfen können, aus dem Dilemma zu kommen. Wer das Problem nicht erkennt, wird sehr leicht in diese Falle mit hineingezogen. Es besteht sozusagen Ansteckungsgefahr.

Die Fehlleistungen, die einem in der Komplexitätsfalle unterlaufen, machen oft enorme Probleme – dem Betroffenen selbst und seinem Umfeld.

Die Frage, wofür man einen Menschen in der Komplexitätsfalle verantwortlich machen darf und wofür nicht, muss aus den bisher genannten Gründen vorerst leider noch offen bleiben. Um die Probleme, die mit dieser Frage verbunden sind, allgemein verständlich aufzuzeigen und zu lösen, empfehlen wir der Regierung, ein umfassendes Maßnahmenpaket zu schnüren.

Wir, die EdR, ersuchen die Regierung von Innerwelten, unsere Erkenntnis dem Rat der grauen Eminenzen zur Prüfung vorzulegen und ihn mit einer Empfehlung für unsere Expertengruppe zu beauftragen.

Wie Innerwelten regiert wird

In Innerwelten gehen die Uhren, wie schon gesagt, etwas anders. Die Politiker in diesem Staat hatten noch nie Scheu, anstehende Probleme zu lösen. Aber sie sind äußerst vorsichtig mit vorschnellen Erklärungen und Entscheidungen. Denn hier regieren Politiker so lange, dass sie ihre erzielten Ergebnisse auch verantworten müssen. Ein Politiker wird grundsätzlich auf Lebenszeit gewählt. Er kann allerdings in den Ruhestand treten und jederzeit abgewählt werden, wenn ihm das Volk nicht mehr vertraut. Eine umfassende Informationspolitik und nachhaltiges Problemlösen sind in Innerwelten daher ein selbstverständlicher Bestandteil der Kultur.

Der Kanzler und die einzelnen Minister werden vom Volk gewählt. Es gibt in Innerwelten keine politischen Parteien, sondern nur politische Meinungen von Persönlichkeiten, die sich als Vertreter des Volkes anbieten oder die vom Volk gebeten werden, diese Funktion zu übernehmen.

Dem Kanzler und allen Ministern ist der so genannte Expertenstab der Regierung beigestellt. Auch er wird vom Volk vorgeschlagen und gewählt. Er besteht aus den so genannten EdR. Das sind Spezialisten, die sich international durch besondere Fachleistungen hervorgetan haben oder die national Bemerkenswertes für das Land erreicht haben.

Die Politiker und EdR arbeiten ständig zusammen. Es gibt in Innerwelten in dem Sinne kein Parlament. Vielmehr haben die Politiker vor allem die Aufgabe, sich den Anliegen und Ideen der Bevölkerung auf direktem Weg zu widmen und sich um die Außenpolitik zu kümmern, während sich die EdR auf die Entwicklungen nachhaltiger Problemlösungen konzentrieren. Mit anderen Worten halten die Politiker permanenten Kontakt mit den Wählern. Die Experten konzentrieren sich auf deren Probleme und Lösungen.

Eine entscheidende Regel ist, dass die Politiker auf ihre Experten hören. Was diese sagen, steht also auch für die *Erkenntnis der Regierung.* Die Leute in Innerwelten wissen, dass ihre Politiker genau so denken wie ihre Experten. Kein Experte kann die Verantwortung auf die Politiker und kein Politiker kann sie auf seine Experten abschieben. Beide Seiten lernen ständig voneinander und stehen für ihre Entscheidungen gemeinsam ein.

Es ist in Innerwelten nicht üblich, dass der Politiker dem Volk sagt, was seine Experten meinen. Die Experten treten prinzipiell selbst vor die Öffentlichkeit. Niemand ist in Innerwelten daran interessiert, dass etwas zu verknappt oder verfälscht wiedergegeben wird. Man sorgt hier für möglichst unmissverständliche Information. Die EdR haben entsprechend gelernt, sich einfach und klar auszudrücken.

In Innerwelten herrscht eine etwas andere Demokratie. Es gibt dort kein Parlament und auch keinen Bundespräsidenten. Bevor die Regierung eine Entscheidung trifft, tritt sie mit den Erkenntnissen des Expertenstabs vor den *Rat der grauen Eminenzen.*

Wie es sich für graue Eminenzen gehört, weiß in Innerwelten außerhalb der Regierung niemand, wann sie welchen Einfluss nehmen. Auch sie werden vom Volk für diesen Rat vorgeschlagen und von ihm in diesen gewählt. Nach der Wahl sieht und hört man nichts mehr von ihnen. Sie leben ab da mit ihren Familien wie in einem Orden in Klausur und müssen dort zusammen den Konsens ihrer Meinung dazu finden was der Regierung im jeweiligen Fall zu empfehlen ist. Allerdings kennt jeder im Volk ihre Postanschrift, ihre Telefonnummern und ihre E-Mailadresse. Wann immer alle anderen

Instanzen des Staates versagen, besteht die Möglichkeit, sich an die grauen Eminenzen zu wenden. Sie sind die am besten informierten Leute in Innerwelten, sie wissen, was im Land vor sich geht. Jede Nachricht an sie wird in ihre Überlegungen integriert, aber sie antworten den Adressaten niemals direkt. Die Antwort kommt auf Umwegen durch die Regierung und EdR.

Die grauen Eminenzen besprechen ihre Beobachtungen und Erkenntnisse mit der Regierung und dem Expertenstab. Ihre Informanten halten sie dabei anonym. Niemand muss Angst haben, dass es ihm schadet, wenn er die grauen Eminenzen über etwas informiert. Jeder Regierungsbeschluss muss vom Rat der grauen Eminenzen abgesegnet werden. Man weiß in Innerwelten: Ohne Einverständnis der grauen Eminenzen geht gar nichts und fühlt sich damit gut vertreten.

Damit versteht sich von selbst, dass man in Innerwelten nur solche Leute in den höchsten Rat der Regierung wählt, die über lange Jahre ihre Weisheit und Vertrauenswürdigkeit bewiesen haben. Dass sie nach der Wahl in Klausur leben müssen, hat ebenfalls einen guten Grund: Man schützt sie so vor ihrer eigenen Eitelkeit und vor übermäßigem Egoismus. Man prüft durch ihren Verzicht auf herkömmlich bequeme Lebensumstände permanent ihre Bereitschaft, ihr Denken und Handeln konsequent in den Dienst des Allgemeinwohls zu stellen.

Graue Eminenzen erreichen durch die Mitgliedschaft in diesem Rat und durch ihre Entscheidungen keinerlei persönliche Vorteile. Kann oder will eine graue Eminenz die notwendige Demut für das Volk nicht mehr aufbringen, muss sie den Rat verlassen und darf wieder ein normales Leben in der Gesellschaft führen, ohne an Ansehen zu verlieren. Das Volk respektiert diesen Wunsch ohne jeden Vorbehalt, weil es weiß, welche Opfer Mitglieder dieses Rates zu bringen haben. So kommt es, dass sich die Mitglieder des Rates der grauen Eminenzen wie von selbst regelmäßig verändern. Kaum eine graue Eminenz will seiner Familie ein Leben lang diese Klausur zumuten, wenn auch ihm selbst das gefiele. Aber es gibt einzelne, die in dieser Klausur tatsächlich ihr restliches Leben verbringen wie in einem Kloster, alleinstehend, sich vollkommen ihrer Aufgabe widmend. Viele von ihnen betrachten ihre Zeit als graue Eminenz wie eine mehr oder weniger lange Gastprofessur an einer ausländischen Universität. Attraktiv ist diese Aufgabe einerseits durch die wertvollen Informationen, die man als graue Eminenz von den Einwohnern gewinnt und andererseits durch den Austausch mit den klügsten Köpfen der Welt.

Die ungewöhnliche Empfehlung der grauen Eminenzen

Die Unruhe in Innerwelten ist bereits besorgniserregend. Ganze Systeme der Gesellschaft hat die Komplexitätsfalle schon lahm gelegt. Die Arbeitslosigkeit ist erschreckend hoch und steigt und steigt. Das Gesundheits- und Sozialsystem gerät an seine Grenzen. Immer mehr Menschen sind ausgebrannt und krank. Die Wirtschaft steckt in einer schweren Krise. Die Steuereinnahmen sind erbärmlich gering, an weitere Steuererhöhungen ist nicht zu denken. Immer mehr Menschen, ja ganze Familien sind bereits verarmt, immer mehr dabei, zu verarmen. Das Volk und allen voran die meistgelesene Tageszeitung fordern, bei allem Respekt vor ihrer Regierung, lautstark nach Erklärungen und Gegenmaßnahmen.

In einer langen Sitzungsnacht bespricht die Regierung die bisherigen Ergebnisse der EdR mit dem Rat der grauen Eminenzen. Dieser gibt Folgendes zu bedenken: Was die EdR zum Problem sagen könnten, dem könne das Volk nur schwer folgen und daher nur mehr oder weniger vertrauen. Die Leute in Innerwelten wüssten, dass sich auch in der Wissenschaft nicht immer das Beste und Klügste durchsetzt. Deshalb wähle das Volk ja den Rat der grauen Eminenzen.

Wenn in einem Staat bereits derartige Instabilität und Unruhe herrsche, sei das Volk nur durch absolute Transparenz zufrieden zu stellen. Es wäre daher nicht klug, würde allein die Regierung und der Rat der grauen Eminenzen über die Ergebnisse der EdR entscheiden. Denn gerade die Gedankenarbeit der grauen Eminenzen erfolge hinter verschlossenen Toren und daher für das Volk unüberprüfbar. Der Rat empfehle daher, das Problem der Komplexitätsfalle nicht nur wissenschaftlich, sondern auch mit Hilfe der gültigen juristischen Regeln vor einem unabhängigen Gericht zu behandeln.

Die EdR, so empfiehlt der Rat der grauen Eminenzen, sollen vor Gericht ebenso unter Eid gehört werden, wie Gefangene der Komplexitätsfalle, Menschen, die durch ihre Fehlleistungen geschädigt wurden und solche, die durch den Informationsmangel anderer selbst in Informations- und Wahrnehmungsdefizite gerieten. Auf diese Weise sei am ehesten sichergestellt, dass die gewonnene Erkenntnis auf Beobachtungen und Aussagen nach bestem Wissen und Gewissen beruhe, unbeeinflusst von einzelnen Eigeninteressen, da sie ja unter Eid erfolgen würden. Das Volk würde sich mit dem Ergebnis einer solchen Auseinandersetzung und Entscheidung noch am ehesten sicher wähnen.

Ebenso empfiehlt dieser Rat, solle man in diesem Verfahren nicht über die Verantwortung einer Person für ihr Gehirn verhandeln – also über menschliches Versagen, Absicht oder Sorglosigkeit, sondern über die Verantwortlichkeit eines durch Komplexität überforderten Gehirns für das Auslegen der Komplexitätsfalle und zwar ohne Ansehen der Person, die ein solches Gehirn trägt.

Das Ergebnis aus diesem Präzedenzfall, so begründen die grauen Eminenzen, könne wertvolle Orientierung zur Frage der Verantwortlichkeit bei allen künftigen Vorfällen im Zusammenhang mit der Komplexitätsfalle geben. Anders sei die Gefahr der allgemeinen Überforderung durch anwachsende Komplexität kaum zu stoppen. Nur so könne dafür gesorgt werden, dass kein Mensch in Innerwelten vorschnell und ungerecht verurteilt werde.

Sich allein mit dem Urteil menschlichen Versagens zufrieden zu geben, würde in Innerwelten niemanden mehr beruhigen, denn es laufe über die letzten Jahrzehnte immer mehr schief. Der Staat stecke in einer der ernstesten Krisen seiner Geschichte – trotz stetigem Anstieg von Wissen und Möglichkeiten, wegen des Problems der stetig anwachsenden Komplexität!

Die Menschen würden verstehen und wissen wollen, wie sie sich selber helfen könnten. Jeder ahne, dass er der nächste sein könne, der in das Dilemma der Komplexitätsfalle gerate und keiner von ihnen wolle sich dafür angeklagt und verurteilt sehen. „Deshalb", sagen die grauen Eminenzen, „müssen wir den Druck aus dem System nehmen, Angst abbauen. Klagen wir darum nur ein überfordertes menschliches Gehirn an, aber nicht die Person, die es trägt."

Der Rat der grauen Eminenzen gibt noch eine letzte Empfehlung ab: Man informiere die Medien des Landes restlos transparent über die für die Komplexitätsfalle relevanten Probleme, integriere mit deren Hilfe die gesamte Bevölkerung in einen laufenden gemeinsamen Lern-, Reflexions- und Problemlösungsprozess, führe aber die Gerichtsverhandlung unter Ausschluss der Öffentlichkeit, von der Untersuchungshaft über das Schöffengericht bis in die höchste Instanz, um allen vorgeladenen Zeugen volle Sicherheit zu gewährleisten.

Ein Gehirn auf der Anklagebank?

Die Regierungsmitglieder von Innerwelten verstehen nicht sofort, wie man ein überfordertes Gehirn vor Gericht stellen könne. Sie bitten die grauen Eminenzen nochmals um eine genauere Erklärung, die das Volk nicht so befremden würde.

Nun, mit diesem Vorschlag wolle der Rat sicherstellen, dass das Volk sicher sein könne, dass die Erkenntnisse des Expertenstabes der Regierung nicht nur nach wissenschaftlichen Regeln überprüft worden seien, sondern auch nach juristischen. Man wende zur Sicherheit zusätzlich zu den wissenschaftlichen Regeln auch das Regelwerk der Justiz auf das Problem an. Denn: Das eine Problem sei die Ursache, die offensichtlich durch die Natur des Menschen selbst bedingt sei – das durch Komplexität überforderte menschliche Gehirn. Das andere Problem aber sei die Verantwortung des Einzelnen für die Leistungsfähigkeit seines Gehirns. Diesen beiden Problemen übergeordnet wirke das Problem der Gesellschaft mit Überforderung durch exzessiv wuchernde, aber nicht immer sinnvolle Komplexität, welche sie laufend hervorbringe, weil ihr das Problem der Komplexität nicht hinreichend bewusst sei. Alle drei Probleme würden de facto zusammenhängen, zusammenwirken und sich wechselseitig zu einem gefährlichen Teufelskreis aufschaukeln.

Verständlich, begründete der Rat, könne man dem Volk diese komplexen Zusammenhänge nur dann in kürzester Zeit machen, wenn man diese drei Probleme und die Frage der Verantwortung gedanklich und organisatorisch insofern voneinander trenne, als deutlich werde, dass der einzelne Bürger von Innerwelten nicht vorschnell für die Funktionsweise bzw. Dysfunktion seines Gehirns verantwortlich gemacht werden könne.

Das gerichtliche Urteil des menschlichen Versagens sei für den Einzelnen beschämend, argumentiert der Rat weiter, und es würde ihn nicht von seiner moralischen Verantwortung entlasten. Ebenso würde durch dieses Urteil die Haftungsfrage entsprechend schwierig, wie vor allem die Versicherungsgesellschaften seit Langem aufzeigen würden. Zu viele der Risiken seien nicht versicherbar.

Selbstverständlich solle man kein überfordertes Gehirn auf die Anklagebank legen, dieses verhören und über dessen Schuld und Unschuld verhandeln, betont der Rat. Verhandelt solle viel mehr über das werden, was die Wissenschaft über dieses Organ und seinen Einfluss auf die Komplexitätsfalle wisse und über die Erfahrungen Betroffener und Beteiligter aus dem Volk in diesem Zusammenhang. So sei die Mitsprache des Volkes bei der wissenschaftlichen *und* juristischen Behandlung des Problems sichergestellt. Tatsächlich verhandelt werde also über eine verlässliche und hilfreiche Theorie zur Diagnose und Lösung des Problems der Komplexitätsfalle. Mithilfe einer Gerichtsverhandlung darüber werde die Wissenschaft zumindest in dieser Frage nachhaltig mit der Praxis verbunden.

Die grauen Eminenzen seien sicher, dass das Volk dieser Strategie mithilfe entsprechender Aufklärungsarbeit am ehesten zustimmen werde, da diese jeden Einzelnen im Volk vorläufig vor vorschnellen Beschuldigungen und Verurteilungen schütze und ihn somit in seiner Sorge und Angst soweit entlaste, dass wieder mehr Stabilität ins Land einziehen könne.

Zu welchem Schluss man über die persönliche Verantwortung des Einzelnen letztlich auch immer komme: Entscheidend sei für die langfristige Stabilität und eine gesunde Entwicklung des Staates, dass das Volk entsprechend nachhaltig hilfreiche Erkenntnisse, Gesetzgebungen und Entscheidungen der Regierung und Justiz restlos verstehe, sodass der Einzelne die Entwicklung seiner persönlichen Lage wieder besser vorhersehen und beeinflussen könne.

Mit dieser Erklärung der grauen Eminenzen wagte sich die Regierung vor. Das Ergebnis dieser Ratschläge bildet den Handlungsrahmen des Kriminalfalls, der auf den folgenden Seiten von den Medien in Innerwelten berichtetet wird.

Ein wahres praktisches Beispiel für die Komplexitätsfalle

Der Lektor dieses Buches fand die Idee, ein Gehirn vor Gericht zu stellen, nicht gut. Sie erschien sie ihm bizarr. In der ersten Sekunde dachte die Autorin, der Lektor habe zu wenig Phantasie. Aber möglicherweise hatte er sogar Recht.

Der Lektor und die Autorin kennen einander nicht, sie haben noch nie ein Wort miteinander gewechselt. Sein Feedback konnte sich also nur auf den Text beziehen und nicht auf seine Beziehung zur Autorin. Deshalb untersuchte die Autorin die für diese Kritik relevante Textpassage. Tatsächlich hatte der Lektor seine Bedenken aus guten Gründen geäußert. In der von ihm beurteilten Version des Manuskripts fehlte durch einen Fehler der Autorin genau die Seite, in der erklärt wird, warum die U-Haft eines Gehirns beantragt wurde und nicht die einer Person, die es trägt.

Abgesehen davon hatte die Autorin in diesem Manuskript noch keine Einleitung darüber verfasst, was man über Innerwelten wissen muss, um die Nachrichten aus dem Blätterwald in diesem Phantasiestaat richtig zu verstehen. Welche Regeln und Strukturen im Staat Innerwelten im Detail gelten müssen, um den ungewöhnlichen Kriminalfall allgemein plausibel erscheinen zu lassen, wollte die Autorin erst nach dem Feedback ihrer Testleser festlegen.

Das Fehlen relevanter Information löst die Komplexitätsfalle aus. Der Lektor dieses Buchs, alle weiteren Testleser sowie die Autorin selbst bekamen die Tücken der Komplexitätsfalle auch im Zuge der Arbeit an seinem Manuskript zu spüren. Das nur als kleiner Vorgeschmack darauf, dass die Komplexitätsfalle immer und überall zuschlagen kann.

Bitte keine vorschnellen Urteile!

Die Autorin hat in der so genannten realen Welt eine Reihe von Fällen erlebt, in denen im Grunde fraglos fähige Menschen durch ein Misslingen aufgrund menschlichem Versagens in komplexen Umständen auf schwerste Weise traumatisiert und existenziell bedroht wurden oder ihr Leben verloren: Menschen, die einem solchen Versagen zum Opfer fielen. Menschen, die versagten und an ihren moralischen Verantwortungsgefühlen verzweifelten: Die einen gaben ihren Beruf auf. Andere starben den sozialen Tod. Viele dachten an Selbstmord und manche verübten ihn. Viele von ihnen wurden vorschnell verurteilt – in ihrem Umfeld, von den Medien oder auch nur durch ihr eigenes Gewissen. Oft wurden sie aber auch einfach nur von allen Seiten in Stich gelassen.

Manchmal versagen Menschen. Manchmal versagen Systeme – lebende, technische, soziale oder gedankliche. Oft liegt das an ihrer Natur. Oft hat das Versagen einen tieferen Sinn. Noch öfter erscheint es unsagbar sinnlos. In der Medizin zum Beispiel, in der Krankenpflege oder im Sicherheits- und Verkehrswesen kommt es immer wieder vor, dass Menschen, die anderen helfen wollen und sollen, diesen schaden, weil ihnen menschliches Versagen unterläuft. Wir lesen davon immer wieder in den Zeitungen.

Genau davor, Menschen für ein Misslingen vorschnell zu be- und verurteilen und davor, über schwerwiegende Fehlleistungen, die vermeidbar sind, leichtfertig hinwegzusehen, will dieses Buch warnen.

Komplexe Systeme verhalten sich eigendynamisch, ja. Das bedeutet aber nicht, dass man die Verantwortung für Misslingen restlos auf Komplexität und ihre Wirkungen schieben kann. Oft bedeutet es, komplexe Systeme richtig zu verstehen, wirksam zu gestalten, professionell zu behandeln und zu nutzen. Dafür darf sich jeder Mensch so weit verantwortlich sehen, so weit ihm das seine Intelligenz, Bildung, Lernfähigkeit und momentane Leistungsfähigkeit erlauben. Menschen, die in Führungsfunktionen voran stehen, müssen sich dafür verantwortlich sehen. Ihr Gelingen wird allerdings selbst unter ihrer optimalen fachlichen und hierarchischen Kompetenz von der Kooperation aller Systemmitglieder und -partner abhängen.

Anhängern wie Kritikern sei daher vorweg gesagt: Lassen Sie sich auf nichts in diesem Buch blind ein. Glauben Sie nichts, nur weil es plausibel oder sympathisch erscheint. Verlassen Sie sich nur auf das, was in Ihrem Umfeld hilft, für funktionierende Systeme zu sorgen. Der folgende Medienspiegel zeigt wie man in Innenwelten an dieses Problem heranging.

Die GEMeinsame

Die Tageszeitung für Mann und Frau

Leser berichten über die Falle

Studie._ Die **GEM**einsame unterstützt das Institut für Gesellschaftskybernetik bei der Erforschung der Komplexitätsfalle. Machen Sie mit! Schildern Sie uns Erfahrungen, die möglicherweise mit der Falle zu tun haben. Wir bringen täglich die interessanteste Schilderung. Nur GEMeinsam werden wir mit diesem Problem fertig. Schreiben Sie uns und gewinnen Sie eine Kreuzfahrt für zwei Personen

Anmerkung Overview Medienbeobachtung:

Der oben abgebildete Aufruf wurde in der GEMeinsamen von Woche 4 bis 26 täglich mit einem ausgewählten Leserbericht abgedruckt. Auf den Folgeseiten findet sich eine repräsentative Auswahl der Leserberichte.

Wir wurden nicht informiert

Schockierende Nachrichten

Sabine, meine Enkelin, war dreizehn und fuhr heimlich mit älteren Freunden eine ganze Nacht von einer Disco zur anderen, bis es krachte. Sie landete auf der Intensivstation – im Koma, künstlich beatmet und ernährt. Ihre Eltern wussten gar nicht, dass Sabine nicht zu Hause war. Die Nachricht von ihrem Unfall erfuhren sie durch die Polizei. Unter Schock sprangen sie ins Auto. Wie sie bis zum Krankenhaus kamen, wissen sie nicht mehr. Außer sich schlüpften sie vor der Intensivstation in die grünen Übermäntel und blauen Überzieher für die Schuhe und ließen sich atemlos einen Mundschutz anlegen. Dann wurden sie zu ihrer Tochter geführt. Sie erkannten sie nicht wieder. Sabines Eltern waren entsetzt.

Der Oberarzt, ebenso vermummt wie die Eltern, sprach mit ihnen. Sie hörten etwas von Fraktur der rechten Augenhöhle, des Mittelgesichts und der Schädelbasis, Schädelhirntrauma, Koma und Überlebenschancen, Tracheotomie, Antibiotika und einer nötigen Operation, für welche die Eltern ihre Einwilligung geben mussten. Der Vater unterzeichnete die Operationseinwilligung wie ferngesteuert, die Mutter sah ihm nur regungslos zu.

Arzt hat Schuld ...?

Sabine hat überlebt. Nach langer Rehabilitation kann sie ein fast normales Leben führen. Nur eines ist vom Unfall zurückgeblieben: Sabine sieht Doppelbilder. Die gebrochene Augenhöhle konnte durch die Operation nicht mehr in die notwendige Achse gebracht werden. Die Eltern betrachten das als die Schuld der Ärzte. Sie verklagten die Klinik auf Schadenersatz.

Bei der Verhandlung wies der damals zuständige Oberarzt nach, dass er Sabines Eltern über das mögliche Risiko des Doppelbildersehens aufgeklärt hatte. In der vom Vater unterzeichneten Einwilligung zur Operation ist dieses Risiko exakt und verständlich angeführt. Der Anwalt des Vaters argumentierte, dieser habe das Papier unter Schock unterzeichnet, ohne seinen Inhalt gelesen und verstanden zu haben. Der Anwalt der Klinik hielt entgegen, der Oberarzt habe mündlich sowohl über das Operationsrisiko aufgeklärt als auch über die Konsequenzen für den Fall, dass die Operation nicht durchgeführt worden wäre. Die Pflegekräfte, die während des Aufklärungsgesprächs angeblich in der Nähe waren, bezeugten alle ein sehr langes und ausführliches Informationsgespräch durch den Oberarzt, wenn sie auch die genauen Inhalte nicht angeben konnten.

Eltern uneinsichtig

Mein Sohn und meine Schwiegertochter lassen sich bis heute nicht davon überzeugen, dass ihre Aufnahmefähigkeit stark eingeschränkt gewesen sein könnte, weil sie unter Schock standen. Ihr Anwalt sagt, selbst wenn es so gewesen wäre, hätte der Arzt das erkennen müssen. Der Anwalt der Klinik wiederum sagt, es habe sich um eine dringende Operation gehandelt, die zu Sabines Wohl notfalls auch ohne Einwilligung ihrer Eltern von der Klinik durchzuführen gewesen wäre.

Mein Sohn und meine Schwiegertochter sehen sich mit einer für sie undurchschaubaren Verschwörung konfrontiert. Beide sind sicher, dass ihnen wichtige Informationen vorenthalten wurden. Sie haben das Gesundheitssystem nur noch als großes Feindbild vor sich.

Verlust auf jeder Ebene

Mein Mann und ich wissen nicht, wie wir sie davon abbringen können, weiter gegen die Klinik vorzugehen. Sie werden am Ende hohe Kosten und einen Freispruch der Klinik davontragen. Schon jetzt wendet sich die ganze Sache gegen sie selbst. Sie haben ja schließlich ihre Aufsichtspflicht verletzt. Sabine hätte doch in der Nacht noch gar nicht allein ausgehen dürfen!

Ich schreibe Ihnen diesen Brief nicht, um eine Kreuzfahrt zu gewinnen. Bitte helfen Sie uns! Wir wissen nicht mehr, was wir tun sollen.

Annemarie S., Wiesengraben

Hoher Einsatz, vernichtende Nachrede

Schwierige Aufgabe

Ich bin Managerin auf Zeit. Meinen Projekten bin ich auf Sieg und Fall treu, aber nicht um jeden Preis den Unternehmen, die mich beauftragen.

Meine Arbeit mache ich auf der Basis kaum bekannter, aber sehr nützlicher Grundlagen. Mit ihnen kann ich Projekte schneller und nachhaltiger als andere realisieren. Davon lebe ich, quasi wie eine exotische Nomadin, die von einem Auftraggeber zum anderen wandert. Entscheidend ist für mich das gelungene Projekt. Das ist meine Reputation, und das sichert meine nächsten Aufträge.

Meine Erfahrungen mit meinem letzten Auftrag haben, soweit ich das beurteilen kann, möglicherweise mit dem Phänomen der Komplexitätsfalle zu tun. Mein Bericht ist zwangsläufig sehr lang. Ich hoffe aber, dass gerade meine Ausführlichkeit zur Auswertung nützlicher Ergebnisse beiträgt.

Ich sollte für ein Unternehmen eine Reihe von Projekten auf meiner bewährten Basis umsetzen. Zu dieser Zeit hatte ich bereits bemerkenswerte Ergebnisse vorzuweisen. Wirksames Multiprojektmanagement ebenso im kleinen Finger wie die notwendige Disziplin, war es für mich nicht schwierig, diesen Auftrag zu bekommen. Nachdem mit meinem Auftraggeber die erforderlichen Rahmenbedingungen geklärt schienen, sagte ich zu, diesen Auftrag zu übernehmen.

Unrealistische Vorstellungen

Der Chef des Unternehmens war davon überzeugt, dass nur ich die geplanten Projekte realisieren könne, und machte daraus auch vor seinen Mitarbeitern keinen Hehl. Derlei Vorschusslorbeeren sind an sich nicht gerade angenehm. Dass mir alle Projekte bis dahin gelungen waren, sagt noch lange nicht, dass das auch in Zukunft so sein musste. Aber der Chef dieses Unternehmens war fest der Meinung, der Erfolg sei allein durch meine Person gesichert. An die Rahmenbedingungen, die ich verlangt hatte, dachte er beim Start des ersten Projekts leider nicht mehr.

Keine Rede mehr davon

Ich sprach ihn sofort darauf an, weil ich weiß, dass mit den besagten Rahmenbedingungen

Projekte stehen und fallen. Es ging unter anderem um eindeutig verantwortliche Projektleiter, klare Projektaufträge, entsprechende Ziele und Budgets. Mein Auftraggeber wirkte in diesem Gespräch so interesselos, als habe er davon noch nie gehört. Selbst die diesbezüglichen Klauseln im Vertrag waren für ihn nur noch *leere Phrasen, die alles oder nichts bedeuten können.*

Ich saß in der Patsche. Selbst grundlegende Voraussetzungen schienen auf einmal nicht gegeben zu sein. Aber drei Jahre Auftrag wirft man in Zeiten wie diesen nicht so einfach hin. Ich beschloss, dennoch mein Bestes zu geben, und hoffte mehr als ich glaubte, es würde vielleicht besser werden. Es wäre der erste Auftrag gewesen, den ich abgebrochen hätte. Das ließ, offen gestanden, auch mein Stolz nicht zu. Ich sagte mir, man müsse das Unmögliche versuchen, um das Mögliche zu erreichen.

Es war alles ganz anders

Die Firma, deren Auftrag ich annahm, hat in den Medien ein ausgezeichnetes Image. Auch in den Vorgesprächen schienen alle Notwendigkeiten ganz selbstverständlich zu sein. Aber kaum hatte ich mit meiner Arbeit begonnen, stellte sich heraus: Wie professionelles Projektmanagement aussieht, schien in dieser Firma ebenso uninteressant zu sein wie eine klare Aufgabenteilung unter den Mitarbeitern. Die nötigen Rahmenbedingungen fehlten am ersten Tag so wie am letzten. Nach jeder Besprechung schien zwar alles klar zu sein. Einen Tag später lief aber alles so, als habe man nie miteinander geredet. Meine Grundlagen und die vereinbarten Ziele interessierten ohnehin niemanden. Viele Mitarbeiter machten sich mehr oder weniger hinter meinem Rücken über mich lustig.

Wissens-Barrieren

Ich sah bald nur noch einen Weg, die vereinbarten Ziele zu erreichen: so gut wie alles selbst zu machen und die Fehlergebnisse der Beteiligten auszumerzen, ohne lange über entstandene Fehler zu diskutieren. Was schief ging oder nicht erledigt war, landete auf meinem Schreibtisch.

Dennoch war es mir wichtig, dass alle Beteiligten verstanden, was warum wichtig und wesentlich war. Ich hoffte, dass durch die Arbeitsprozesse vielleicht doch noch so etwas wie Interesse entstehen würde. Mehr aber noch dachte ich: *Die Ziele müssen erreicht werden, so gut wie möglich, so schnell wie möglich, und dann nichts wie weg hier!* Mit dieser Einstellung verpasste ich mir für drei Jahre einen Arbeitseinsatz, der selten unter einem 14-Stunden-Tag lag, 20-Stunden-Tage kamen regelmäßig vor, 60-Stunden durcharbeiten oft genug, von freien Wochenenden oder Urlauben keine Rede.

Über diese Zeit findet sich in meinem Logbuch folgender Eintrag: Ziele und Vereinbarungen stehen hier nur auf Papieren, die niemand liest und erst recht niemand beachtet. Ich komme mir vor, als schöbe ich ständig allein einen schwer beladenen Karren über eine schlammige Straße den Berg hinauf. Kurz vorm Gipfel, von wo er dann leicht die andere Seite hinunterrollen würde, nimmt man ihn mir ab. Dann darf ich zusehen, wie er zurückrollt, und kurz vor dem Tal darf ich ihn wieder übernehmen und hinaufschieben. Ich bin nur noch hier, um wenigstens einmal zu erleben, wie weit so etwas gehen kann. Warum das so ist, daran habe ich keinen Zweifel: Ich habe den Verdacht, die Mitarbeiter sehen den tieferen Sinn ihrer Arbeit nicht und verlieren ständig die Orientierung. Es scheint am Auftraggeber zu liegen. Ich habe den Eindruck, er hat den gesunden Blick für die Wirklichkeit verloren, und das scheint sich auf seine Mitarbeiter zu übertragen.

Viel Aufwand – zähe Ergebnisse

Dennoch schien sich mein Einsatz zu lohnen. Die Ziele wurden wesentlich langsamer als üblich, aber doch erreicht. Ich sah Licht am Ende des Tunnels und beschloss durchzuhalten.

Gegen Ende des dritten Jahres saß ich während der betrieblichen Weihnachtsfeier neben meinem Auftraggeber. Er schwärmte von neuen Projekten mit mir und tat, als gebe es keinerlei Probleme. Dass ich völlig erschöpft und alles andere als fröhlich neben ihm saß, bemerkte er nicht.

Ich reagierte äußerst verhalten. Für neue Projekte sei einiges zu klären, antwortete ich ihm. So wie es bisher gelaufen sei, könne ich mir das nicht mehr vorstellen. Die derzeitigen Projekte hätte man mit guter Vorgehensweise und den richtigen Rahmenbedingungen mit einem Viertel der Zeit und Kosten realisieren können. Es sei mir bisher praktisch nicht möglich gewesen, die Projekte auf Basis meiner Grundlagen umzusetzen, weil es hierzu an jeder notwendigen Kooperation des Unternehmens gefehlt habe. Das Interesse daran sei, außer bei ihm, gar nicht vorhanden.

So gut wie jeder andere Auftraggeber hätte auf diese Argumente höchst hellhörig reagiert. Dieser Mann sagte darauf nur: „Aber da gibt es doch überhaupt keine Diskussion! Sie gehören doch schon zu uns. Ich lasse Sie auf keinen Fall wieder gehen!“ Es war sinnlos, mit ihm über nötige Voraussetzungen zu reden.

Erschöpfung

Ich war zu erschöpft und zu lernfähig. Ich wusste, ich würde ein paar Monate Erholung brauchen, um wieder regelmäßig zu essen, zu schlafen und mir Bewegung zu verschaffen. Irgendwie fühlte ich mich ausgebrannt und krank. Der erreichte Erfolg machte mir keine Freude und war schon gar keine Motivation weiterzumachen. Ich beschloss zu dieser Sekunde, von diesem Unternehmen keine weiteren Aufträge mehr anzunehmen.

Urteile

Zu Jahresende war nach meinem Konzept die systematische Auswertung der bisher erzielten Ergebnisse fällig, um die Projekte sauber abzuschließen. Alle anderen Mitglieder der Projektteams hielten aber nichts davon: *Evaluierungen seien noch nie üblich gewesen*. Aber *Evaluierungen sind*, wie der Physiker Anton Zeilinger sagt, *die Verbündeten der guten Leute*. Ich bediente mich daher einer Methode, die es mir erlaubte, die Ergebnisse ohne Hilfe der Projektteams auszuwerten. Am Letzten des Jahres übersandte ich das Ergebnis an den Auftraggeber und die Projektteams.

Nach Neujahr erhielt ich von meinem Auftraggeber eine weitergeleitete E-Mail mit der Bitte um ein Gespräch. Die Mail stammte von seiner Sekretärin, die für das Unternehmen und seine Mitarbeiter das Wort ergriff. Sie beschuldigte mich, mit den Mitarbeitern des Unternehmens in Menschen vernichtender Weise umgegangen zu sein, eine Reihe von Mitarbeitern kaputtgemacht zu haben, mich an keine Regeln und Vereinbarungen gehalten zu haben, mich hinterhältiger Strategien bedient zu haben, meine Fachkompetenz und Erfahrung nur vorzutäuschen, es auf den Sessel des Chefs abgesehen zu haben, andere Menschen nur erniedrigen und demütigen zu wollen, alle Mitarbeiter und den Chef nur von der Arbeit abgehalten zu haben, arrogant und belehrend zu sein sowie allen anderen das Gefühl zu geben, dass nur ich etwas leisten würde. Sie, die Chefsekretärin, könne ihren Chef daher nur davor warnen, mir weitere Aufträge zu geben. Ich würde das Unternehmen und ihn, den Chef, ruinieren. Sie sehe es als seine Sekretärin als ihre unangenehme Pflicht an, ihn, ihren Chef, darüber aufzuklären, dass ich in den drei Jahren nichts geleistet, nur allen Ärger bereitet und ihn hinterlistig um den Finger gewickelt hätte. Ich sei in der Firma nur eine lächerliche Figur, die von niemandem akzeptiert werde. Die Mitarbeiter würden nicht verstehen, warum er, ihr Chef, mich in das Unternehmen geholt hätte. Die Gründe dafür würden allen in der Firma mysteriös erscheinen. Es gehe das Gerücht um, er, ihr Chef, habe mich als seine persönliche Undercover-Agentin eingesetzt, um seine Mitarbeiter auszuspionieren. Würde er mich weiterhin beschäftigen, würde das seine Autorität gegenüber seinen Mitarbeitern auf das Bedenklichste untergraben.

Irrational

Ich war über diese Mail nicht überrascht. Wenn man sich exponiert, hat man immer mit Angriffen zu rechnen. Nur tote Hunde tritt man nicht. Verblüfft war ich einerseits darüber, dass derartig schwerwiegende Verleumdungen in schriftlicher Form verfasst und dann noch an mich weitergegeben wurden, andererseits darüber, dass dieser Bericht keinerlei Fakten und Beweise enthielt. Erfahrene Führungskräfte, wie es der damalige Auftraggeber war – anders hätte er sein Unternehmen nie so weit gebracht – verlangen nach Fakten, andernfalls gehen solche Behauptungen für die Beschwerdeführer nach hinten los. Kein guter Chef lässt einen solchen Umgang mit Kritik zu!

Ich hatte damals noch nichts von der Komplexitätsfalle gehört. Mir war nur klar, dass die Situation nur eskalieren konnte, wenn ich mich auf sie einließ. Ich schrieb daher an meinen Auftraggeber nur zurück, dass ein Gespräch keinen Sinn mehr habe. Ich müsse nun sowohl auf der Stelle gehen, wenn die von seiner Sekretärin erhobenen Vorwürfe wahr seien, als auch dann, wenn sie nicht wahr seien.

Zusammenbruch

Danach brach ich erschöpft und krank zusammen. Ich kam für Monate nicht mehr auf die Beine. Als es mir wieder besser ging, begann ich mit drei befreundeten Fachleuten den Bericht der Chefsekretärin minutiös zu studieren und mit meinen lückenlosen Aufzeichnungen zu vergleichen. Bald stand fest: Würde der Fall vor Gericht ausgetragen werden, könnte ich jeden Vorwurf mit schlagkräftigen Beweisen entkräften. Ich sah davon ab, die Sekretärin auf Rufschädigung zu verklagen. Ihre Vorwürfe waren zu absurd.

Nach einem halben Jahr versuchte mein Auftraggeber, mich in sein Unternehmen zurückzuholen. Ich nahm mir aus Neugierde Zeit für ihn. „Wissen Sie, ich weiß eigentlich gar nicht, was passiert ist, und es interessiert mich auch gar nicht. Kommen Sie nur einfach wieder zurück!" Ich sah ihn nur an und sagte: „Daran, dass Wissen und Engagement in Ihrer Firma niemanden interessieren, daran wird sie früher oder später zugrunde gehen, und das ganz bestimmt ohne mich ..."

Ich warte gespannt auf Ihre Studie, weil ich davon überzeugt bin, dass wir es hier mit einem Phänomen zu tun haben, das uns noch sehr zu schaffen machen wird.

Die Verfasserin ist der Redaktion bekannt

Immer wieder bei Adam und Eva beginnen

Akquisition

Mein Mann kam eben aus einer wichtigen Besprechung mit Herrn M. Es ging um die Optimierung des Finanz-Controllings in seiner Firma. Mein Mann ist ein versierter Finanzexperte, der sich gerade selbstständig gemacht hatte. Er wollte von M. den Auftrag für ein Sanierungsprojekt. Auf dem Rückweg in sein Büro rief er mich an: „Wie es aussieht, ist es mir gelungen, M. von meinem Vorschlag zu überzeugen. Wir sind uns über den Sinn und das Vorgehen einig geworden. Wir haben die notwendigen Absprachen und Vereinbarungen getroffen. Er hat mir den nächsten Termin schon in einer Woche gegeben. Dann müsste der Auftrag eigentlich eingehen." Ich freute mich und gratulierte ihm. Mein Mann machte sich motiviert daran, seine Aufgaben bis zum nächsten Termin zu erledigen.

Als hörte er das zum ersten Mal

Die nächste Besprechung mit Herrn M. fand eine Woche später statt. Mein Mann hatte seine Aufgaben termingerecht erledigt, nur die Beiträge von M. waren ausgeblieben. Warum, war meinem Mann noch nicht klar. M. ließ ihn wegen eines Telefonats fünf Minuten warten und bat ihn dann, das Gespräch einzuleiten. Mein Mann fasste das letzte Besprechungsergebnis zusammen und ging zu den aktuellen Fragen über. M. wirkte orientierungslos: „Was wollen Sie mit diesem Projekt bei uns eigentlich erreichen?" Mein Mann war irritiert. M. tat so, als höre er zum ersten Mal, worum es ging! Er blickte meinen Mann nur fragend an: „Meinen Sie, unsere Finanzabteilung ist so schwach?" Mein Mann saß betroffen da und klammerte sich an die lederbezogenen Armlehnen. War M. bei der letzten Besprechung geistesabwesend gewesen, hatte er sein Interesse nur vorgetäuscht oder hatte er sich einfach nur nicht auf das heutige Gespräch vorbereitet? Diese Fragen hatten sie doch längst geklärt! Mein Mann bewies Geduld und ging auf M.s Fragen erneut ein.

Nun sprach M. Zweifel aus, die ebenfalls schon letzte Woche besprochen und, wie es damals schien, ausgeräumt worden waren! Hatte sich mein Mann nicht klar genug ausgedrückt? Warum wurde er von M. nicht verstanden? Konnte oder wollte er nicht verstehen? Solche Gedanken schossen meinem Mann jetzt durch den Kopf. Er räumte die angesprochenen Zweifel erneut aus. Plötzlich entstand eine Diskussion. Sie unterschied sich von der von letzter Woche um kein Haar. Es war, als habe die erste Besprechung nie stattgefunden!

Irritation

Mein Mann sprach das Problem vorsichtig an: „Herr M., ich fürchte, ich bin mir über Ihren Informationsstand nicht ausreichend im Klaren. Würden Sie mir bitte auf die Sprünge helfen?" M. kam dem wunschgemäß entgegen. Seine Ausführungen bestätigten den Anschein, dass er sich nicht mehr an die Besprechung von letzter Woche erinnern konnte oder wollte. Mein Mann nutzte das zweite Treffen, um die Sache noch mal von vorne bis hinten aufzurollen. M. schien seiner Darstellung diszipliniert zu folgen und bat zu einem weiteren Termin in einer Woche. Mein Mann sagte erneut zu.

Das Problem wiederholt sich

Bei der nächsten Besprechung wiederholte sich das Problem. Mein Mann machte erneut die Erfahrung, dass es unmöglich war, mit M. voranzukommen. Was immer bereits besprochen worden war, durfte er ihm gegenüber weder als bekannt und noch als geklärt voraussetzen.

Niedergeschlagen rief er mich an: „Es ist nichts zu machen, mein Schatz. M. tut jedes Mal so, als hätte er meine Überlegungen noch nie gehört. Er tut zwar so, als würde er mich kennen, ernst nehmen und schätzen, aber er lässt mich jedes Mal wieder bei Adam und Eva beginnen. Ich bin am Ende meines Lateins."

Undurchschaubar

Damit Sie ein klares Bild bekommen, wie irrational uns diese Situation erscheint, tippe ich dieses Telefonat mit meinem Mann, das mit unserer Anlage automatisch aufgezeichnet wird, ab.
Ich: Was denkst du über Herrn M.?
Er: Ich weiß nicht, was ich über ihn denken soll!
Ich: Ist er nur vergesslich?
Er: Dann könnte er die Unterlagen nachlesen!
Ich: Ist er vielleicht gar nicht interessiert?
Er: Dann könnte er das doch klipp und klar sagen! Vor allem würde er mir dann doch nicht jede Woche einen neuen Termin geben. Er würde mich bestenfalls nach Monaten wieder vorlassen.
Ich: Will er dich nur aushorchen, ohne ein Honorar dafür zu bezahlen?
Er: Das könnte gut sein, das machen ja viele, aber so penetrant? Er müsste damit rechnen, dass ich das merke und mich bei ihm mit Fehlinformation räche.
Ich: Will er dich von seiner Firma so nachhaltig fernhalten und dich deshalb so sauer machen, dass du nie wieder dort hingehst?
Er: Warum sollte er mich so wichtig nehmen? Ich bin doch keine Gefahr für ihn!
Ich: Das macht doch alles keinen Sinn!
Er: Er bestellt mich jedes Mal für einen neuen Termin in kürzester Zeit, und dann wiederholt sich das ganze Theater!

Irene A., Kronbaum

Kein Durchblick

Neuer Mitarbeiter

Es hat eine Weile gedauert, bis die offene Stelle für den Pressesprecher wieder besetzt war. Alle waren heilfroh darüber, denn Pressearbeit ist in unserem Zentrum so unvermeidlich wie lästig. Wir sind auf Förderungen und Sponsoren angewiesen. Wir können nicht umhin, unsere Fortschritte der Öffentlichkeit bekannt zu geben. Außerdem sind wir so erfolgreich, dass unser Zentrum in der ganzen Welt für seine Durchbrüche bekannt ist. Die Presse steht täglich vor der Tür.

Entsprechend hoch waren die Anforderungen an den Pressesprecher, und deshalb nahmen wir uns sehr viel Zeit, den richtigen Mann oder die richtige Frau zu finden. Der Mann, für den wir uns schließlich entschieden, war 38 Jahre alt, seine Referenzen waren vom Feinsten, seine Grundausbildung und Erfahrungen nahezu ideal. Wir dachten, wir hätten *den* Mann gefunden.

Unzufriedenheit

Einen Monat lang gab ich ihm Zeit, das Zentrum, unsere Mitarbeiter und Arbeit kennen zu lernen. Um ihn zu beschäftigen, übertrug ich ihm einfache Aufgaben, die ihm die wichtigsten Kontakte ermöglichten. Mit der bereits laufenden Pressearbeit behelligte ich ihn anfangs erst gar nicht. Dazu sind unsere Angelegenheiten zu komplex. Nur neue Anfragen von Journalisten sollte er sofort übernehmen.

Der Neue war aber von Anfang an unzufrieden. Obwohl ich ihm reinen Wein eingeschenkt hatte und wir uns ja einig geworden waren – andernfalls hätte ich ihn ja gar nicht eingestellt –, beklagte er, sein Gehalt sei zu gering, seine Aufgaben seien zu einfach, und am Zentrum liege ohnehin alles im Argen. Er kümmere sich ständig um alles und sei bis spät in den Abend damit beschäftigt, die nötigen Voraussetzungen für effektives Arbeiten zu schaffen – so und dergleichen lauteten im ersten Monat fast täglich seine Botschaften.

Probleme mit Konzentration

Am Ende des Monats setzte ich daher vier sehr ausführliche Besprechungen mit ihm an. Bei diesen Gesprächen zeigte sich, dass der neue Pressesprecher ein fundamentales Problem damit zu haben schien, sich auf das Wesentliche zu konzentrieren. Da ich bereits öfter die Erfahrung gemacht hatte, dass neue Mitarbeiter viel Unterstützung brauchen, um die komplexen Zusammenhänge in unserem Zentrum zu verstehen, erstellte ich mit ihm einen klaren Plan für den zweiten Monat. Die aktuellen Aufgaben des Pressesprechers waren damit fein säuberlich organisiert, alle nötigen Informationen wurden ihm von meinen Mitarbeitern sorgfältig geordnet übergeben. Ab nun verlangte ich, dass er mir jeden Tag über seine Aktivitäten und Ergebnisse schriftlich berichtete.

Seinen täglichen Bericht musste ich in den ersten Tagen einfordern, erst nach einer Woche kam er ohne Aufforderung. Was der neue Pressesprecher berichtete, wiederholte sich. Ich bekam ein klares Bild davon, dass er keine der erhaltenen Informationen aufgenommen, geschweige denn verarbeitet hatte. Auch meine Mitarbeiter erkannten das. Sie begannen, die Besprechungen mit ihm auf Korrespondenzen per Mail zu verlagern, um sich ihm gegenüber abzusichern. Denn neuerdings klagte er auch, niemand informiere ihn.

Immer mehr Meetings und Mails

Es wurde erneut eine stundenlange Teambesprechung nötig, um eine Reihe von Missverständnissen zu klären und um alle Beteiligten auf den aktuellen Informationsstand zu bringen. Die Fragen des Pressesprechers waren erneut ein eindeutiger Hinweis darauf, dass jede Information an ihm herabfloss wie Öl auf Wachs. Bei diesem Mann war keinerlei Veränderung zu beobachten. Nur seine Anspannung nahm mehr und mehr zu. Er war nach wie vor unzufrieden: zu wenig Gehalt, zu einfache Aufgaben.

Seit der neue Pressesprecher im Haus war, hatte sich die Anzahl der Besprechungen und internen E-Mails ungefähr vervierfacht. Das Arbeitsklima litt. War der neue Mann tatsächlich unterfordert? Ich besprach das mit meinem Stellvertreter. Wir beschlossen, ihm noch eine Chance zu geben, und warfen ihn im übertragenen Sinne ins kalte Wasser! Wir erwarteten von ihm nun vollen Einsatz und die selbstständige Durchführung seiner Aufgaben. Ja, das sei selbstverständlich, war seine Reaktion, und: Man müsse außerdem noch über das Gehalt sprechen …

Gesteigerte Aktivität

Der Pressesprecher wurde immer aktiver. Seine Tagesberichte verfasste er selten vor 22.00 Uhr. Allerdings tat er systematisch das Gegenteil von dem, was vereinbart war. Er überschritt seine Kompetenzen und behinderte meine Mitarbeiter bei ihrer Arbeit. Es fand keine Verständigung dort statt, wo es nötig gewesen wäre, dafür viele unnötige Besprechungen und Mails.

Meine Mitarbeiter beklagten sich zunehmend, der neue Pressesprecher beanspruche unangemessen viel ihrer Zeit, stelle nie die relevanten Fragen und gäbe nicht die nötige Auskunft. Auch mir ging es so mit ihm.

Fatale Fehler

Dann brachte er seine erste Presseerklärung heraus, auf eigene Faust, ohne mir Bescheid zu geben und ohne sich mit mir abzustimmen, entgegen meinem Auftrag. Sein Verhalten war bereits absolut irrational. Die Presseerklärung war ein Schulbeispiel für die zehn Todsünden im Umgang mit Medien. Ich hatte zwei ganze Tage und Nächte damit zu tun, die schlimmsten Folgen dieser katastrophalen Arbeit zu korrigieren. Anschließend teilte ich dem Pressesprecher mit, dass das Arbeitsverhältnis ab sofort zu Ende sei. Er möge seinen Arbeitsplatz räumen und das Zentrum verlassen. Er verlangte meine Begründung. Sie lautete schlicht: „Sie lösen keine Probleme, Sie machen uns welche." Darauf der Pressesprecher: „Wenn Sie das so sehen, kann ich Ihnen leider nicht helfen. Ich bin ganz sicher, dass ich immer das Richtige getan habe."

Kein Durchblick

Mein Stellvertreter verfolgte dieses Gespräch als still teilnehmender Zeuge. Danach trank ich mit ihm Kaffee. Er sog nachdenklich an seiner Pfeife: „Weißt du, eine Zeit lang dachte ich, wir haben uns einen Saboteur oder einen Wahnsinnigen ins Haus geholt. Aber jetzt bin ich mir so gut wie sicher: Dieser Mann fand trotz seiner hervorragenden Qualifikation weder Zugang zu unserer Arbeit, noch zu unseren Mitarbeitern, noch zu seinen Aufgaben. Er hat sich nach zwei Monaten genauso verhalten wie am ersten Tag!" „Stimmt", antwortete ich ihm, „das hieße dann, der Mann hatte nach zwei Monaten nicht mehr Information über uns als am ersten Tag." „So sehe ich das", meinte mein Stellvertreter, „sieh nur, was er dir geantwortet hat!" „Mhm ... ‚Wenn Sie das so sehen, dann kann ich Ihnen leider nicht helfen'!" „Er hat nicht durchgeblickt, dass er nicht durchblickt."

Kollegen aus anderen Zentren berichten uns, dass sie in den letzten Jahren immer häufiger ähnliche Erfahrungen machen. Es sieht so aus, als hätten wir uns noch nicht ausreichend Gedanken über das wirksame Einarbeiten in heikle Aufgaben in besonders dynamischen und komplexen Umfeldern gemacht.

Harald Ö.,
Leiter eines Zentrums
für Biogenetik im Ausland

Die Bestie

Verkanntes Problem?

Seit zwei, drei Jahren wurde er von uns nur noch *die Bestie* genannt. Reinhold G. war unser Geschäftsführer. Wir sind ein führendes Handelsunternehmen mit etwa 2000 Mitarbeitern. Anfang dieses Jahres verstarb er. Da die Todesursache unklar war, wurde er obduziert. Es stellte sich heraus, dass G. mehrere Herzinfarkte einfach übergangen hatte und an einem solchen verstorben war. Uns Mitarbeiter wunderte das nicht. Wir nahmen seinen Tod weniger betroffen als vielmehr heimlich erleichtert auf.

Erst die jüngsten Berichte über die Komplexitätsfalle haben uns nachdenklich gestimmt und zu diesem Brief veranlasst. Wir glauben, wir haben an unserem verstorbenen Chef etwas gutzumachen. Niemand von uns hat durchschaut, welches Problem er hatte und wie wir ihm hätten helfen können.

Ein aggressiver Chef

Unter G. zu arbeiten war in den letzten Jahren zunehmend zur Hölle geworden. G. hörte nie zu. G. brüllte nur herum. G. wollte nichts hören und nichts lesen. Wer sein Anliegen oder seine Botschaft nicht in drei einfachen Sätzen unterbringen konnte, flog aus seinem Zimmer oder aus seiner Leitung.

G. hielt sich an nichts, nicht einmal an seine eigenen Aussagen. G. hörte nur noch, was er hören wollte. Mit unseren Problemen standen wir Mitarbeiter allein da. Wir hatten keinen Chef mehr, mit dem wir sprechen konnten.

Schwere Kommunikationsstörungen

Längere Gespräche mit G. und längere Berichte an ihn hatten prinzipiell fatale Folgen. Er drehte uns systematisch das Wort im Munde um. Wir konnten dahinter nichts anderes als Bösartigkeit vermuten.

Immer öfter wurde G. ohne jeden erkennbaren Grund auffällig aggressiv. Es fielen Worte und Beschimpfungen, die wir lieber nicht wiedergeben möchten.

G. arbeitete fast Tag und Nacht. Gleichzeitig wollte er nichts von unseren Problemen hören. Er isolierte sich zusehends, von uns wollte er nur Lösungen. Aber wer auch immer ihm eine Lösung vorzulegen hatte, erlitt damit Schiffbruch. G. konnte kein Konzept sinngemäß erfassen, egal, wie man es ihm präsentierte. Er fand nie den Überblick, reagierte immer nur auf den letzten Satz und beachtete nie den Kontext, in dem dieser stand.

Offensichtlich reagierte G. immer nur auf die letzten Impulse, die er bekam. Aus dem, was er von sich gab, konnte man schließen, wer zuletzt mit ihm gesprochen hatte. Wir hatten den Eindruck, G. drehte sich wie ein Fähnchen im Wind. Es fiel uns immer schwerer, ihn als Chef zu akzeptieren. Wir konnten ihn nur noch fürchten.

Angefangen hatte alles damit, dass sich viele offene Entscheidungen bei ihm als Geschäftsführer anstauten. Sie gingen zu langsam durch das viel zitierte Nadelöhr. Uns lief die Zeit davon. Wir konnten nicht mehr so erfolgreich wie früher auf den Markt und Mitbewerb reagieren.

Fixe Ideen und Kontrollverlust

Weiter ging es damit, dass G. seine eigenen fixen Ideen über die Situation und Zukunft des Unternehmens hatte. Wie besessen versuchte er, uns davon zu überzeugen. Für die Argumente anderer fehlte ihm plötzlich jedes Interesse: „Sie sehen das alles falsch!"

Dann entglitten ihm seine Geschäfte. Er unternahm die seltsamsten Aktionen, sie wieder unter Kontrolle zu bringen. Ständig wurden neue Datenbanken und neue Software angeschafft. Aber keine Lösung konnte für die nötige Informationslage sorgen. G. reagierte darauf mit erschreckendem Fatalismus, der uns jede Motivation nahm. Es war sinnlos geworden, mit ihm zu reden. Wer es versuchte, wurde nicht selten von ihm aus der Firma geekelt, wenn nicht gefeuert.

Verrückt?

Gegen Ende schien G. wie schizophren. Er nahm auch in Gesprächen keinen Kontakt mehr zu uns auf, sprach unabhängig von unseren Reaktionen vor sich hin, war dabei aber überzeugt, mit uns zu reden. Er hörte aber gar nicht, was wir sagten. Es schien, als reagiere er auf Gedanken in seinem eigenen Kopf. Er konnte sich auch immer seltener erinnern, etwas gesagt oder gehört zu haben. Vielmehr hielt er uns immer öfter für verrückt.

Des Kaisers neue Kleider

G. litt zunehmend unter Realitätsverlust. Immer öfter hielt er andere für krank oder geisteskrank. Neben ihm zu überleben bedeutete für viele zu lügen, was das Zeug hielt. Wir kamen uns vor wie im Märchen „Des Kaisers neue Kleider".

Wer nicht bereit war, den Kaiser zu bestaunen, war gezwungen, die Firma zu verlassen. Von unseren besten Leuten war bald niemand mehr da. G. beeindruckte das nicht. Er war froh, wenn die „Idioten" von selber kündigten.

In der Firma herrschte nur noch pure Angst, die Unternehmenskultur war unter jeder Kritik. Als hätte G. auch den geringsten Anspruch an Handschlagsqualität und Fairness vernichtet, wurde er besonders für unsere jungen und unerfahrenen Mitarbeiter mehr oder weniger bewusst zum Vorbild. In der Firma noch irgendjemandem zu vertrauen war gefährlich geworden.

Er selbst litt am meisten

Die erfahrenen Führungskräfte unter uns wissen aber, dass G. selbst unter den Umständen am allermeisten litt. Oft habe er ihnen gesagt, ihm müsse irgendetwas Wichtiges entgangen sein. Anders könne er sich den Abstieg des Unternehmens nicht erklären. An einem Tag hatte er den Verdacht, die Konkurrenz habe seine Mitarbeiter für heimliche Machenschaften eingespannt, am anderen vermutete er, die Eigentümer des Unternehmens steckten hinter seinen Problemen, am dritten war er der Ansicht, dass seine Branche an sich am Ende war.

G. verstarb kurz nach einer Sitzung mit unseren Verkaufsleitern. Der geplante Umsatz war im vergangenen Jahr nicht einmal zur Hälfte erreicht worden. Vor ihm lagen die Fakten. Er konnte sie nicht glauben. Er warf den Verkaufsleitern vor, er sei ein ganzes Jahr in einem falschen Glauben gelassen worden. G. tobte und jagte die Verkaufsleiter aus dem Saal. Wenige Stunden später fand man G. tot in seinem Waschraum.

Wollen lernen

Als Betriebsrat unseres Unternehmens möchten wir mit diesem Bericht im Einverständnis und im Sinne aller Mitarbeiter dazu beitragen, dass das Problem der Komplexitätsfalle so rasch wie möglich aufgeklärt wird. Wir wissen zu wenig, um zu verstehen, was da genau passiert, hoffen bald zu erfahren, wie man solchen Problemen richtig begegnet und ersuchen Sie, diesen Beitrag allenfalls nur anonym abzudrucken.

Die Verfasser sind der Redaktion bekannt

Besorgte Mutter beschuldigt

Ich berichte hier über einen Fall aus unserer Beratungsstelle. Namen und Orte wurden zum Schutz meiner Klientin geändert.

Laien und Experten

Rosemarie L. erzieht ihren neunjährigen Sohn seit seinem zweiten Lebensjahr allein. Sie ist gut ausgebildet und freiberuflich tätig. So kann sie ihre Zeit gut einteilen, sich um ihren Sohn und ihren Haushalt ebenso kümmern wie um ihren Job. Rosemarie L. hat kein einfaches und bequemes Leben, aber sie kam gut klar und war mit ihrer Lage zufrieden.

Aber vor drei Jahren entwickelte Alex, ihr Sohn, ein Problem, dessen Ursache Rosemarie L. nicht kannte. Alex hatte Albträume, nässte ein und weigerte sich, nachmittags in seine Lerngruppe zu gehen.

Der Schulpsychologe erklärte, Alex sei für die Klasse, die er besuchte, nicht reif. Er wurde um eine Klasse zurückgestellt. Seine Probleme blieben unverändert.

Eine Erziehungsberaterin meinte, Rosemarie vernachlässige ihren Sohn wegen ihres Berufs zu sehr. Daher kämen seine Probleme. Rosemarie gab ein paar wichtige Aufträge ab und verlor an nötigem Einkommen.

Alex' Probleme wurden schlimmer. Das Licht in seinem Zimmer musste in der Nacht an bleiben, bald schlief er nur noch bei seiner Mutter. Meist klammerte er sich im Schlaf schweißnass an sie, während er sich nach wie vor in seinen Albträumen wälzte.

Rosemarie machte kaum noch ein Auge zu und brachte Alex in eine heilpädagogische Einrichtung. Dort wurde er über mehrere Tage beobachtet und getestet. Anschließend wurde seine Mutter mit dem Ergebnis konfrontiert: Es bestehe der dringende Verdacht, dass Alex sexuell missbraucht worden sei. Allerdings sei noch nicht klar, von wem.

Sexueller Missbrauch?

Rosemarie wurde befragt, ob sie Beobachtungen gemacht habe, die den Verdacht auf Kindesmissbrauch bekräftigen würden. Wie vor den Kopf gestoßen, sagte sie nur, sie habe keine Ahnung. Die Mutter durfte Alex aus Sicherheitsgründen nicht mehr mit nach Hause nehmen.

Zu Hause begann Rosemarie zu grübeln: Wann war das mit den Problemen losgegangen? Etwa drei Monate, nachdem Alex in diese Lerngruppe eingetreten war. Aber es hatte ihm dort gefallen. Genau genommen hatte es begonnen, nachdem er die zweite Ferienwoche zu Weihnachten an dem Ferienspiel teilgenommen hatte. Danach hatte sie ein Erzieher darauf angesprochen, dass mit Alex etwas nicht stimme. Er wirke irgendwie zurückgeblieben. Er habe nicht die Fähigkeiten Gleichaltriger, phantasiere viel und verfange sich in seltsamen Tagträumen.

Am nächsten Tag berichtete die Mutter dem Leiter der heilpädagogischen Einrichtung von ihren neu erwachten Erinnerungen. Der Leiter kenne das Institut, dort seien sehr gut ausgebildete und erfahrene Erzieher. Alex habe eindeutige Zeichnungen über sexuellen Missbrauch durch einen Mann angefertigt.

Rosemarie war erneut schockiert. Wer konnte so etwas tun? Alex hatte so gut wie keinen Kontakt mit Männern! Sie lebte allein. Da waren nur ihr Vater und ihre Brüder. Niemals würde sie diesen so etwas zutrauen.

Der Leiter der heilpädagogischen Einrichtung wies sie darauf hin, dass die meisten Missbrauchsfälle innerhalb der Familie stattfänden.

Fassungslosigkeit

Rosemarie war am Ende. Dass nun Anzeige erstattet wurde, bekam sie nicht mehr mit. Rosemarie durfte nicht zu ihrem Sohn, weil sie nicht aufhören konnte zu weinen. Sie belaste Alex durch ihre Verzweiflung zu sehr. Rosemarie sprach mit niemandem und weinte bis zum nächsten Morgen.

Verhör und Verteidigung

Am nächsten Tag wurde sie von der Kriminalpolizei verhört. Sie berichtete, was sie beobachtet hatte und wusste.

Dann wurde Rosemarie zu einem psychologischen Gutachter vorgeladen. Sie gab bereitwillig Auskunft, wie sie zu ihrem Sohn und zu seinem Vater stand und was sie beobachtet hatte. Währenddessen nannte Alex einen Erzieher seiner Lerngruppe als den Täter. Gegen ihn wurde ein Haftbefehl ausgestellt.

Während des Untersuchungsverfahrens warf der Anwalt des Tatverdächtigen Rosemarie vor, ihrem Sohn ihr eigenes krankhaftes Männerbild vermittelt zu haben. Ihr Sohn habe den sexuellen Missbrauch nur vorgetäuscht, um die nötige Aufmerksamkeit von seiner beruflich stark engagierten Mutter zu bekommen. Das psychologische Gutachten über die Mutter bekräftigte dies. Der Leiter der heilpädagogischen Einrichtung sagte aus, dass es zwar ernst zu nehmende Hinweise auf sexuellen Missbrauch des Kindes durch einen Mann gebe, allerdings keine eindeutigen Beweise, ob dieser auch tatsächlich stattgefunden habe. Der Bub habe dergleichen ebenso durch Anregung über das Fernsehen oder Pornodarstellungen im Internet erfinden können. Die Mutter verfüge in der gemeinsamen Wohnung seit jeher über einen Internetzugang.

Verständnislosigkeit

Rosemarie hatte sich zu wenig um versierten Rechtsbeistand gekümmert und zu sehr auf den fachlichen Standpunkt der Experten verlassen. Sie dachte, sie habe sich schließlich nichts vorzuwerfen. Jetzt stand sie als Täterin und nicht als besorgte Mutter eines Opfers da.

Auf eine Anklage wurde mangels Beweisen verzichtet. Dafür entzog das zuständige Familiengericht Rosemarie L. das Sorgerecht für ihren Sohn. Alex wurde gegen ihren Willen bei Pflegeeltern untergebracht. Er blieb in seiner ursprünglichen Schule und Lerngruppe.

Problem verschlimmert

Alex' Zustand verschlechterte sich. Es werde eben eine Zeit dauern, bis er sich an seine neue Situation gewöhne, hieß es dazu von den Experten.

Rosemarie verübte einen Selbstmordversuch, den aber niemand bemerkte. Als sie wieder zu sich kam, war sie entsetzt darüber, dass sie ihren Sohn im Stich lassen wollte. Wieder sprach sie mit niemandem darüber. Jetzt wollte Rosemarie ihren Sohn retten, vor wem auch immer, zu welchem Preis auch immer.

Aufholen eines Informationsdefizits

Rosemarie beriet sich mit den besten Experten, schloss sich mit Eltern zusammen, die von ähnlichen Problemen betroffen waren, und studierte alles, was man über sexuellen Missbrauch wissen muss.

Dann ging sie mit ihrer Sache an die Öffentlichkeit und schilderte ihren Fall kurz und prägnant. In einer TV-Live-Show forderte sie: „Es ist letztlich unerheblich, was mit Alex passiert ist. Erheblich kann doch nur eine Lösung sein, die bewirkt, dass es ihm besser statt schlechter geht. Jetzt geht es Alex schlechter denn je. Die getroffene Lösung kann also nicht richtig sein. Ich gebe mich mit dem Urteil des Familiengerichts zufrieden, wenn eindeutig bewiesen ist, dass sich Alex' Zustand noch mehr verschlechtert, wenn er wieder bei mir lebt." Dasselbe Argument brachte ihr Anwalt beim Familiengericht vor.

Alex kam wieder zu seiner Mutter. Rosemarie zog mit ihrem Sohn in ein anderes Bundesland und begann mit ihm dort ein neues Leben. Beide unterziehen sich an unserer Beratungsstelle einer langen Psychotherapie, um ihre Traumata aufzuarbeiten. Die Verfassung des Buben besserte sich zusehends, die der Mutter auch.

Wahrheit oder Funktionieren

Ich möchte hier nicht erörtern, ob der sexuelle Missbrauch von Alex tatsächlich stattgefunden hat. Ebenso möchte ich nicht behaupten, dass hier inkompetente Gutachter oder korrupte Gerichte am Werk waren. Aber die BeraterInnen sowie TherapeutInnen unserer Einrichtung und ich möchten hiermit darauf aufmerksam machen, dass jeder Verdachtsfall und jeder tatsächliche Fall sexueller Ausbeutung von Kindern und Erwachsenen eine enorm komplexe Angelegenheit ist, bei welcher wir immer wieder Beobachtungen machen, die den bisher veröffentlichten Schilderungen über das Problem der Komplexitätsfalle zu entsprechen scheinen.

Erfahrungen, wie sie Rosemarie L. und ihr Sohn Alex gemacht haben, dürfen uns nicht wundern lassen, warum Vergewaltigungen und sexueller Missbrauch von Kindern von den Opfern und ihren Angehörigen nach wie vor trotz der schweren Schäden und enormen Belastungen verschwiegen werden. Über eine Veröffentlichung unseres Berichtes wären wir daher dankbar.

Dr. Linda F., Leiterin der Beratungsstelle für Vergewaltigte, Lichtberg

Neue Lösung

Komplexität ist mein Alltag, ich bin Informatiker. Bis vor kurzem dachte ich, ich könne mit ihr umgehen. Die letzte Software, die ich entwickelt habe, war ein durchschlagender Erfolg. Ich dachte immer, nur Künstler können Probleme damit bekommen, ihren Erfolg zu verkraften. Das ist nicht so. Mir ging es genauso.

Erfolg nicht verkraftet

Fehlende Rahmenbedingungen

Ich war nur damit beschäftigt, diese neue Software hinzubekommen. Ich wusste, dass sie ein Riesengeschäft werden würde. Woran ich nicht dachte, war, dass ich auf diesen Erfolg viel zu wenig vorbereitet war. Ich hatte weder die nötige Mannschaft noch das Kapital, um die Software professionell zu vertreiben, kurz, um den Erfolg zu verkraften und zu nutzen.

Was ist passiert? Die Software war fertig. Sie funktionierte tadellos. Ich stellte sie auf der wichtigsten Messe vor. Die Nachfrage explodierte. Ich konnte ihr nicht nachkommen.

Überforderung

Ich rotierte Tag und Nacht. Es passierten immer mehr Fehler und Pannen. Die Schuld dafür sah ich immer nur bei anderen. Ich hatte keinen Überblick mehr und benutzte, wie ich heute sagen muss, die denkbar schlechtesten Strategien dagegen.

Das Ergebnis? Ich musste die Rechte für diese Software für einen Schleuderpreis verkaufen. Den Erfolg kosten jetzt andere aus.

Robert B., Interfessen

Innovation

Ich arbeite für eine Fotokette, in der letztes Jahr ein komplett neues Verfahren und Angebot umgesetzt werden sollten. Was sich da abgespielt hat, muss mit dieser Komplexitätsfalle zu tun haben.

Das Alte im Neuen

Als uns das Projekt vorgestellt wurde, haben wir kein Wort von dem verstanden, was die Geschäftsführung von uns wollte. Das neue Verfahren konnten wir uns technisch gerade noch vorstellen. Abgesehen davon wurden uns Schulungen versprochen. Aber wie das mit den Kundenwünschen gehen sollte, blieb uns schleierhaft.

Unsere Labors wurden aufgerüstet, wir bekamen neue Software mit neuen Optionen und Bedienerelementen. Es war Irrsinn! Einerseits mussten wir in einem nie da gewesenen Tempo arbeiten, andererseits verloren wir wahnsinnig viel Zeit, weil wir Schwierigkeiten damit hatten, unsere alten Gewohnheiten bei der Softwareanwendung abzulegen.

Anpassungsprobleme

Wir bekamen von oben immer mehr Druck. Es entstanden die seltsamsten Gerüchte. Keiner wusste mehr, woran er war und was eigentlich von uns erwartet wurde. Es ging zu wie in Kafkas Romanen. Es gab ungefähr so viele Vorstellungen vom neuen Konzept, wie Mitarbeiter in der Firma waren. Jeder machte sein Ding auf seine Art. Was bei unseren Kunden ankam, war alles andere als das, was die Firma in der Werbung versprach.

Dann schickten sie uns einen Coach ins Labor. Er stand zuerst einen ganzen Tag herum und beobachtete uns. Wir sagten ihm, dass wir fertig seien, mit den Nerven am Ende. Das wundere ihn nicht, meinte er.

Wir wollten wissen, warum. Er sagte uns, dass wir das Problem hätten, im Neuen nur das Alte zu erkennen. So würden wir zum Beispiel die neue Software mit unseren alten Gewohnheiten anwenden und daher ständig die falschen Buttons anklicken, nur weil sie sich an der gewohnten Stelle befänden. Auch das neue Wahlprogramm für die Kundenwünsche würden wir nur mit den alten Augen sehen und daher nicht verstehen. Früher habe der Kunde bestimmte Einzelleistungen bestellt, die er wünschte. Nach dem neuen Konzept könne er ein ganzes Leistungspaket wählen und müsse nur ausdrücklich angeben, was er nicht wünsche.

Er hatte Recht! So war das! Wie wir das Problem lösen sollen, hat er uns aber nicht sagen können. Hat das etwas mit der Komplexitätsfalle zu tun?

Susanne D., Freiacken

Nett, aber nicht qualifiziert

Personalauswahl

Komplexität bedeutet doch, dass es um Vielfalt und Vielschichtigkeit geht. Komplexe Zusammenhänge erfordern doch entsprechende Qualifikation, oder? Zumindest bilde ich mir ein, dass man für komplexe Aufgaben hoch qualifizierte Mitarbeiter mit möglichst breiter Erfahrung braucht.

Mein Chef versteht das nicht. Immer wieder stellt er Leute ein, die ihm sympathisch sind und vertrauenswürdig erscheinen, ohne darauf zu achten, ob sie auch die notwendige Qualifikation mitbringen.

Die Mitarbeiter, die er einstellt, sind allesamt wirklich nett. Aber sie sind mit ihren Jobs regelmäßig überfordert und gehen wieder. Mein Chef lernt daraus nichts. Wir „Alten" sind zu dritt im Büro und arbeiten für sieben. Wenn neue Mitarbeiter kommen, kosten sie uns nur Nerven und Zeit, Entlastung spüren wir keine. Uns wächst alles über den Kopf. Ich gehe kaum einen Tag vor Mitternacht aus dem Büro, um den Betrieb aufrechtzuerhalten.

Unterschätzte Anforderungen?

Manchmal frage ich mich, ob wir unseren Chef so verwöhnt haben, dass ihm gar nicht klar ist, wie hoch die Anforderungen geworden sind, die wir täglich bewältigen müssen. Wenn wir versuchen, ihm das zu erklären, sagt er, wir würden übertreiben. Beeindrucken lässt er sich immer wieder nur von Bewerbern, die ihm menschlich sympathisch sind und behaupten, seine Anforderungen locker im Griff zu haben.

Wie lösen wir das Problem?

G. R.

Was stimmt mit meinem Sohn nicht?

Macht zu viel Information verrückt?

Vielleicht können Sie mir helfen. Mein Sohn ist 48 Jahre alt und arbeitet seit 24 Jahren in einer Nachrichtenagentur. Was er genau macht, verstehe ich nicht richtig. Es muss jedenfalls eine Arbeit sein, die ihn verrückt macht.

Mein Sohn war ein hochbegabter Student und wahrscheinlich zu süchtig nach Anerkennung. Er war viel zu früh mit seinem Studium fertig und lungerte dann herum, weil er an seiner Hochschule nicht bleiben wollte. Er kam dort mit niemandem klar. Das Geld für sein Leben bekam er von mir. Was er in dieser Zeit sonst trieb, weiß ich nicht. Dann begann er in dieser Presseagentur zu arbeiten, und seither lebt er dort regelrecht.

Isolation

Seine Wohnung durfte ich nie betreten. Aber er kommt immer noch an freien Tagen zu mir nach Hause und bewohnt dann sein Zimmer. Mein ganzes Haus ist voll gestopft mit seinen Büchern. Mein Bub liest wahrscheinlich den ganzen Tag in der Arbeit, und er liest den ganzen Tag, wenn er bei mir zu Hause ist.

Wenn er Geld hat, fliegt er in seine Lieblingsländer in Asien. Er sagt, dort findet er die nötige Ruhe. Dafür gibt er sein ganzes Vermögen aus, er macht dafür sogar Schulden.

Seit vielen Jahren gibt es immer wieder Phasen, in denen ich fürchte, dass er verrückt wird. Dann redet er, wenn er nach Hause kommt, so schnell und so viel, dass man kein Wort mehr versteht. Seit er in dieser Agentur arbeitet, hat er fast täglich Migräne. Noch dazu raucht er wie ein Schlot. Meist bricht er dann mit Kopfschmerzen zusammen und verschwindet für 24 Stunden in seinem Zimmer.

Keine Veränderung

Wenn er dann endlich redet, erzählt er von seiner Agentur die seltsamsten Geschichten. Alle Menschen sind ihm zu blöd, jeder habe etwas gegen ihn, ständig werde er mit Mobbing und Intrigen bedroht. Wenn seine Kollegen bei mir nach ihm fragen, klingen sie aber alle sehr nett und oft auch besorgt.

Mein Sohn ist auch ständig bei Ärzten. Seine Ärzte raten ihm seit langem, sein Leben zu verändern. Aber er weigert sich strikt. Er lebt heute genau so wie vor 24 Jahren. Es verändert sich nichts. Was stimmt mit meinem Sohn nicht?

Hilde M., Glebsch

Nie wieder Teamwork!

Herausforderungen

Seit zehn Jahren arbeite ich in einem großen internationalen Konzern im so genannten Expertenstab. Das heißt, ich darf nur Lösungen erarbeiten, aber nicht entscheiden und nicht bestimmen, wie sie umgesetzt werden.

Die Anforderungen, die an mich herangetragen werden, sind höchst komplex. Ohne eitel sein zu wollen, trage ich in der Firma den Spitznamen *Einstein*. Das liegt einerseits an meiner wirren Frisur, andererseits habe ich mir den Ruf erworben, auch Probleme in den Griff zu bekommen, die alle anderen für unlösbar hielten. Dahinter steckt allerdings weder ein Genie noch Hexerei, sondern nur sehr genaue Arbeit. Vor allem konnte ich mir diesen Ruf im Alleingang erwerben und nicht als Mitglied eines Teams. Ich hatte Aufgaben übernommen, die sonst niemand anrühren wollte.

Ich studiere ein System bis ins Detail, bevor ich eine Lösung entwickle, und zwar dann, wenn alle anderen auf dem Golfplatz stehen. Für mich ist das kein Problem, ich brauche es, schwierige Nüsse zu knacken. Das motiviert mich und macht mir Spaß. Anders wäre mir langweilig.

Unteres Limit

In den letzten zwei Jahren wurden aber leider nur Projekte an mich herangetragen, die in Arbeitsgruppen gelöst werden sollen. Der Grund ist nicht, dass sich die Konzernleitung davon die beste Lösung erwartet, sondern die Identifikation der Beteiligten mit der Lösung. In diesen Fällen heißt es dann, Einstein solle dem Team einen Vorschlag machen, der dann diskutiert werde. Ich gestehe ein, dass ich nicht gerade die wahre Führungskraft bin, und von Teamarbeit halte ich auch nicht besonders viel. Die meisten komplexen Probleme verlangen, dass sich ein einziger Kopf mit allen anderen Köpfen auseinandersetzt und die beste Lösung nach sehr klaren, systemgerechten Prinzipien im Dialog entwickelt. Richtig wäre es also, zuerst zu diskutieren und dann einen Vorschlag zu machen. Wenn ich das anleiere, kommt es in der Regel nur zu Endlosschleifen von Anmerkungen und Gegenanmerkungen, das Ziel geht bald aus den Augen verloren. Je nach Teamleiter dauert es unterschiedlich lange, bis es heißt, Einstein solle sich doch mal hinsetzen und etwas basteln.

Sinnverlust

Leider konnte ich lange nicht anders. Ich entwickelte dann die Lösung von A bis Z und stellte sie der jeweiligen Arbeitsgruppe vor. Was dann geschieht, bringt mich zur Verzweiflung: Die fertige Lösung wird jedes Mal systematisch verschlechtert. Jeder gibt seinen Senf dazu. Jeder verlangt Abänderungen in seinem Sinn, unabhängig davon, was er damit anderswo auslöst. Ob das Ganze dann noch funktioniert, darüber denkt niemand nach. Was am Ende bleibt, ist oft nur noch Mist, von dem es mir peinlich ist, dass mir daran ein Anteil zugeschrieben wird. Seit gestern verweigere ich die Mitarbeit in solchen Arbeitsgruppen. Sie verschafft mir nur Sinnverlust und macht mich depressiv.

Sebastian H., Krinzegg

Ohne Orientierung

Erhöhte Sensitivität

Ich bin Komponist und bin es gewohnt, Eindrücke des Alltags in mich aufzusaugen, um sie dann in Musik zu verarbeiten.

Zweifellos bin ich wie viele Künstler ein sehr sensitiver Mensch. Seit Anfang der 90er Jahre scheint mir meine Sensitivität aber zunehmend Probleme zu machen.
Irgendwie habe ich die Orientierung über meine Zeit und meine Umgebung verloren. Ich blickte nicht mehr durch, was um mich vor sich ging. Entsprechend klingen meine Kompositionen aus dieser Zeit – unerträglich komplex und alles andere als harmonisch. Dass ich trotzdem von ihnen leben konnte, verdanke ich bestimmt eher meinem Namen als diesen Werken.

Fremdbestimmung

Aber nicht nur meine Musik entglitt mir, sondern auch mein Privatleben. Plötzlich fand ich mich in Beziehungen und Verhältnissen wieder, ohne zu verstehen, warum und ohne mich wirklich gut zu fühlen. Mein Leben wurde unordentlich. Ich wusste nicht mehr, zu wem ich gehörte und wo eigentlich mein Zuhause war. Trotzdem bemühte ich mich, ein anständiger Mensch zu sein, meine Beziehungen konfliktfrei zu halten und die Erwartungen an mich zu erfüllen. Aber offensichtlich war genau das falsch. Es wurde alles nur noch schlimmer.

Ich begann, Medikamente und Drogen zu nehmen, damit ich meinem Alltag wenigstens für Stunden entfliehen konnte.

Stereotypie

Eines Tages machte mich meine beste Freundin darauf aufmerksam, dass ich seit einem Jahr nur noch stereotyp dasselbe von mir gebe, wie eine abgeleierte Schallplatte mit Kratzern. Ich hörte sofort mit den Drogen auf, aber mein Problem verschwand dadurch nicht.

Besserung durch Ruhe und Abstand

Dann meinte meine Freundin, ich würde wahrscheinlich die zunehmende Reizüberflutung nicht mehr verkraften. Sie nahm mich für ein halbes Jahr mit nach Island. Sie ist Schriftstellerin und besitzt dort ein Haus.

In diesem halben Jahr weitab vom Trubel habe ich mich erholt. Heute sehe ich wieder alles klar.

Mein Leben habe ich radikal verändert. Aber wann immer ich kann, gehe ich zurück nach Island, weil seine Reize der Natur meinen Bedürfnissen noch entsprechen.

Der Verfasser zählt zu den bekanntesten zeitgenössischen Komponisten und möchte daher aus verständlichen Gründen anonym bleiben.

Die GEMeinsame

Die Tageszeitung für Mann und Frau

Woche 26, Montag, Abendausgabe

Leser und die Falle

Wissen._ Über mehrere Wochen haben unsere Leser über ihre Erfahrungen berichtet, die mit der Komplexitätsfalle in Zusammenhang stehen könnten. Über viertausend Beiträge gingen in unserer Redaktion ein. Unter der Leitung von EdR Achim Sozal wurden sie am Institut für Gesellschaftskybernetik ausgewertet. Heute berichtet er unseren Lesern als Dank für ihre Mitarbeit über die wichtigsten Ergebnisse.

Herr Sozal, haben Sie mit so vielen Zuschriften gerechnet?

Wir haben mit vielen Reaktionen gerechnet, das Ergebnis hat uns dann aber doch verblüfft.

Das Motiv unserer Leser scheint viel mehr das Bedürfnis nach Aufklärung und Hilfe gewesen zu sein als die Chance, eine Kreuzfahrt zu gewinnen.

Das sehen wir am Institut auch so. Umso mehr fühlen wir uns verpflichtet, die nötige Hilfe auch zu leisten.

Welcher Beitrag hat Sie am meisten beeindruckt?

Das kann ich so nicht beantworten. Beeindruckt hat mich die Vielfalt von Geschichten, die mit der Komplexitätsfalle in Zusammenhang gebracht werden.

Leiter der Studie: EdR Achim Sozal

Und? Wie weit treffen die Vermutungen unserer Leser zu?

Wir konnten uns nicht mit allen Einzelfällen im Detail beschäftigen. Aus den rund viertausend Beiträgen haben wir zirka hundert ausgewählt und ausgewertet. Ernst zu nehmende Hinweise gab es im Großteil der Leserberichte. Im Detail betrachtet, hat sich gezeigt, dass nur etwa 30 % der Geschichten absolut nichts mit der Komplexitätsfalle zu tun hatten. Bei ungefähr 48 % stellten wir Probleme fest, die für Anfangsstadien der Falle typisch sind. Die Fälle der restlichen 12 % waren allerdings äußerst bedenklich.

Gehört dazu zum Beispiel der Fall mit dieser Mutter, deren Sohn vermutlich sexuell missbraucht wurde?

Ja, absolut. Hier zeigte sich sehr deutlich, dass ein Mangel an relevanter Information ganze Existenzen bedrohen kann, und vor allem auch sehr eindrucksvoll, wie diese Mutter das Problem durch Information hervorragend gelöst hat.

Sehr viele Zuschriften bezogen sich auf Probleme mit öffentlichen Institutionen ...

Ja, das ist auch kein Wunder, sie sind entsprechend komplex, und die Menschen sind abhängig von ihnen. Das stresst!

Können Sie schon so etwas wie ein typisches Muster der Komplexitätsfalle ausmachen?

Ja, ganz eindeutig. Wenn Sie die Berichte lesen, dann zeigt sich immer ein Problem mit Information, auf das mit erhöhter Anspannung reagiert wird. Deutlich ist auch eine verblüffend hartnäckige Uneinsichtigkeit. Sehr häufig haben die Probleme mit Wissensmangel und starkem Leistungsdruck zu tun. Betroffen sind dabei sowohl hoch qualifizierte Menschen als auch solche, die nur wenig Ausbildung haben. Das hängt in vieler Hinsicht mit dem Problem zunehmender Spezialisierung zusammen.

Auffällig scheint auch zu sein, dass in der Komplexitätsfalle die Menschen nicht mehr miteinander reden können.

Ja, tatsächlich ist das so. Besonders in weit fortgeschrittenen Stadien. Dann zeigt sich, dass der Mangel an relevanter Information sehr schnell zu Eskalationen und in den Realitätsverlust führen kann.

Wo sehen Sie den Ursprung des Problems?

Genau kann ich das noch nicht sagen, aber es gibt wichtige Hinweise darauf, dass das Problem damit losgeht, dass Betroffene zu wenige Fakten sammeln, bevor sie sich eine Meinung bilden. Vielmehr bestehen sie darauf, die Wahrheit zu wissen. Die Schwierigkeit liegt darin, dass wir die Wahrheit von komplexen Umständen niemals wissen können. Das zeigt besonders das Problem des sexuellen Missbrauchs von Kindern. Es ist ja allgemein bekannt, dass es der Gesellschaft sehr schwer fällt, mit diesem lange tabuisierten Missstand sinnvoll umzugehen.

Viele Manager berichten von Intrigen, Mobbing und davon, dass ihre Arbeit zermürbend geworden ist. Mitarbeiter beklagen hingegen eine bedenklich zunehmende Aggressivität ihrer Chefs.

Gerade Manager sind ja am meisten herausgefordert, die vorherrschende und zunehmende Komplexität erfolgreich zu bewältigen. Die Zuschriften sprechen eine deutliche Sprache von drei Grundproblemen: Das erste Problem ist mangelnder Über- und Durchblick. Die Manager wissen zu wenig über die Systeme, die sie managen sollen. Das zweite Problem ist Angst und Stress. Das verhindert eine ausreichend gute Wahrnehmung, und es unterdrückt jede Kreativität. Das

Die Komplexitätsfalle: Konflikte durch fehlende Information

dritte Problem ist steigender Druck und unzureichend bewältigter Stress. Ab einem gewissen Grad an Anspannung ist Aggressivität eine typische biologisch bedingte Reaktion. Man könnte sagen, die Manager verlieren mit zunehmender Anspannung zuerst die Kontrolle über ihre Systeme und dann über sich selbst.

Aufgefallen ist auch, dass viele offensichtlich hochbegabte Menschen meinen, in der Falle zu stecken.

Wer mehr weiß und kann, ist meist auch viel offener für die Eindrücke aus seiner Umwelt. Das kann vor allem dann zu Überladung führen, wenn man zu viel Neues um sich hat.

Neues an sich scheint ein Problem?

Das war schon immer so. Heute haben wir vor allem das Problem, dass wir viel mehr Neues als früher erfahren. Wir können rascher und mehr informieren und kommunizieren.

Und oft genug werden alte Hüte marktschreierisch als neue verkauft ...

... und das verursacht Schwierigkeiten mit dem Herausfiltern relevanter Information. Wir haben aber ebenso das Problem, dass tatsächlich Neues mit alten Hüten verwechselt wird.

Warum?

Das würde jetzt zu weit führen. Kurz: Das hat

damit zu tun, wie unsere Sinnesorgane funktionieren. Sie liefern uns keine Abbilder unserer Außenwelt, sondern nur eine Menge an Signalen, die das Hirn nach einem ganz eigenen Prinzip verwertet.

Wie bringt man das notwendige Wissen rasch genug in die Gesellschaft, damit die Komplexitätsfalle nicht zum Massenproblem wird?
Darüber grüble ich seit Monaten nach. Ich glaube, dass wir da sehr kreativ sein müssen …

Halten Sie uns auf dem Laufenden?
So gut ich kann, sehr gerne.

Danke für das Gespräch.

Die GEMeinsame

Die Tageszeitung für Mann und Frau

Woche 27, Montag, Abendausgabe

Täter in U-Haft

Chronik._ Die GEMeinsame hat als erste Tageszeitung von Opfern eines seltsamen Phänomens berichtet und damit ein bis vor einiger Zeit kaum beachtetes Problem der Gesellschaft aufgedeckt. Seither berichten wir regelmäßig darüber, wie es immer mehr Menschen das Leben zur Hölle macht. Die Experten der Regierung sprechen neuerdings von der so genannten Komplexitätsfalle. Aber wer ist der Fallensteller? Die besten Kriminalisten des Landes wurden mit dieser Frage betraut. Seit knapp zwei Jahrzehnten sind sie diesem Fall auf der Spur. Nun wurde ein vermutlicher Täter in U-Haft überführt. Man höre und staune: Unter schwerem Verdacht steht ein überfordertes menschliches Gehirn. Overload-Hirn nennen es die Experten. Laut derzeitiger Beweislage legt es die Komplexitätsfalle! Seit heute sitzt es in Untersuchungshaft. So kann nur gehofft werden, dass die innerweltische Polizei und Justiz nun nicht selbst zum Opfer dieser Komplexitätsfalle geworden ist. Denn diese Aktion erscheint bei gesundem Menschenverstand doch äußerst seltsam!

Overload-Hirn unter schwerem Verdacht

Von einer heimlichen Verschwörung könne ab nun keine Rede mehr sein. Das bedrohliche Phänomen, das der Bevölkerung Angst mache, werde laut vorliegender Beweise durch überforderte menschliche Gehirne ausgelöst – kurz Overload-Hirne genannt. Was lange wie hinterhältige Verschwörungen aussah, hat jetzt endlich einen Namen: Komplexitätsfalle.

All das kann man bei gutem Willen ja vielleicht noch verstehen. Aber dass ein Untersuchungsrichter heute über ein Overload-Hirn U-Haft verhängt hat, dem steht man auch beim besten Willen ziemlich verständnislos gegenüber. Entsprechenden Tumult gab es bei der heutigen Pressekonferenz. „Wir erhoffen uns davon, dass wir nun für letzte Ermittlungen die Täter leichter von den Opfern unterscheiden können", deutet der Kriminalist EdR Gerhard Plozei in seinen ersten Ausführungen an.

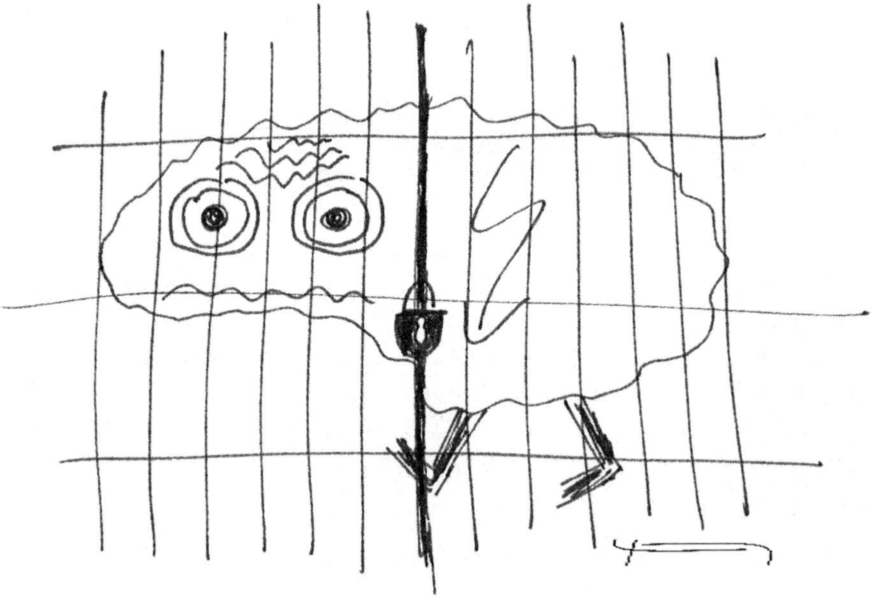

Seit vorgestern in U-Haft: Overload-Hirn

Täter oder Opfer?

Das größte Problem der Komplexitätsfalle ist, dass überforderte Gehirne leider immer das Gehirn von jemandem sind. Noch dazu funktioniert die Komplexitätsfalle wie eine ansteckende Krankheit. Wer ein solches Overload-Hirn hat, wird selbst zu seinem ersten Opfer. Als solches steckt man dann andere leicht an. Auf diese Weise und durch die typischen Verhaltensmuster in der Komplexitätsfalle wird man zum Täter. Die Gehirne der Angesteckten werden dadurch wiederum zu Overload-Hirnen und sie selbst zu deren Opfern. Gleichzeitig werden sie so aber ebenfalls zu Tätern, die weitere Personen anstecken können. Es schließt sich ein Teufelskreis. Man kann nicht mehr sagen, wer Opfer und wer Täter ist.

Wer dieser knappen Erklärung folgt, empfindet bald einmal Schwindelgefühle. Daher der Kunstgriff, vorerst nur einmal über die Verantwortlichkeit des Overload-Hirns für die Komplexitätsfalle zu verhandeln, ohne Ansehen der Person, die ein solches in seinem Schädel hat. Er sei schlichtweg nötig, um bei der Aufklärung des Sachverhalts einen klaren Kopf zu bewahren. Nur so könne man um einen entscheidenden Schritt weiter kommen.

Detektivische Kleinarbeit

Fast zwanzig Jahre lang war EdR Gerhard Plozei den Tätern auf der Spur. Oft musste er sich dazu in höchst prekäre Situationen begeben. „In den ersten Jahren bin ich selbst immer wieder in die Falle geraten. Manchmal dachte ich schon, ich komme da nie wieder raus. Aber Gott sei Dank

bekam ich von den Experten der Regierung immer wieder wichtige Hinweise, wie man der Falle entkommt und wie man ihr am besten schon im Vorfeld entgeht", so Plozei im anschließenden Exklusiv-Interview.
Seine eigenen Erfahrungen mit der Komplexitätsfalle haben ihn besonders motiviert, den Täter aufzudecken. Jetzt ist Plozei zufrieden und außer Gefahr. Es geht ihm nur noch darum, andere vor dieser Falle zu schützen und ihnen herauszuhelfen. Mit der Entscheidung des zuständigen Staatsanwalts zeigt er sich zufrieden. Hoffentlich darf man das in der Bevölkerung auch sein... Die GemEinsame wird die Sache weiterhin genau im Auge behalten. Mehr dazu in der nächsten Morgenausgabe.

Dem Overload-Hirn bis zuletzt auf der Spur:
der Kriminalist EdR Gerhard Plozei

Die GEMeinsame

Die Tageszeitung für Mann und Frau

Woche 27, Mittwoch, Morgenausgabe

Staatsanwalt gibt Interview!

TV im Rückspiegel_ Das Overload-Hirn sitzt unter schwerem Verdacht, die bereits weit verbreitete Komplexitätsfalle zu legen, in U-Haft. Ob gegen das Organ allerdings Anklage erhoben werden kann, sorgt in der Öffentlichkeit für heftige Diskussionen. Hochrangige Experten sind der Ansicht, man müsse die Ursachen und Folgen der Komplexitätsfalle eher mit Naturkatastrophen als mit Straftaten vergleichen. Der zuständige Staatsanwalt nahm daher in den gestrigen Hauptnachrichten zu seinem Antrag auf U-Haft live Stellung. Wir bringen dieses TV-Interview exklusiv zum Nachlesen!

Fall für höchstes oder jüngstes Gericht?

Bevor gestern der zuständige Staatsanwalt in einem Live-Interview der Hauptnachrichten zu seinem Haftantrag Stellung nahm, wurde der Redaktion bekannt, dass sich das zuständige Höchstgericht bereits informell für den Fall interessiert.

Sorgfältige Recherchen ergaben, dass auch höheren Ortes große Zweifel herrschen, ob Overload-Hirne strafrechtlich zur Verantwortung gezogen werden können, wenn sie auch tatsächlich für das Legen der Komplexitätsfalle verantwortlich sind.

„Man kann wahrscheinlich nur von menschlichem Versagen und Unzurechnungsfähigkeit sprechen oder diesen Fall an den lieben Gott und das jüngste Gericht weiterleiten …“, hört man es aus verlässlichen Quellen aus dem Umfeld der Justiz munkeln. Entsprechend steht der Staatsanwalt unter Beschuss. Aber wer Innerwelten kennt, der weiß auch, dass in unserem Land so manches etwas anders läuft. Waren unsere grauen Eminenzen am Werk, die immer noch genau wussten, was zu tun ist? Haben sie und unsere EdR den Sachverhalt so dargestellt, dass die Anklage nur die logische Konsequenz war? Oder ist hier ein Untersuchungsrichter schlicht weg verrückt geworden, einem solchen Antrag stattzugeben?

Expertenstreit

Auch hochrangige Experten lösten gestern eine heftige öffentliche Diskussion über diese Frage aus. Während sie diskutieren, ob es den lieben Gott überhaupt gibt oder ob wir es schlichtweg mit einer Naturkatastrophe zu tun haben, die man wohl schlecht vor Gericht stellen kann, fragen sich viele in der Bevölkerung verunsichert, was sich der liebe Gott dabei gedacht hat, das menschliche Gehirn so zu bauen, dass es überhaupt überladen werden und derartig schwerwiegende Folgen auslösen kann! Andere wiederum fragen, wie das denn technisch vor sich gehe, ein Gehirn vor Gericht zu stellen.

Vom Justizministerium wurde intensive Aufklärungsarbeit angeregt. Diese ist auch dringend nötig und das erklärt wohl auch die ausführliche Stellungnahme des Staatsanwalts in den Nachrichten.

Das Interview mit dem Staatsanwalt, der den Haftantrag für das Overload-Hirn gestellt hat, führte Anchorman Günther Grau.

Das Live-Interview

Nach fast zwanzig Jahren kriminalistischer Suche haben Sie Antrag auf Untersuchungshaft eines Overload-Hirns gestellt. Sie erheben den schweren Verdacht, dass es die Komplexitätsfalle legt. Wie könnte allenfalls die Anklage lauten?
Sie könnte lauten: Das Overload-Hirn wird angeklagt, die Komplexitätsfalle zu legen und damit schwerwiegende Folgen für ihre Opfer auszulösen.

Was sind die bekannten Folgen?
Sie beginnen mit entscheidendem Informationsmangel. Dieser führt bald zu ernsten Fehlleistungen und Konflikten, die sich bis hin zu dramatischen Eskalationen, Zusammenbrüchen und deren Auswirkungen ziehen können. Sie betreffen sowohl zwischenmenschliche Beziehungen und Familien als auch Firmen und andere Organisationen sowie die ganze Gesellschaft. Die Komplexitätsfalle kann in den gesundheitlichen, sozialen und wirtschaftlichen Ruin führen.

Das klingt tatsächlich bedrohlich. Davor sollte man die Bevölkerung schützen. Das werden unsere Zuseher verstehen. Aber ist es nicht ziemlich seltsam, ein Gehirn vor Gericht zu stellen?
Auf den ersten Blick ja. Ich kann jeden verstehen, der diese Idee für verrückt hält.

Aber auf den zweiten Blick: Steckt da wieder einmal eine Strategie unserer grauen Eminenzen dahinter?
Der Rat der grauen Eminenzen arbeitet in unserem Staat immer und selbstverständlich auch für diesen Fall. Der Hintergrund meiner Entscheidung ist rationaler, als man glauben mag. Wir wissen zwar, dass Overload-Hirne für die Komplexitätsfalle verantwortlich sind, aber wir wissen noch nicht, wie weit man die Besitzer solcher Gehirne für deren Funktionsstörungen verantwortlich machen kann.

Overload-Hirne schaden in jedem Fall deren Trägern. Mit anderen Worten sind sie ihre ersten Opfer. Wer oder was tatsächlich als Täter in Betracht gezogen werden darf und welches Verhalten in der Komplexitätsfalle als straf- und/oder schadensrechtlich relevant erachtet werden muss, soll in diesem Verfahren geklärt werden. Es ist ein außergewöhnliches Verfahren und eine außerordentliche Vorgehensweise. Um die beste Lösung für die Bevölkerung zu finden, werden die Regeln der Wissenschaft, der Justiz und die Anliegen der Bevölkerung miteinander verbunden.

Immer mehr Menschen unterlaufen also Fehlleistungen und schweres Fehlverhalten durch die Überforderung in einer zunehmend komplexer werdenden Welt?
So ist es. Ihnen allen allein nur menschliches Versagen bzw. Unzurechnungsfähigkeit nachzusagen, trägt in keiner Weise zur Lösung des Problems bei, zumal oft beträchtlicher Schaden entsteht, von dem geklärt werden muss, wer für ihn gerade zu stehen hat. Denn derzeit wollen weder die Versicherungen für die Folgen aufkommen, noch die Beschuldigten. Der Staat wäre bald am Ende, würde er hier jeweils den finanziellen Ausgleich übernehmen.

Gleichzeitig zeigte sich in immer mehr Gerichtsfällen, dass offensichtlich beide Konfliktparteien keinerlei Schuldbewusstsein haben. Wie wir alle wissen, hatten es unsere Richter in den letzten Jahren immer schwerer, Einsicht und Gerechtigkeit zu erreichen. Dahinter können die Probleme stecken, die die Komplexitätsfalle macht.

Um hier nicht nur Recht walten zu lassen, sondern auch gerecht zu sein, mussten Sie sich etwas einfallen lassen?
Wir wissen so gut wie sicher, dass die Komplexitätsfalle durch die Natur des menschlichen Gehirns ausgelöst wird. In diesem außerordentlichen Gerichtsverfahren soll geklärt werden, wie weit der Mensch für seine Hirnleistung selbst verantwortlich ist und wie weit man ihn weder anklagen, noch verurteilen darf. Mein Schritt, die U-Haft zu beantragen, dient einer denkbar sorgfältigen Auseinandersetzung damit sowie dazu, die gesellschaftliche Kultur in Innerwelten zu schützen und sinnvoll weiter zu entwickeln.

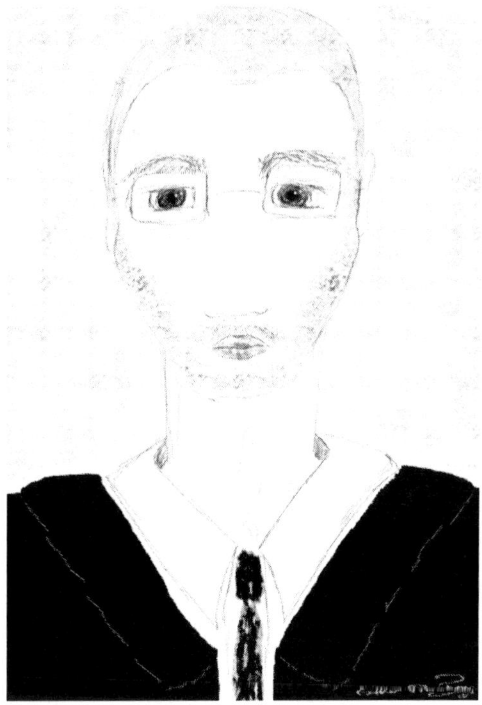

Der noch relativ junge Staatsanwalt machte im TV-Interview inhaltlich eine überraschend gute Figur.

Der Wissenschaft allein trauen Sie nicht?
Die Bevölkerung will bestimmt Gewissheit haben, dass das Problem der Komplexitätsfalle im Interesse aller in unserer Gesellschaft gelöst wird und nicht nur in einem wissenschaftlichen, auf das es keinen Einfluss hat. Wir haben es mit einem neuartigen Problem zu tun, das neuartige Wege verlangt. Wir wollen einen Weg gehen, auf dem alle Betroffenen und Beteiligten voneinander lernen können, aber auch müssen. Die Möglichkeiten dieses außergewöhnlichen gerichtlichen Verfahrens unterstützen das.

Wer in diese Falle gerät, erreicht nicht mehr genug relevante Information, um seine Aufgabe oder Probleme wie bisher lösen zu können?

Richtig. Und das kann nicht nur ihn selbst, sondern auch sein soziales Umfeld in oft fatale Schwierigkeiten bringen.

Was ist hier die Gefahr?

Wer mit Menschen in der Komplexitätsfalle interagieren muss, läuft große Gefahr, in ihren Abgrund mitgerissen zu werden.

Auf welche Beweise stützt sich Ihr Antrag auf Untersuchungshaft?

Die Natur hat dafür gesorgt, dass das menschliche Gehirn auf Information ausgerichtet ist. Aber kein Mensch ist in der Lage, sämtliche Eindrücke, die ihm die Wirklichkeit seiner komplexen Umgebung zur Verfügung stellt, zu erreichen und zu verarbeiten.

Tendieren die herangezogenen Gutachter deshalb eher dazu, den vorliegenden und doch recht außergewöhnlichen Kriminalfall eher als Naturkatastrophe zu betrachten?

Ja. Denn es sieht nur vordergründig so aus, als würden die Träger von Overload-Hirnen hinterhältige Absichten verfolgen. Tatsächlich wissen sie gar nicht, was sie tun. Dennoch gibt es eine eindeutige Ursache ihres Fehlverhaltens: das überladene menschliche Gehirn, das wir der Kürze halber Overload-Hirn nennen.

Ein Gehirn, das überladen, überfordert, überlastet bzw. überspannt ist, wird von Ihnen also theoretisch als Täter betrachtet, als mutmaßlicher Täter derzeit noch. Warum?

Weil der Träger eines solchen Gehirns sein erstes Opfer ist. Mit anderen Worten schadet das Overload-Hirn in erster Linie sofort seinem eigenen Besitzer. Er kann nicht mehr erfolgreich auf seine Umwelt reagieren, es passieren ihm Fehler, und zwar ohne dass er das erkennt.

Wie kommen dann andere zu Schaden?

Zuerst durch Fehlleistungen, die den Trägern von Overload-Hirnen passieren und sich auf andere auswirken. Sie reagieren entsprechend und üben Kritik. Die Träger von Overload-Hirnen betrachten diese Kritik aber als unangebracht, weil sie aufgrund ihres Overloads gar nicht wissen können, was ihnen passiert ist. Die wechselseitigen Reaktionen führen zu intensiven Auseinandersetzungen. Diese können nun dazu führen, dass auch die Gehirne der Beteiligten unter Overload gesetzt werden.

Wie die GEMeinsame gestern berichtet hat, wirkt die Komplexitätsfalle wie eine ansteckende Krankheit. Ein Overload-Hirn ist sozusagen wie ein Virus, das verantwortlich ist für eine Krankheit.

Herr EdR Plozei hat das Problem mit diesem Vergleich anschaulich und treffend erklärt. Wir haben es hier, korrekt ausgedrückt, mit so genannten positiven Rückkoppelungen zu tun.

Können Sie uns das mit den positiven Rückkopplungen genauer erklären?

Ich bin kein Experte und kann das nur in sehr einfachen Bildern andeuten. Positive Rückkopplungen entstehen, wenn in einer Verbindung die Reaktion des einen Teils jeweils die Reaktion des anderen verstärkt. Geschieht das unaufhörlich, schaukeln sich die Reaktionen beider Teile so lange wechselseitig auf, bis dieser Prozess durch Eskalation und Zusammenbruch endet. Wenn das in einem Streit passiert, dann sagt der Volksmund dazu: Jeder der Streithähne gibt immer noch eins drauf, bis einer von ihnen tot daliegt.

Soll Ihrer Ansicht nach immer der verurteilt werden, der den Streit begonnen hat?
Das Problem ist, dass in der Komplexitätsfalle irgendetwas misslingt, weil jemand wichtige Informationen nicht hatte, aus welchem Grund auch immer. Einem der Konfliktgegner ist natürlich ein erster Fehler passiert, weil sein Hirn unter Overload stand – also in irgendeiner Weise überfordert war. Die Frage ist, ob man das der betroffenen Person immer vorwerfen kann.

Sie meinen, immerhin können Fehler durch Overload zum Beispiel passieren, weil jemand zu hart gearbeitet hat?
Gewissermaßen ja.

Aber wer Probleme schafft, weil ihm Informationen fehlen, der könnte doch selbst auf die Idee kommen können, dass er vielleicht etwas nicht gewusst hat!
Das ist das Problem: Wenn man ein Overload-Hirn hat, ist das unmöglich. Außerdem: Mit dem Phänomen, etwas übersehen, überhören oder nicht wissen zu können, wird auch viel Schindluder betrieben.

Sie meinen, es gibt Menschen, die zum Beispiel unanständig genug sind, anderen Informationen bewusst vorzuenthalten und hinterher zu behaupten, sie hätten informiert, der andere hätte das nur nicht mitbekommen?
Ja. Wir kennen aber auch zum Beispiel das Problem, dass Wissen und Kenntnis nur vorgetäuscht werden oder dass unbewusst oder absichtlich Fehlinformation gegeben wird. Auch das führt in die Komplexitäts-Falle, weil ein Mangel an relevanter Information entsteht.

Das Overload-Opfer erklärt sich sein Problem durch solche fatalen Spiele...?
Ja, weil es durch den Overload keine neuen Erkenntnisse entwickeln kann. Es greift auf solche zurück, die es längst gewonnen hat – auf alte Erfahrungen. Sein Gehirn ist nicht mehr leistungsfähig, es kann neue Eindrücke nicht mehr richtig aufnehmen und verarbeiten. Deshalb kann es auch mit diesem bisher zu wenig bekannten Phänomen nicht richtig umgehen.

Wer ein bisschen Lebenserfahrung hat, reagiert also auf Vorwürfe, er hätte doch Bescheid wissen müssen, weil man ihn informiert hat, misstrauisch...
Ja, aber das ist das kleinere Problem. Das größere Problem ist, dass bei einem überladenen Kopf tatsächlich keine Information mehr durchgeht. Die Opfer können sich nicht einmal dunkel daran erinnern, dass sie über etwas informiert wurden, wenn es auch tatsächlich so war. Die Informationen, die man ihnen tatsächlich gegeben hat, sind quasi ungehört an ihnen abgeprallt. Daher beharren sie steif und fest, nicht informiert worden zu sein. Und das ist natürlich fatal für die Personen, die sie informiert haben. Es sehen sich beide Seiten mit vollkommen ungerechtfertigten Vorwürfen konfrontiert.

In der Komplexitäts-Falle lassen sich die Träger von Overload-Hirnen nicht davon überzeugen, dass ihnen Fehlleistungen unterlaufen sind?
Exakt.

Wie muss man sich ein Overload-Hirn vorstellen?
Lassen Sie mich das bildhaft erklären. Unter normalen Umständen ist das Hirn wie ein saugfähiger Schwamm. Unter Overload wird er durch Stress immer mehr zusammengepresst, bis er sozusagen keinen einzigen Tropfen Information mehr aufnehmen kann.

Wie kommt es dazu?
Durch zu starken Stress verändern sich die Bedingungen im Gehirn, es ist dann nicht mehr leistungsfähig und macht Fehler.

Aber die Natur verantwortlich zu machen, ist das nicht ein bisschen zu einfach?
Sie haben Recht. Würden wir nur das tun, würden wir die Menschen mit dem Problem, das sich ja sehr rasch immer weiter verbreitet, alleine lassen. Hier richtet ja niemand mit Absicht Schaden an. Innerwelten ist ein humaner Sozialstaat. So einfach machen wir uns das nicht.

Was geschieht nun?
Ich gehe davon aus, dass der in U-Haft genommene Fall zum Präzedenzfall gemacht wird.

Bitte fassen Sie unseren Zusehern noch einmal zusammen warum.
Um der Öffentlichkeit den Sachverhalt der Komplexitätsfalle ausreichend transparent zu machen und um sicherzustellen, dass mit doppelt sicheren Grundlagen gearbeitet wird, denen die Gesellschaft trauen kann – mit wissenschaftlichen und juristischen Regeln. Auf die gerichtliche Entscheidung bin ich selbst gespannt. Wichtiger ist aber, dass die Gesellschaft auf dieses Problem sachlich korrekt aufmerksam gemacht wird. Das ist vor allem die Aufgabe der Medien.

Deshalb Ihre Entscheidung für dieses Interview? Die Medien sollen sozusagen den Präzedenz-Fall zu einem Public-Relations-Fall machen?
Sagen wir, der Staat Innerwelten hofft im Sinne der Gesellschaft sehr darauf...

Was müssen die Menschen über die Komplexitäts-Falle wissen?
Ich bin nur der zuständige Staatsanwalt. Das fragen Sie besser die herangezogenen Experten und Gutachter.

Vielen Dank für das Gespräch.
Ich danke Ihnen für die Gelegenheit, Ihren Zusehern das Problem in seinen wichtigsten Zügen zu erklären.

Der Unterschied

Tageszeitung für pure Information

Woche 27, Donnerstag, Abendausgabe

Problem mit der Information

Sonderbeitrag Wissen spezial._ Menschen, die Opfer der Komplexitätsfalle sind, waren oder kennen, berichten oft von Intrigen, Mobbing und hinterhältigen Verschwörungen. Am Ende der Leidensgeschichte der Opfer steht das Burnout-Syndrom, aber auch andere Erschöpfungszustände. Manche Opfer erwecken den Eindruck von Geisteskrankheit. All das sind aber nur die Auslöser oder Folgen der Komplexitätsfalle. Ihre zerstörerische Ursache ist viel einfacher: Sie entsteht ausschließlich durch einen zunehmenden Mangel an relevanter Information! Im folgenden Interview erklärt EdR Raimund Sachverter sein Gutachten anhand der vorliegenden Beweislage. Kundig in Sozialpsychologie, wurde er vom Untersuchungsrichter für die Akte „Komplexitätsfalle" als gerichtlich beeideter Sachverständiger eingesetzt.

Das Gemeinsame in der Falle

Ich weiß, dass ich nichts weiß – diese sokratische Erkenntnis gilt als eine der klügsten Haltungen für ein Herangehen an das Leben und seine Probleme. Die Auswirkungen der Komplexitätsfalle werden oft mit Intrigen, Mobbing und Hinterhältigkeit verwechselt. Was ist das tatsächliche Problem der Opfer der Komplexitätsfalle?

Die Opfer der Komplexitätsfalle wissen nicht, dass sie nicht wissen, dass sie etwas nicht wissen.

Die Geschichten, die die Opfer von ihren Problemen erzählen, klingen ähnlich wie Franz Kafkas Romane. Sie erzählen von Orientierungslosigkeit, seltsamen Veränderungen, unerreichbarer Information, unerklärlichen Urteilen und der Unmöglichkeit, sich erfolgreich zu verständigen. Was haben ihre Opfer gemeinsam?

Die Opfer befinden sich in höchst unterschiedlichen und meist belastenden Situationen, und jede von ihnen ist einzigartig. Aber sie alle haben eines gemeinsam: Ihnen fehlen wichtige Informationen, und das setzt sie unter Druck, auf den sie mit Stress reagieren. Das Grundmuster der

Komplexitätsfalle ist bei allen betroffenen Menschen dasselbe. Nur die konkreten Sachverhalte sehen in jedem Fall anders aus.

EdR Raimund Sachverter

Veränderung durch Information

Wie kann ein Mangel an relevanter Information die Ursache für die Komplexitätsfalle sein, wenn doch immer mehr Menschen über Informationsüberflutung klagen?

Das hat mit falschen Vorstellungen von Information zu tun. Eine Botschaft ist nur dann Information, wenn sie jemandes Erkenntnis verändert. Ich habe noch nie gehört, dass sich darüber jemand beklagt hätte, von Erkenntnis überflutet zu werden, dafür oft das Gegenteil: Die Menschen klagen über einen Mangel an Erkenntnis! Tatsächlich ist es nur eine Überflutung von Reizen, Signalen und Daten, über die die Menschen klagen.
Menschen in der Komplexitätsfalle zeigen zwei Merkmale ganz auffällig: Sie nehmen anderes und Veränderung nicht zur Kenntnis, denken und kommunizieren aber in den Anfangsstadien sehr viel, das heißt sie geben viele Signale von sich, nehmen aber kaum welche auf, und wenn doch, immer häufiger falsch.

Wie kann es gerade in unseren Zeiten zu einem Mangel an relevanter Information kommen, wo doch die Technik immer mehr erlaubt, dass uns immer schneller immer mehr Eindrücke erreichen?

Die schnellere Übertragung von immer mehr Signalen und Daten führt nicht automatisch zu mehr Erkenntnis. Sie führt nur dazu, dass wir mit immer mehr Eindrücken konfrontiert werden, von denen wir immer schneller entscheiden müssen, ob und welche Bedeutung sie für uns haben. Wir haben einerseits ein Problem damit, Überblick und Ordnung zu bewahren. Andererseits haben wir es durch die immer schneller werdende Informationsübertragung mit der zunehmenden Beschleunigung vieler Prozesse zu tun.

Was ist Information?

Bedeutet das, dass vieles nicht besser abläuft, nur weil es immer schneller läuft?

Auf keinen Fall! Betrachtet man, wie der Anthropologe und Kybernetiker Gregory Bateson den Begriff *Information* definiert hat, wird rasch klar, was es mit der Komplexitätsfalle auf sich hat: „*Der terminus technicus* Information *kann vorläufig als irgendein Unterschied, der bei einem späteren Ereignis einen Unterschied ausmacht, definiert werden.*“[6] Etwas einfacher ausgedrückt, könnte man sagen: *Information ist ein Unterschied, der zu einem Unterschied führt.*

In der heutigen Reiz- und Nachrichtenüberflutung müssen wir also mehr denn je entscheiden, was für uns wichtig ist zu wissen und was wir ignorieren können?

Genau! Erst durch diese Entscheidungen von Relevanzen für unser Leben erzeugen wir Unterschiede oder, anders gesagt, *Information.* Je schneller wir unter- und entscheiden müssen, desto eher besteht natürlich die Gefahr, überfordert zu werden und Fehler zu machen.

Information findet sich dann also nur in lebenden Köpfen?

In der Tat! Dasselbe gilt auch für Wissen. Was wir auf Papier, Datenträgern und Bildschirmen finden, das sind nur Daten. Wir können sie richtig oder falsch, das heißt im Sinne des Autors oder in einem anderen, entschlüsseln. Diese Entschlüsselung passiert im Kopf.

Gilt das auch für das, was wir hören?

Ja. Aussagen fließen nicht wie durch unsichtbare Drähte von einem Kopf zum anderen. Sie gehen zwar den Weg von A zu B. Aber A bestimmt nur, was er mitteilt. B bestimmt, was er versteht und wie er A antworten wird. So ist die Natur.

Was halten Sie davon, über ein überladenes menschliches Gehirn U-Haft zu verhängen?

Komplexitätsfalle: konfliktgeladene Situation!

Ich denke, der zuständige Staatsanwalt hat die Gründe für seinen Haftantrag der Öffentlichkeit anschaulich erklärt.

Anders gefragt: Ist die Komplexitätsfalle für Sie eher eine Naturkatastrophe oder eine Straftat?

Das kommt drauf an, wie man hinsieht. Betrachtet man ihre Ursachen, kann man nur von einer Naturkatastrophe reden. Betrachtet man die Folgen, die sie auslösen kann, so ergeben

6 Bateson, G., Die Ökologie des Geistes, Suhrkamp Taschenbuch Wissenschaft, Frankfurt/Main, 1985, S. 488

sich Schäden, von denen man sich fragen muss, wie mit der Verantwortung dafür umzugehen ist.

Danke für das Interview.

Die GEMeinsame

Die Tageszeitung für Mann und Frau

Woche 27, Samstag, Samstagbeilage

Die Tücken der Wahrnehmung

Anschauungen._ Was ist der Mensch? Was ist er nicht? Was kann er? Was kann er nicht? In unserer Kolumne bringen wir täglich philosophische Themen. Das Thema unserer Gesellschaft ist zur Zeit die Komplexitätsfalle. Uns hat besonders interessiert, wie es zu diesem eklatanten Realitätsverlust kommt, unter dem praktisch alle Overload-Opfer leiden. Befragt haben wir dazu die Neuropsychologin Paula Seelennerv. Sie gehört zum Expertenteam, das Kriminalinspektor EdR Gerhard Plozei von Anfang an bei der Lösung des Problems Komplexitätsfalle zur Seite stand.

Das Problem mit der Wahrheit

Wie es aussieht, passiert in der Komplexitätsfalle Folgendes: Ihre Opfer halten nur noch für wahr, was sie selbst erkennen können. Sehe ich das richtig?
Gewissermaßen ja.

Es ist ja in der Wissenschaft schon seit langem bekannt, dass der Mensch mit seinen Wahrnehmungen immer nur einen Ausschnitt aus der Wirklichkeit herausfiltert. Können wir dann überhaupt von Wahrheit sprechen?
Ja, der Mensch nimmt selektiv wahr. Gott sei Dank ist das so. Denn würden sämtliche vorhandenen Eindrücke auf uns hereinprasseln, würde man bald die Orientierung verlieren und davon verrückt werden. Die Wahrheit ist wohl immer nur die Wahrheit von jemandem, eine absolute Wahrheit gibt es nicht.

Das Problem mit der Wahrnehmung

Ähnliches passiert ja in der Komplexitätsfalle. Was passiert genau?
Selektive Wahrnehmung bedeutet, dass der Mensch nie die ganze Wirklichkeit wahrnimmt, die ihn umgibt. Es ist so, dass man mehr oder weniger bewusst Ausschnitte aus ihr wählt. Gesteuert wird die Auswahl zum Beispiel durch bestimmte Vorstellungen, bisheriges Wissen, Erfahrungen, Einstellungen,

Interessen, Fragen, aber auch Vorurteile und so weiter.

Neuropsychologin Paula Seelennerv

Das erklärt, warum zum Beispiel bei einem Verkehrsunfall drei Zeugen denselben Hergang unterschiedlich beschreiben. Die selektive Wahrnehmung macht ja den Gerichten ziemlich zu schaffen ...

Nicht nur den Gerichten! Sie ist ein allgegenwärtiges Phänomen unter Menschen, das für Leute in der Komplexitätsfalle zum ernsten Problem wird.

Was passiert da genau?

Was vor sich geht, hat Leon Festinger 1957 als seine *Theorie der kognitiven Dissonanz* beschrieben[7]. Wir sind uns zum Beispiel sicher, dass wir jemanden, sagen wir X, über etwas Wichtiges informiert haben. Nun hat X das aber nicht mitbekommen, während wir erwarten, dass er entsprechend reagiert. Das passiert aber nicht, die Sache, mit der die Information zu tun hat, geht schief. Wir sind sicher, informiert zu haben, X ist sicher, nicht von uns informiert worden zu sein. Nun greift jeder auf seine eigenen Wahrnehmungen im Zusammenhang damit zurück. Unsere Wahrnehmung ist nun mit der von X unvereinbar, und umgekehrt ist das auch so. Beide sind also mit der Dissonanz dessen konfrontiert, was sie wahrgenommen haben, zu dem, was ihm der jeweils andere darüber sagt.

Hartnäckige Uneinsichtigkeit

Worauf bezieht sich bei dieser Theorie der Begriff der Dissonanz?

Sie bezieht sich einerseits auf nicht übereinstimmende Wahrnehmungen, andererseits aber auch auf die daraus folgende innere Spannung des jeweils Betroffenen.

Die Theorie der kognitiven Dissonanz beruht, soviel ich weiß, auf der Annahme, dass Menschen dazu neigen, einmal gewonnene Erkenntnisse zunächst beizubehalten.

Genau. Der Mensch neigt dazu, alle neuen Informationen, die nicht zu den bisher erreichten Erkenntnissen passen, tendenziell abzuwerten und auszublenden, während er Eindrücke und Informationen, die seine bisherige Erkenntnis bestätigen, tendenziell überschätzt. Das hat mit seinem Bedürfnis nach Sicherheit zu tun und damit, dass ihm das als die vorteilhafteste

7 Festinger, L., Theorie der Kognitiven Dissonanz, Huber-Verlag, Bern, 1978

Strategie erscheint, um ein Problem zu lösen bzw. ein Ziel, zum Beispiel Klärung, zu erreichen.

Es heißt, die Komplexitätsfalle löst sich erst dann, wenn die durch die Dissonanz erzeugte Spannung zu groß wird.
Ja. Das passiert im Idealfall dadurch, dass sich das Opfer entspannt, gesunden Abstand zu den Problemen gewinnt, in Ruhe unvoreingenommen zum Nachdenken kommt, fehlende Information aufholt und seine bisherigen Erkenntnisse und Entscheidungen dadurch abändern kann.

Overload-Opfer:
hartnäckig uneinsichtig!

Es kann aber auch erst der Zusammenbruch sein, der zur notwendigen Entspannung führt ...?
Ja. Die Entspannung kann im schlimmsten Fall auch erst durch den Zusammenbruch erreicht werden, was häufig der Fall ist. So weit kommt es dann, wenn die Toleranzschwelle, Konflikte und Spannungen ertragen zu können, überschritten ist.

Eine andere Form der Entspannung solcher Situationen ist die Eskalation, wenn sich Konflikte, die schon zu lange ungelöst sind und sich aufgestaut haben, schlagartig zum vollen Ausbruch kommen. Vor Zusammenbrüchen kommt es meist zu mehreren Eskalationen.

Das Problem der Auswahl

Der Mensch nimmt also viel eher wahr, was er glaubt oder glauben will, als das, was sich tatsächlich um ihn herum tut?
Genau so ist das. Wir filtern die Ausschnitte aus der Realität, die uns am besten in den Sinn passen.

Was wirkt hier eigentlich als Filter?
Die Nerven unserer Sinnesorgane arbeiten zum Beispiel als solche Filter. Sie sind für unterschiedliche Eindrücke zuständig. Diese Eindrücke werden nicht von den Signalen aus der Umwelt bestimmt, sondern von den Nerven selbst. Bewiesen hat das bereits 1826 der deutsche Physiologe Johannes Peter Müller.

Die meisten Menschen wissen zum Beispiel, dass wir auf der Zunge unterschiedliche Nerven für unterschiedliche Geschmacksempfindungen haben. Es ist egal, womit man sie reizt. Die einen spüren immer nur süß, die anderen immer nur sauer, usw.

So entschlüsseln die Gehörnerven nur Schall, die Sehnerven nur Licht, usw.?
Ja. Aber nicht nur das. Bleiben die Reize zu lange gleich, gewöhnt sich der Nerv an sie. Er nimmt sie dann nicht mehr wahr, oder, anders gesagt,

diese Signale gehen nicht mehr durch den Filter der Wahrnehmung.

Deshalb hört man irgendwann den Lärm in der Großstadt nicht mehr? So gewöhnt man sich an Schmerzen? So schmeckt die tägliche Sachertorte nicht mehr so gut wie die, die man einmal im Jahr isst?
Genau.

Das Problem der Unterscheidung

Heißt das, dass sich häufig wiederholende Botschaften, die sich nicht deutlich von anderen unterscheiden, auch nicht wahrgenommen werden, weil sie für das Nervensystem keinen Unterschied darstellen?
Genau. Aber manche Dinge verändern sich regelrecht unauffällig, subtil, aber stetig. Man erkennt die Veränderung daher lange nicht und oft zu spät. Das hat aber auch mit unserer Aufmerksamkeit zu tun. Wichtig für unsere Erkenntnis sind auch die Filter in unserem Gehirn.

Welche Filter sind sozusagen in unser Gehirn eingebaut?
Das sind unter anderem unsere Vorstellungen, Theorien, aber auch Vorurteile, bestimmte Erwartungen, unsere Interessen und Fragen. Sie sorgen für die Aufmerksamkeit oder Konzentration auf das für uns Wesentliche.

Was passiert durch diese Filter?
Setzen wir Filter ein, die uns nicht helfen, unsere tatsächlichen Probleme zu erkennen und zu lösen und unsere Ziele zu erreichen, sammeln und setzen wir auf irrelevante Eindrücke, die mit dem Problem gar nichts oder nur wenig zu tun haben. Dann funktionieren unsere Lösungsversuche nicht. Wir bilden uns aber ein, mit unseren Wahrnehmungen und Erkenntnissen richtig zu liegen. Irgendwann erkennen wir dann immer weniger Sinn in dem, was passiert. Wir geraten in Orientierungslosigkeit und Sinnkrisen.

Das Problem der Decodierung

Wir entschlüsseln die Eindrücke aus unserer Umwelt nicht anhand der Signale, die sie uns gibt, sondern anhand der Natur unserer Nerven, unseres Wissens und unseres Denkens?
Genau: Unsere Nerven erkennen nicht, wodurch sie gereizt werden, sondern nur, wie viel Reiz sie erreicht. Sie erkennen nur *mehr* oder *weniger.*

Haben wir dann im Kopf sozusagen eine Decodierungsmaschine eingebaut?
In diese Richtung, nur ist es keine Maschine. Die Basis, auf der die Eindrücke aus der Umwelt entschlüsselt werden, können wir die jeweilige Lernvergangenheit eines Menschen nennen. Sie steckt zum Teil schon in den Genen, aber nicht gerade wenig auch in dem, was ein Mensch bis dato gelernt hat.

Wie ein Geheimagent den Code der Geheimsprache der Gegenseite besitzen muss, um deren verschlüsselte Nachrichten zu entschlüsseln, entschlüsseln wir die Eindrücke, die wir bewusst wahrnehmen und verarbeiten, anhand des Codes, den unser jeweiliges Gehirn entwickelt hat. Dieser Code wird durch Vererbung, unsere bisher gewonnene Erfahrung und Erkenntnis, unsere Erinnerungen und unser Wissen gebildet?

So könnte man sagen.

Die Barrieren für das Neue

Kommt uns dann nicht ständig unsere Innenwelt von außen entgegen?
Gewissermaßen, und zwar umso mehr, je weniger wir für Neues aufgeschlossen und lernfähig sind. Wer hingegen wie Sokrates weiß, dass er nichts weiß, der wird entsprechend aufnahmebereiter sein und seine Innenwelt und Erkenntnisse mehr und mehr so entwickeln, dass sie den Vorgängen in seiner Umgebung entsprechen.

Die Natur unserer Nerven und unseres Gehirns schützt uns also davor, von den unendlich vielen Eindrücken, die uns die Wirklichkeit bietet, erschlagen zu werden?
Ja. Sie fordert uns mit ihrer Beschaffenheit aber auch auf, selbst zu steuern und zu regeln, wovon wir uns beeindrucken und beeinflussen lassen. Sie fordert uns auf, mit Interessen aufmerksam zu sein, die helfen, eine Angelegenheit richtig einzuschätzen, klar zu denken und die richtigen Fragen zu stellen.

Die Grenzen im Kopf

Wem das nicht gelingt, der läuft Gefahr, in die Komplexitätsfalle zu geraten?
So ist es. Diese Gefahr ist in besonders komplexen Umwelten sehr groß. Der Kopf wird dann noch leichter mit noch mehr irrelevanten Eindrücken beschäftigt und überladen.

Warum ist das besonders in komplexen Umgebungen gefährlich?
Einfach gesagt, weil es über sie mehr zu wissen gibt, als ein einzelnes menschliches Gehirn erfassen kann. Kein Gehirn kann das. Das menschliche Gehirn hat Grenzen.

Wo liegt diese Grenze?
Sie verläuft bei jedem Menschen je nach Intelligenz, Konzentrationsfähigkeit, Hirntraining, Erfahrung, Bildung, Verfassung und Umständen anders. Aber es gibt sie immer, und das ist das Entscheidende.

Erkenne dich selbst!

Könnte man sagen, dass die Komplexitätsfalle nur deshalb entsteht, weil manche Menschen sich mehr zutrauen, als sie tatsächlich können?
Das könnte man gewissermaßen so sagen. Deshalb soll es ja bei dieser ungewöhnlichen Gerichtsverhandlung auch weniger darum gehen, die Natur anzuklagen, sondern das Bewusstsein der Menschen zu schärfen, wie es der Staatsanwalt letzten Dienstag in den Nachrichten gesagt hat.

Was kann man selbst gegen die Komplexitätsfalle tun?
Dazu gäbe es vieles zu sagen. Das Wichtigste ist, ihr Strickmuster, die Natur unserer Wahrnehmung sowie die Möglichkeiten und Grenzen unseres Gehirns zu kennen.

Danke für das Gespräch.

Der Unterschied

Tageszeitung für pure Information

Woche 27, Sonntag, Sonntagsbeilage

Das Täterprofil

Thema der Woche._ Die Verhaftung des Overload-Hirns war die Schlagzeile im Blätterwald der vergangenen Woche. Es liegt in der Natur dieser Falle, dass sie von einem Gehirn zum anderen überspringen kann. Gefährdet ist die ganze Gesellschaft. Wir präsentieren exklusiv das präzise Täterprofil der Komplexitätsfalle und ein ausführliches Interview mit dem Kriminalpsychologen EdR Gotthelf Bösforscher. In Zusammenarbeit mit einem Kybernetiker gelang es ihm in jahrzehntelanger kriminalistischer Kleinarbeit, das Täterprofil der Falle exakt zu beschreiben.

Mit Selbstversuchen zum Täterprofil

Die bisher eingesetzten Experten haben keinen Zweifel: Das Overload-Hirn ist für die Komplexitätsfalle und ihre Folgen verantwortlich. Wie ist es Ihnen gelungen, das exakte Täterprofil zu erstellen?

Wir haben dazu zahlreiche Fälle so lange und genau beobachtet, bis wir das gemeinsame Muster sicher feststellen konnten.

Wie viele Fälle haben Sie dazu gebraucht?

Insgesamt waren es Hunderte. Eine Kerngruppe von zwanzig Probanden wurde über zwei Jahrzehnte lang intensiv begleitet und beobachtet. Bei Projekten mit Großgruppen hat sich außerdem

Erstellte das Täterprofil: Kriminalpsychologe EdR Gotthelf Bösforscher

zufällig herausgestellt, dass wir es dort mit demselben Problem zu tun hatten.

Wann waren Sie sicher, dass Sie das exakte Täterprofil gefunden hatten?
Sicher war ich erst, als ich die Entwicklung bei den einzelnen Fällen richtig vorhersagen konnte. Zusätzlich habe ich getestet, ob ich die Komplexitätsfalle auch auslösen kann – zuerst bei mir selber und dann bei Probanden. Nachdem mir das immer wieder gelungen war, gab es für mich keinen Zweifel mehr. Auch die Probanden konnten meine aufgezeichneten Beobachtungen vollumfänglich bestätigen. Jeder erkannte das Muster seiner eigenen Katastrophe wieder.

Wenn Sie die Komplexitätsfalle bewusst ausgelöst haben, war das dann nicht jenseits der Grenze dessen, was man mit Menschen tun darf?
Ich habe diese Experimente erst gewagt, als ich wusste, wie man Menschen aus der Komplexitätsfalle befreit. Die ersten freiwilligen *Versuchskaninchen*, die ich dazu herangezogen habe, waren EdR Gerhard Plozei und die Mitglieder seiner Expertengruppe.

Sie alle waren mit diesen Selbstversuchen einverstanden, weil sie den Fall unbedingt lösen wollten?
Ja, die Experimente waren so faszinierend, dass sich später noch weitere Probanden zur Verfügung stellten. Zugegeben, es war knapp an der Grenze. Aber niemand macht mir deshalb Vorwürfe. Ich hoffe, auch Sie können davon absehen.

Die Falle – woran man sie erkennt!

Was ist das wichtigste Merkmal der Komplexitätsfalle?
Das wichtigste Merkmal ist, dass die Phänomene der Komplexitätsfalle immer mit einem Mangel an relevanter Information beginnen.

Wodurch kann das entstehen?
Zum Beispiel durch eine Überlastung des Gehirns oder durch Überforderung, weil etwas nicht richtig verstanden werden kann. Wichtige Auslöser sind unter anderem auch zu hohe Signal-, Reiz- und Informationsdichte und Überanspannung.

Die Begriffe *Überladung* und *Overload* beziehen sich einerseits auf die Leistungsgrenze eines Gehirns und andererseits auf zu hohe Spannung?
Richtig, und beides löst einen Mangel an aktueller und relevanter Information aus. Das macht das betroffene Gehirn zum Täter.

Der Mensch, der ein solches Overload-Hirn in seinem Kopf hat, wird damit sein erstes Opfer?
Ja und der Täter sitzt in seinem eigenen Kopf.

Gibt es weitere Merkmale, an denen man die Komplexitätsfalle erkennt?
Das wichtigste Merkmal ist: Die Probleme, die durch die Falle entstehen, bessern sich rasch bis schlagartig, wenn sich das Opfer ausreichend entspannt und die ihm fehlenden relevanten Informationen nachträglich erhalten hat.

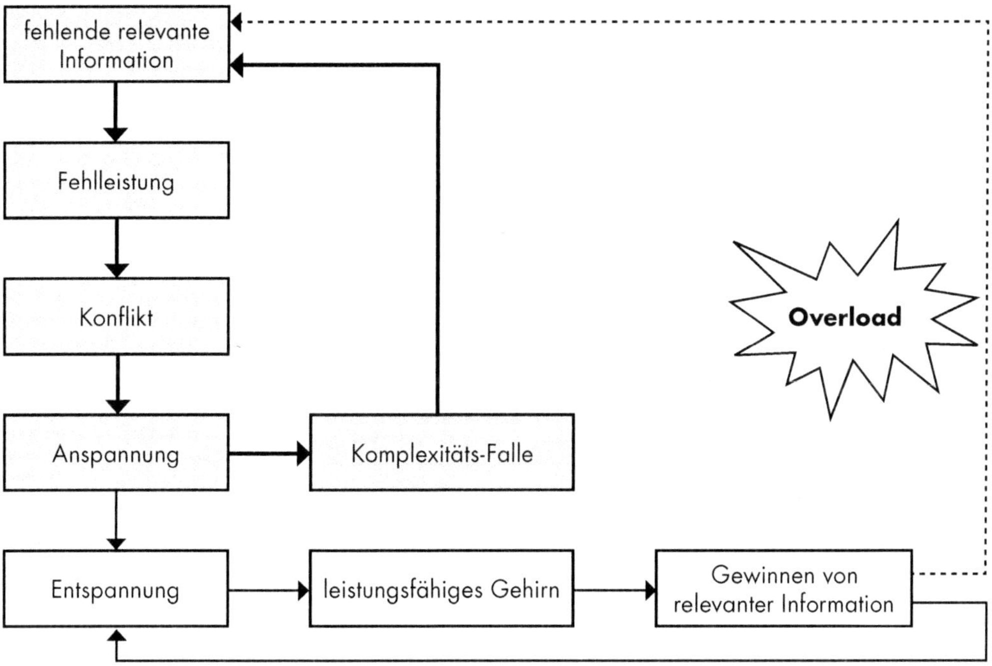

Das für Laien vereinfachte Täterprofil der Komplexitätsfalle

Immer mehr Menschen sind vom Phänomen der Komplexitätsfalle bedroht. Es entsteht durch einen Mangel an relevanter Information. Es bessert sich oder verschwindet durch Entspannung und die Aufnahme von relevanter Information verblüffend rasch. Allerdings ist Entspannung durch eine nervenbedingte Eigendynamik ab einem bestimmten Punkt nur mehr schwer zu erreichen. Die Falle ist nicht wie eine Krankheit, gegen die man immun wird, wenn man sie einmal durchgemacht hat. Man ist vor der Komplexitätsfalle zu keiner Zeit gefeit. Die Gefahr ist immer da.

Keine Spur von gesunder Ratio

Worunter leiden die Opfer am meisten?

Am meisten leiden die Opfer darunter, dass sie ihre eigenen Erfahrungen und Erkenntnisse nicht mehr mit denen anderer in Einklang bringen. Es herrscht ausgesprochene Dissonanz in den Meinungen und Auffassungen.

Die Dissonanz findet sich dabei sowohl in den zwischenmenschlichen Beziehungen der Opfer als auch in ihrem Innenleben. Sorgt sie für die steigende Anspannung?

Ja, die Dissonanz sorgt für steigende Anspannung, und zwar umso mehr, je weniger die verschiedenen Sichtweisen vereinbar sind. Die Opfer leiden dann nicht nur unter den zwischenmenschlichen Spannungen, sondern auch unter einem randvollen Kopf, in dem bald immer wieder dieselben Gedanken kreisen. Sie werden sie nicht los, kommen aber mit ihren Überlegungen immer schwerer voran.

Warum kommt es in der Komplexitätsfalle zu keiner Beruhigung?
Die Dissonanz kommt ja daher, dass verschiedene Menschen zur selben Angelegenheit Wahrnehmungen und Meinungen haben, die auf der anderen Seite abgelehnt werden. Sowohl die Opfer als auch ihre Konfliktgegner fühlen sich immer mehr vor den Kopf gestoßen. Beide Seiten lehnen immer mehr und irgendwann radikal ab, was der andere meint. Das geschieht durch den zunehmenden Stress nicht auf rationaler Basis, das Verhalten wird nervenbedingt überwiegend biologisch gesteuert.

Einsamkeit und Massenwahn

Gerade wenn die Ratio versagt: Macht das die Opfer nicht entsetzlich einsam?
Allerdings ist das bei den meisten Opfern so, auch wenn sie es sich nicht eingestehen.

Die fruchtlosen Auseinandersetzungen verbrauchen ja viel unnötige Energie ...
... deshalb sind die Opfer irgendwann so erschöpft, dass sie auf die eine oder andere Weise zusammenbrechen oder es aufgeben, mit ihrer Umwelt weiterhin für Klarheit zu sorgen. Sie resignieren, sind hoffnungslos und suchen die Isolation.

Sie sagen, zunehmende Anspannung verstärkt das Problem. Entspannung entschärft es. Allerdings reißen Opfer andere in die Falle mit! Wie passiert das genau?
Es ist so, wie Sie sagen. Anspannung verstärkt das Problem. Es führt zu weiterem Informationsmangel. Bestehender Informationsmangel führt zu weiterem Informationsmangel. Damit kommen mangelndes Verstehen, eine Reihe von Fehlinformationen, Irrtümern und Missverständnissen ins Spiel. Der anwachsende Informationsmangel kann sich im Umfeld oft regelrecht ungehindert ausbreiten.

Könnte man sagen, ein Blödsinn, der gesagt wird, verbreitet sich wie ein Lauffeuer?
Sehr gut, ja! Auf diese Weise kann sich die Komplexitätsfalle zum Massenphänomen entwickeln.

Es kann also sozusagen zu einem Zug der Lemminge kommen?
Genau. In unserer Gesellschaft lassen sich ganze Organisationen, Bewegungen und Trends feststellen, die nur durch einen Mangel an relevanter Information zu erklären sind.

Ist die zunehmende Reizüberflutung in unserer Zivilisationsgesellschaft ein Beispiel dafür?
Gut möglich! Sie basiert auf einem Missverständnis und Wissensmangel über Information. Viele denken, jedes Signal, jedes Datum und jeder Reiz seien Information. So ist das aber nicht. Die Menschen meinen zu informieren. Tatsächlich sorgen sie nur für großen Lärm und eine zunehmend schrillere, ja regelrecht hysterisch

laute Umwelt, die die Aufnahme von relevanter Information immer mehr verhindert.

Ist Mobbing oft gar nicht Mobbing?

Kann es auch sein, dass vieles, was als Intrige, Mobbing und Verschwörung betrachtet wird, tatsächlich die Komplexitätsfalle ist?

Das kann gut sein. Damit verbundene Probleme sehen sehr ähnlich aus, haben aber ganz unterschiedliche Ursachen. Intrigen, Mobbing und hinterhältige Verschwörungen passieren mit Absicht. Die Probleme, die durch die Komplexitätsfalle entstehen, entstehen ohne Absicht. Dass sie als Intrigen, Mobbing und Verschwörungen betrachtet werden, liegt nur daran, dass die Opfer der Komplexitätsfalle hartnäckig mit falschen Theorien arbeiten.

Deshalb kommt es gegenüber unschuldigen Menschen zum Beispiel auch immer wieder zu unwahren Behauptungen, die ihren Ruf beträchtlich schädigen …

Leider ja. Aber es handelt sich dabei nicht um absichtlichen Rufmord. Das sah nur anfangs so aus. Deshalb hatten auch EdR Gerhard Plozei und ich den Auftrag, die Sache mit der Komplexitätsfalle in einem ersten Schritt mit kriminalistischen Mitteln aufzudecken.

Wenn es Ärger gibt, ist oft nicht Mobbing im Spiel, sondern die tückische Komplexitätsfalle.

Von Fall zu Fall

Der tägliche Dialog für differenziertes Denken

Eine Sendung von Radio Klug, ein Sender der hiesigen öffentlich-rechtlichen Radioanstalt.
Eine Mitschrift auf der Webseite des Sendeformats

Woche 28, Montag 14.00–14.55

Wie die Komplexitätsfalle funktioniert

Anmoderation

Experten weisen laufend darauf hin, dass die Auswirkungen der Komplexitätsfalle zu einem Massenphänomen werden können. Niemand ist davor gefeit.
Guten Tag, meine sehr geehrten Damen und Herren. Ich begrüße Sie in unserer heutigen Diskussionssendung „Von Fall zu Fall". Zu Gast bei uns ist heute der Gesellschaftskybernetiker EdR Achim Sozal, der den Kriminalpsychologen EdR Gotthelf Bösforscher dabei unterstützt hat, das exakte Täterprofil der Komplexitätsfalle zu erstellen.
Bevor wir mit unserem Gespräch beginnen, noch ein wichtiger Hinweis: Auf Wunsch unserer Hörer kommt es zu einer kurzfristigen Programmänderung. Das üblicherweise anschließende Nachmittagskonzert fällt heute aus. Unsere Diskussionssendung wird aufgrund des großen Interesses ausnahmsweise um eine halbe Stunde verlängert.

Das Verlaufs-Modell

Herr Sozal, ich begrüße Sie herzlich in unserer Sendung.
Guten Tag, ich danke für die Einladung und begrüße Sie ebenfalls herzlich.

Viele Anrufer haben uns mitgeteilt, dass sie darauf brennen, genau zu erfahren, wie die Komplexitätsfalle funktioniert. Soviel ich weiß, verläuft sie sozusagen in Stadien. Sie haben dazu ein Modell angefertigt. Unsere Zuhörer können sich das Modell auf unserer Webseite ansehen: www.vonfallzufall.net. Dort finden Sie auch ein Foto von Herrn Sozal, damit Sie wissen, wen Sie vor sich haben.
Es ist fast genau so, wie Sie es sagen: Wenn die nötige Entspannung und der Ausgleich des Informationsdefizits ausbleiben, verläuft die Komplexitätsfalle in zunehmend gefährlicher werdenden Stadien. Leider werden dabei die

meisten Probleme eines Stadiums nicht durch die in anderen abgelöst, sondern verstärkt.

Sie haben betont, dass es schwierig ist, in angemessener Kürze zu beschreiben, wie die Stadien ablaufen und zusammenhängen.

Ja, ein Modell, das eine Sache richtig darstellt, sagt auf einen Blick, wofür man sonst sehr viele Worte braucht und nur auf sein Vorstellungsvermögen angewiesen ist. Der Korrektheit halber muss ich dazu erwähnen, dass das Modell auf Ihrer Webseite eine vereinfachte Version für Laien ist.

Die wichtigsten Merkmale

Eine detaillierte Darstellung würde von Laien vermutlich zu viel Auseinandersetzung verlangen.

Noch größer wäre die Gefahr von Missverständnissen. Das Vermitteln komplexer Zusammenhänge birgt immer die Gefahr in sich, sein Publikum in Overload zu versetzen. Diesen Fehler habe ich früher oft gemacht. Seit ich mich mit der Komplexitätsfalle auseinander setze, bin ich da sehr vorsichtig geworden.

Was ist das Wichtigste über die Komplexitätsfalle? Lassen Sie uns damit beginnen.

Guter Vorschlag. Die Komplexitätsfalle ist die Auswirkung eines Problems, das Fredmund Malik 1977 in seiner Habilitationsschrift wie folgt beschrieben hat: *Das hervorstechendste Merkmal von sozialen Systemen, die sich jenseits des Komplexitätswerts befinden, ist nichts anderes als eben ihre jede Kapazität des menschlichen Gehirns übersteigende Komplexität.*[8]

Sie betonen immer wieder, dass die Komplexitätsfalle weder mit vorübergehender Reizüberflutung zu tun hat, wenn Signale vorübergehend zu viel oder zu laut werden, noch mit dem Burnout-Syndrom, Erschöpfungs-Depressionen oder dem Posttraumatischen Belastungssyndrom.

Richtig, diese Erscheinungen können der Komplexitätsfalle vorausgehen und noch viel eher folgen. Die Komplexitätsfalle selbst hat auch nichts mit Krankheit zu tun, sondern *ausschließlich* mit einem zunehmenden Mangel an *relevanter* Information und dessen Auswirkungen.

Zu denen gehört auch Stress.

Ja, und zwar ganz gehöriger Stress, mit entsprechenden körperlichen Reaktionen. Diese würde ich aber als biologisch und nicht als pathologisch, also krankhaft, bezeichnen.

Wodurch unterscheidet sich die Komplexitätsfalle von den erwähnten Krankheiten?

Vor allem durch drei entscheidende Merkmale:

1. Die typischen Probleme der Komplexitätsfalle werden rasch und deutlich stärker, wenn die Anspannung ansteigt. Wenn das Gehirn wieder entspannt arbeiten kann, werden die

8 Malik, F., Strategie des Managements komplexer Systeme, 6. Auflage, Verlag Haupt, Stuttgart, Bern, Wien, 2000, S. 83

Probleme verblüffend rasch besser bis hin zu ihrem völligen Verschwinden.
2. In der Komplexitätsfalle fühlt man sich weder körperlich noch mental schlapp. Im Gegenteil, man ist höchst angespannt und über weite Strecken äußerst aktiv.
3. Man fühlt sich im Kopf nicht ausgebrannt und leer, er ist randvoll! Häufig kreisen immer wieder dieselben Gedanken im Kopf. Man wird sie nicht los, kommt aber mit seinen Überlegungen nicht mehr voran.

Man weiß nicht, dass man nicht weiß, dass man etwas, was man wissen müsste, nicht weiß. So fängt das mit der Komplexitätsfalle an, wenn ich Sie in unserem Vorgespräch richtig verstanden habe.
Ja, die Komplexitätsfalle beginnt damit, dass man sich für einen kurzen Moment, vorübergehend, für längere Zeit oder andauernd jenseits der Leistungsgrenze seines eigenen Gehirns befindet.

Wer ist gefährdet?

Dieses Problem ergibt sich offensichtlich besonders gegenüber komplexen Anforderungen und Bedingungen?
So ist es, deshalb sprechen wir von der Komplexitätsfalle.

Gibt es Personengruppen, die durch diese Falle besonders gefährdet sind?
Nein, das kann man so nicht sagen, weil die Gefährdung ja nicht allein durch die Person gegeben ist, sondern auch von den Umständen abhängt, die ihr Gehirn überfordern. Sehr häufig kann man dieses Problem zum Beispiel bei geschockten und sehr besorgten Patienten

Unser heutiger Gast in „Von Fall zu Fall": der Kybernetiker EdR Achim Sozal und ihren Angehörigen im Rahmen der ärztlichen Aufklärung beobachten. Diese Menschen kommen dann mit dem Umstand nicht zurecht, dass sie medizinische Laien sind. Während der Arzt sie über eine Krankheit und Behandlungsmöglichkeit aufklärt, haben sie vor allem mit sich selbst und ihren Ängsten zu tun. Sie können dem Arzt dann gar nicht folgen. Später gibt es deshalb oft Klagen, ihr Arzt habe sie nicht informiert, obwohl er es nachweislich und sorgfältig getan hat. Die Patienten und Angehörigen wissen nichts mehr davon. Sie waren mit dieser Situation überfordert, obwohl sie sonst in ihrem Leben ganz gut zurechtkommen und oft auch sehr anspruchsvolle Berufe ausüben.

Gibt es bestimmte Berufsgruppen, die mehr als andere gefährdet sind?

Auch hier muss man die Person immer im Zusammenhang mit ihren Umständen sehen. Es gibt Berufe, in denen entschieden mehr Komplexität geistig bewältigt werden muss als in anderen. Das bedeutet aber nicht, dass daher jeder in diesen Berufen gefährdet sein muss. Das hängt von einer Reihe von Umständen ab, das würde jetzt zu weit führen.

Gibt es Berufe, bei denen Sie die Komplexitätsfalle besonders häufig beobachten?

So weit sind wir noch nicht, um diese Frage seriös beantworten zu können. Aus diesem Grund betreiben wir ja gerade sehr intensive Öffentlichkeitsarbeit, um anhand der Reaktionen mehr darüber zu erfahren. Derzeit läuft eine Reihe von Studien. Aber ich selbst habe das Problem bisher häufig bei Journalisten, Ärzten, Führungskräften und hochrangigen Experten beobachtet, aber zum Beispiel auch bei Marketing-Spezialisten, PR- und Werbefachleuten sowie Webmastern, die sehr komplexe Webseiten betreuen. Die zuletzt genannten Berufe sind einer besonders starken Reiz- und Datenflut ausgesetzt.

Häufig konnte ich die Komplexitätsfalle aber auch bei besonders sensitiven, gebildeten und intelligenten Menschen beobachten, insbesondere bei Künstlern.

Das Problem betrifft anscheinend auch besonders Fachleute, die komplexe Probleme für andere lösen. Gefährdet sind Leiter und Betroffene von Innovations- und Pionierprojekten, Menschen in für sie neuen Arbeitsumfeldern und in solchen, für die sie nicht ausreichend qualifiziert sind. Menschen in größeren Städten scheinen gefährdeter zu sein als solche, die auf dem ruhigen Land leben.

Woran man die Falle erkennt

Können Sie uns grob umreißen, woran man die Komplexitätsfalle erkennen kann?

Ich zähle nun zehn Merkmale auf, die für die Komplexitätsfalle typisch sind.

1. Ihre Fehlleistungen werden den Betroffenen in keinem Stadium bewusst.
2. Die Probleme bessern oder lösen sich *rasch bis schlagartig*, wenn geistige Entspannung eintritt, tauchen aber unter Stress immer wieder auf.
3. Unter Daueranspannung kommt es zu einer dramatischen Verstärkung der Probleme.
4. Betroffene erinnern sich nur noch unvollständig oder gar nicht mehr an vorangegangene Informationen, Gespräche und Vereinbarungen. Sie kaschieren das zwar anfangs noch mehr oder weniger gut, aber man erkennt, dass sie sich nicht dementsprechend

verhalten. Sie halten sich zum Beispiel nicht an Vereinbarungen.

5. Oft sagen sie zum Beispiel, sie hätten relevante Informationen oder etwa Mails nicht erhalten. Nachweislich haben sie diese aber übersehen, ihre Nachricht falsch aufgenommen, unterschätzt, ignoriert oder nicht im Kopf behalten. Ihre Behauptungen, nicht informiert worden zu sein, obwohl das nachweislich geschehen ist, häufen sich.
6. Menschen in der Komplexitätsfalle erscheinen durch ihre Informationslücken oft desinteressiert, unwillig oder erwecken Misstrauen.
7. Betroffene stellen immer seltener Fragen, die von gezielten Überlegungen oder umfassenden Reflexionen ausgehen. Wenn überhaupt Fragen kommen, dann über Dinge, von denen man annimmt, dass sie diese längst wissen müssten.
8. Die Botschaften und Verhaltensweisen von Menschen in der Komplexitätsfalle werden in fortgeschrittenem Stadium zunehmend stereotyp. Gleichzeitig kommen von ihnen immer öfter Aussagen, die man selbst ihnen gegenüber getätigt hat, wie das eigene Echo zurück, während Overload-Opfer meinen, einem damit etwas Neues und ihre eigens entwickelte Meinung gesagt zu haben. Geht man auf sie ein, stellt man fest, dass sie in keiner Weise reflektiert wurde. In Gesprächen mit Betroffenen findet ab einem bestimmten Stadium kein Informationsaustausch mehr statt.
9. Die Verantwortung für die Fehler, die passiert sind, suchen Overload-Opfer zutiefst überzeugt und daher entsprechend hartnäckig bei anderen bzw. anderem, aber niemals bei sich selbst.
10. Betroffene erkennen nicht, in welcher Verfassung sie sich befinden und welche Fehlleistungen ihnen unterlaufen. Das wird erst wieder möglich und das dauert oft Jahre, wenn die erforderliche Entspannung und geistige Verarbeitung eingetreten ist.

Wie das Problem anfängt

Wenn ich richtig verstehe, wird die Komplexitätsfalle nur dann zum ernsthaften Problem, wenn die Betroffenen zu lange zu stark angespannt sind?

Exakt. Wenn Sie das vereinfachte Modell betrachten, dann sehen Sie im auf der nächsten Seite dargestellten Regelkreis rechts unten, dass es unter guten Umständen nach einer gelungenen Problemlösung zur nötigen Entspannung kommt, während für das Problemlösen durchaus ein gewisses Maß an Anspannung nötig ist.

Kritisch wird es erst dann, wenn durch irgendeinen Auslöser ein Mangel an relevanter Information entsteht. Das stellt der Regelkreislauf auf der linken Seite der Abbildung des Modells dar?

Genau. Wie wir nun schon oft gehört haben, entstehen durch Informationsmangel Irrtümer bzw. Fehlleistungen und Fehlentwicklungen.

Was kann zu Informationsmangel führen?

Es gibt verschiedene Ursachen. Man ist überlastet und hat keinen Kopf mehr für Nachrichten. Eine andere Ursache ist, dass einem das nötige Bildungswissen fehlt, um sein Ziel zu erreichen. Eine weitere ist, dass einem aus unterschiedlichsten Gründen relevante Informationen über die aktuelle Lage fehlen. Beide Gründe können auch zusammenhängen. Zum

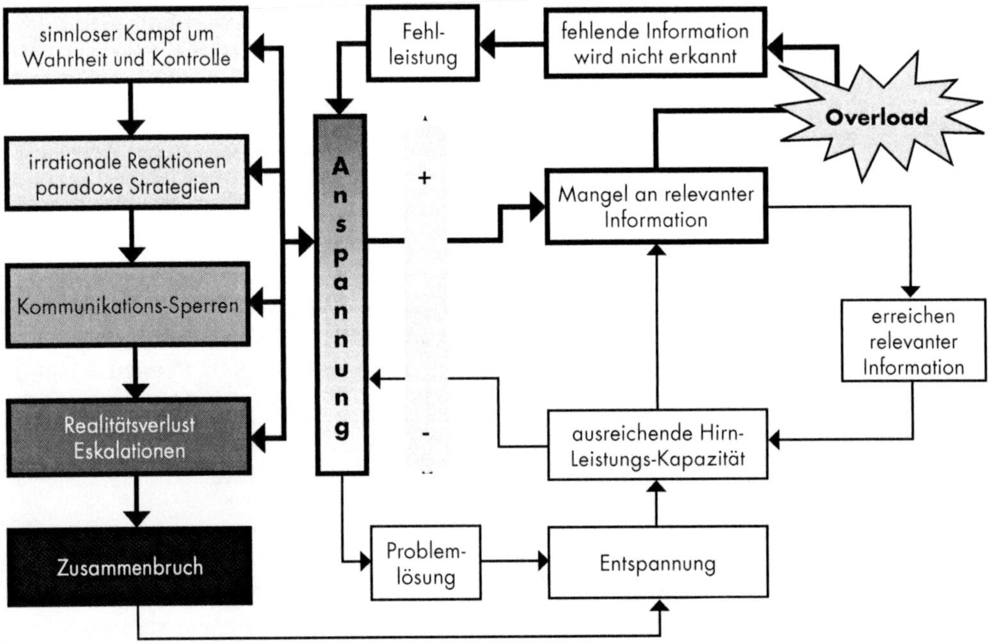

Der Verlauf von Stadien in der Komplexitätsfalle in einer für Laien vereinfachten Darstellung

Beispiel dann, wenn man zwar das nötige Bildungswissen besitzt, aber nicht das nötige Handlungswissen, wie man es richtig umsetzt. Was am besten getan werden soll, erkennt man ja oft nur anhand der Informationen über die aktuelle Lage. Das Bildungswissen hilft dann dabei zu erkennen, welche Informationen die relevanten sind, wonach man fragen, worauf man achten muss.

Sinnloser Kampf um Wahrheit und Kontrolle

Das eine Problem ist also Qualifikationsmangel, das andere ist ein aktueller Mangel an relevanter Information. Wie es zu Letzterem kommen kann, davon haben die Medien in den letzten Tagen ja umfassend berichtet. Die Überforderung der geistigen Aufnahmefähigkeit führt zu ungesundem Stress. Wie zeigen sich die ersten Folgen?

Daten, Signale und Informationen werden nur noch lückenhaft, falsch oder gar nicht mehr aufgenommen. Anfangs erwecken die betroffenen Personen aber noch den Anschein, richtig wahrzunehmen. Allerdings erkennt man bald, wie schon gesagt, dass die Konsequenzen von Informationen immer seltener erkannt und gezogen werden.

Dadurch kommt es zu Fehlleistungen …

… und damit zu den ersten Konflikten. Betroffene werden sich ihrer Fehlleistungen nicht bewusst und wehren sich daher vehement gegen Kritik. Sie sind sicher, dass andere die Fehler gemacht haben und dass man ihnen diese nun in die Schuhe schieben will. Das wiederum bringt ihre Kritiker auf die Palme, denn die sind sich nämlich auch ganz sicher, dass das Problem nicht an ihnen liegt.

Sie sagen, das Opfer wird sich seines Informationsmangels und seiner Fehlleistungen in der Gefangenschaft der Komplexitätsfalle zu keinem Zeitpunkt bewusst …

Leider nein, das ist eines der Kernprobleme. Fragt man Overload-Opfer zum Beispiel, warum sie auf eine tatsächlich erfolgte Mitteilung nicht richtig reagiert haben, wissen sie von nichts. Sie sind sicher, niemals eine Mitteilung bekommen zu haben. Es ist auch ganz typisch, dass man gegenüber Overload-Opfern nicht auf vorangegangene Gespräche und Unterlagen aufbauen kann. Sie verhalten sich, als gebe es diese nicht und hätte es sie nie gegeben.

Was entwickelt sich aus dieser Situation?

Die Belastung der Gehirne steigt an, weil die tatsächliche Relevanz von Informationen und Meinungen zu einem Problem nicht erkannt wird. Es wird zwar heftig diskutiert oder richtiggehend gestritten, aber das Problem wird dadurch nicht gelöst, sondern verschlimmert.

Es häufen sich Verschwörungstheorien. Betroffene stellen immer mehr Vermutungen an, was und wer an der Fehlleistung schuld ist. Aber es wird auf Basis von fixen Ideen und mühselig konstruierten Erklärungen agiert, die nur noch den Betroffenen selbst plausibel erscheinen. Die notwendige Informationslage über die tatsächlich relevanten Fakten verschlechtert sich dadurch zusehends, und zwar auf beiden Seiten, weil die Overload-Opfer in ihrer Wehrhaftigkeit ihre Kritiker mit ihren zahlreichen Argumenten und Vermutungen ebenfalls unter Overload setzen.

So entsteht sozusagen die Ansteckung?

Ja. Das Dilemma mit der Ansteckung ist folgendes: Sowohl das Overload-Opfer als auch die Leute, die mit ihnen wegen ihres Informationsdefizits und ihrer Fehlleistungen Probleme haben, sind der festen Ansicht, dass jeweils der andere nicht vernünftig und fair ist.

Overload-Opfer meinen ja oft, ihre Kritiker würden sie mobben, im Privatleben würde man eher sagen, ihnen übel mitspielen, oder?

Manche von ihnen haben nur den Verdacht, andere sind fest davon überzeugt, dass sie von ihren Kritikern bewusst hintergangen werden. Also geht es jetzt nur noch darum, andere davon zu überzeugen und die Kritiker zu überführen. Da diese sich keiner Schuld bewusst sind, müssen sie sich zumindest dagegen wehren. Weil die Situation so irrational erscheint, kommen die verschiedensten Theorien auf, die aber alle nicht zutreffen. So meint jede Seite bald, die andere oder etwas Unbekanntes habe sich gegen sie verschworen.

Der Mangel an relevanter Information betrifft also bald nun nicht nur die Seite des Auslösers der Komplexitätsfalle, sondern auch diejenigen, die von den dadurch

hervorgerufenen Fehlleistungen betroffen sind. Wie könnten sie an dieser Stelle der Falle entkommen?
Wenn man die Komplexitätsfalle intuitiv oder bewusst als solche kennt, sucht man nach allen notwendigen Fakten, um das Problem richtig zu verstehen. Wer sich mit der Falle auskennt, würde Overload-Opfern, die keine Einsicht zeigen, zuerst zur notwendigen Entspannung verhelfen, anstatt sie mit Kritik unter Druck zu setzen, denn davon wird alles nur schlimmer. Nur ausreichend entspannt haben Overload-Opfer die Chance, ihr Informationsdefizit aufzuholen.

Eine sehr hilfreiche Voraussetzung dazu ist natürlich, dass sich auch Overload-Opfer grundsätzlich des Problems bewusst sind, um die Möglichkeit in Betracht ziehen zu können, dass ihnen wichtige Informationen gefehlt haben könnten.

So ist es, aber das ist leider oft nicht der Fall, und dann spitzt sich die Lage zu. Durch die endlosen Klärungsversuche, die Vielfalt an Vermutungen und Lösungsstrategien wird eine ganze Menge überflüssiger und daher kontraproduktiver Komplexität produziert. Sie wird von zunehmender Reiz-, Signal- und Datenflut begleitet, weil man sich ja einiges zu sagen hat, während man nicht in der Lage ist, einander zu verstehen. Was sich abspielt, ist ein sinnloser Kampf um Wahrheit und die Kontrolle über die eigene Situation, und zwar auf Kosten eines funktionierenden größeren Ganzen.

Orientierungsverlust

Wohin führen diese komplexen Bedingungen?
Schnurstracks in den Orientierungsverlust. Weil das tatsächliche Problem nicht erkannt wird, werden überwiegend irrelevante und falsche Informationen generiert, Botschaften anderer zunehmend systematisch falsch verstanden.

Betroffene sprechen von hysterischem Klima, kafkaesken Zuständen, Chaos und dergleichen.
Das beschreibt die Lage ganz gut. Die Beziehungskonflikte nehmen zu, während nicht erkannt wird, dass die tatsächlich wirksamen Probleme in vieler Hinsicht auf der Sachebene liegen. Die unübersehbaren Probleme auf Beziehungsebene werden erst sekundär durch sich häufende Missverständnisse aufgrund des herrschenden Informationsmangels wirksam.

Aus sehr komplexen Zusammenhängen können wir ja meist nur einen Teil erkennen ...
... ja, und dann kommt es darauf an, dass wir die richtigen Teile erkennen.

Zielverlust

Welche wären das?
Zum Beispiel alle Zusammenhänge, die mit dem Erreichen eines Ziels zu tun haben. Aber in der Komplexitätsfalle passiert genau das Gegenteil. Die Betroffenen verlieren zuerst ihre Orientierung und dann auch ihre Ziele aus den Augen. Sie reagieren in der zunehmenden Dichte der sich oft rapide verändernden Ereignisse und Zustände, weil unter diesen Umständen ja kaum noch etwas klaglos, nur noch konzeptlos, funktionieren kann.

Das heißt, würden die Betroffenen über Ziele nachdenken, dann könnten sie zum

Beispiel auch erkennen, welche Ziele die andere Seite tatsächlich verfolgt?
Welche Ziele andere tatsächlich verfolgen, ist leider nie sicher zu durchschauen. Aber die Frage nach dem Ziel ist immer angebracht. So könnte man zum Beispiel erkennen, dass jede Seite nur damit beschäftigt ist, die Verantwortung für die Fehlleistungen abzuschieben, weil sie reinsten Gewissens davon überzeugt ist, sie nicht aus eigenem Verschulden begangen zu haben. Es wäre in jedem Fall vernünftig, sich auf Schadensbegrenzung und -bewältigung zu konzentrieren und nicht auf den Beweis einer Wahrheit.

Machtkämpfe und Sinnkrisen

Was machen die Betroffenen stattdessen?
Das, was schon Mark Twain, der geistige Papa von Tom Sawyer und Huckleberry Finn, gesagt hat: *Nachdem sie das Ziel aus den Augen verloren hatten, verdoppelten sie ihre Anstrengungen.*

Probleme werden in diesem Stadium nicht mehr richtig verstanden und nicht richtig gelöst. Was passiert da jetzt genau?
Betroffene haben sowohl offizielle als auch persönliche Ziele aus den Augen verloren. Sie haben dann entweder gar keine Ideen oder keine guten bzw. machbaren. Das kompensieren sie durch gesteigertes Engagement. Dabei kommt es ihnen sehr zu Hilfe, dass ihre Situation an sich immer störanfälliger wird und dass immer mehr Fehler passieren. Dass sie beweisen wollen, dass sie anständige Menschen sind, die es sich nicht leicht machen, motiviert sie zusätzlich. Hinzu kommt, dass ihnen die gesteigerte Aktivität ein Gefühl von Sicherheit gibt, alles zu tun, um ihre Probleme unter Kontrolle zu bekommen.

Damit treten sie aber einen kontraproduktiven Machtkampf gegen die Natur komplexer Systeme an ...!
(Lacht) Ja!

Den Betroffenen wird ihre Umwelt wohl immer unverständlicher. Häufig wird ja von Sinnkrisen gesprochen ...
Der Orientierungs- und Zielverlust führt tatsächlich einerseits zu einer diffusen Angst, zu zunehmendem Stress, zu sich anhäufenden Fehlleistungen und Konflikten, die keine Entspannung mehr erlauben, und daraus folgen dann immer irrationalere Verhaltensmuster. Schwerer und schwerer werdende Sinnkrisen sind die Folge. Begleitet ist all das von wachsendem Misstrauen.

Kann man von den Sinnkrisen nun erwarten, dass sich die Lage entspannt?
Ja, aber nur für eine kurze Weile. Overload-Opfer erreichen in diesem Stadium erstmals einen Zustand gewisser Erschöpfung. Dann reagieren sie auf die Sinnkrise mit Fatalismus, Zynismus oder Sarkasmus, sie lassen sich auf keine Diskussionen mehr ein.

Was machen sie stattdessen?
Sie lassen die Konflikte für kurze Zeit unangesprochen, um sich ein wenig zu regenerieren und um ihre Lage wieder unter Kontrolle zu bringen. Das heißt, sie ziehen sich für eine Phase in sich selbst zurück und versuchen, endlich eine sinnvolle Lösung zu entwickeln. Darüber brüten sie oft Tag und Nacht und so, dass es niemand merkt. Nun, nachdem sie mit niemandem mehr diskutieren, erscheinen ihnen die Dinge plötzlich wieder klarer, wenn nicht sonnenklar.

Löst sich die Falle jetzt?

Nein, denn jetzt wollen sie beweisen, dass sie wieder Kontrolle über die Lage haben. Sie nehmen einen neuerlichen Aufschwung und entwickeln plötzlich ein übermäßiges Machtbedürfnis, das sich aber bald als Kampf gegen Windmühlen erweisen wird.

Gibt es typische Beispiele?

Jetzt sollen zum Beispiel Unmengen von Listen, Datenbanken und Software besseren Überblick und sichere Kontrolle verschaffen. Tatsächlich sind sie kaum hilfreich und Overload-Betroffene am wenigsten in der Lage, mit ihnen zu arbeiten, weil sie keine Informationen mehr sinnvoll verarbeiten können. Der Ruf nach mehr und besseren IT-Lösungen wird laut. Aber auch das erweist sich als sinnlos, denn die Lösungen sind bekanntlich immer nur so gut wie ihre Anwender. In dieser Phase steigt der schriftliche und mündliche Kommunikationsaufwand signifikant, übrigens auch im Privatleben!

Paradoxe Strategien

Wir reagieren die Overload-Opfer jetzt auf ihre Misserfolge?

Sie handeln nur noch, und zwar fast ohne Pausen. Fast permanente Arbeit, ständig läutende Handys und ein voller Terminkalender geben den Betroffenen ein täuschendes Gefühl von Sicherheit, trotz Misserfolgen integriert zu sein und gebraucht zu werden. Sicherheit wird durch das Vermeiden von Entscheidungen und das Abschieben von Verantwortung verfolgt. Besonders beliebt werden jetzt Aufforderungen und Lösungen, die unmöglich richtig befolgt werden können.

Was muss man sich darunter vorstellen?

Aufgaben, die vom Prinzip her lauten: Wasch mir den Pelz, aber mach mich nicht nass.

Das funktioniert nicht. Viele Menschen reden dann von Irrsinn.

Ja, solche Aufforderungen können dazu führen, denn es wirkt so, als habe man nur noch die Wahl, vom Dach eines brennenden Hochhauses in die Tiefe zu springen oder zu verbrennen, besonders dann, wenn man von der Person, die solche Aufforderungen tätigt, existenziell abhängig ist, man sie also zufrieden stellen muss. Man vermutet von Doppelbindungen, so nennt man solche Aufforderungen, dass sie schizophren machen können. In jedem Fall führen sie aber zu einer absoluten zwischenmenschlichen Spaltung.

Deutlich wird das zum Beispiel in den Regelwerken größerer Organisationen. Aufgrund der vorherrschenden Komplexität kommt es immer wieder dazu, dass sich aufgestellte Regeln gegenseitig widersprechen. Dann geht es darum, diese Regeln gekonnt zu brechen, und dazu muss man das System sehr gut kennen. Genau das ist bei Overload-Opfern aber längst nicht mehr der Fall.

In diesem Stadium häufen sich die Fehler nun auffällig, da eine Reihe von Aufforderungen im Raume stehen, die nur falsch befolgt werden können. Da die Anspannung inzwischen so hoch ist, kommt es vermehrt zu Hirn-Leistungs-Störungen. Die notwendige Fehlerbekämpfung wird immer unzureichender durchdacht. Das sorgt nun für weitere und höhere Aktivität, die erneut ein Gefühl von Sicherheit verschafft. Die Probleme der Falle, wie wir sie von ihrem Anfang an beschrieben haben, schaukeln sich nun durch generell unreflektierte Aktivität, die gar nichts mehr mit dem ursprünglichen Konflikt zu tun hat, massiv wechselseitig auf.

Wir sind also in der Phase, in der viele Menschen von Irrsinn reden.
Weniger versierte Menschen wirken bereits häufig gereizt und überfordert, versierte aber durchaus noch scheinbar ruhig und gefasst. Letztere sind dann meist auch die besonders großen Meister der Doppelbindungs-Appelle. Sie generieren sie gar nicht bewusst, sie sind nur immer noch in der Lage, sich schnell eine Lösung einfallen zu lassen, die ihnen Ruhe verschafft.

Kommunikationssperren

Ruhe ist in solchen Situationen gewiss ein erstrebenswertes Ziel ...
... ja, aber sie wird in diesem fortgeschrittenen Stadium nicht gerade auf intelligente Weise verfolgt. Konfrontiert man Overload-Opfer zum Beispiel damit, dass sie von einem verlangen, man solle ihnen den Pelz waschen, ohne sie nass zu machen, beeindruckt sie das gar nicht.

Sind sie mittlerweile so bösartig?
Nicht bösartiger, als sie es ohne Overload wären, nein. Sie können dem Problem gar nicht mehr folgen.

Ihre geistige Aufnahmefähigkeit ist also endgültig am Limit?
In diese Richtung, ja. Die Wahrnehmung der Betroffenen verschlechtert sich jetzt zusehends. Es wird zum Beispiel unmöglich, ihnen neue Konzepte zu präsentieren, und zwar auch Leuten, die nicht mit ihnen im Konflikt stehen.

Overload-Opfer merken sich in diesem Stadium keine erläuterten Zusammenhänge mehr. Sie reagieren nur noch auf die letzten und stärksten Impulse. An dem, was sie sagen, erkennt man, wer zuletzt Einfluss auf sie hatte. Sie geben nur noch die Echos anderer wieder und halten diese fur ihre eigene Erkenntnis.

In diesem Stadium wird es unübersehbar, dass das Overload-Opfer nicht mehr mitdenkt. Ein PR-Experte erzählte mir zum Beispiel einen bemerkenswerten Fall: Er habe einem Kunden ein Organisationssystem für seine Unternehmenskommunikation präsentiert, das dieser aber nicht verstehen konnte. Er hatte daher ein Manual verfasst, das einerseits die Komplexität der Anforderungen aufzeigte, andererseits ihr Management. Das führte aber nur dazu, dass der Kunde noch weniger durchblickte. Mehrere Besprechungen verliefen absolut katastrophal. Nach zwei Jahren wollte der Kunde aber doch noch einmal einen Überblick über die Lösung haben. Der Experte erläuterte sie erneut. Der Kunde war in etwas besserer Verfassung und schien diesmal zu verstehen. Als die Präsentation zu Ende war, rief er aus: „Mein Gott, jetzt habe ich endlich fast alles verstanden. Aber eines verstehe ich noch immer nicht: Wo in diesem System steckt das Teil, das die Entscheidung darüber trifft, worüber kommuniziert werden soll?“ Diese Entscheidung, sagte ihm der Experte, müsse die Unternehmensleitung leider immer noch selbst treffen, diese könne ihr das System nicht abnehmen. Das System könne nur dafür sorgen, dass die Unternehmensleitung die relevanten Informationen erhält, um die richtigen Entscheidungen zu treffen. Der Kunde antwortete: „Dann bin ich jetzt aber enttäuscht, denn für genau dieses Problem wollte ich eine Lösung.“

Das scheint ein sehr schwieriger Kunde gewesen zu sein, denn die Lösung kann ja nur sein, dass jemand anderer als er die Unternehmensleitung übernimmt!

Ja, aber das hat ihm der PR-Experte nicht gesagt ... Dazu kannte er diesen Kunden schon zu gut. Er wusste, dass er sich damit wieder in Teufels Küche, nämlich in die Komplexitätsfalle begeben würde.

Wenn das ein repräsentatives Beispiel ist, dann fallen ab jetzt wohl nur noch von Inkompetenz geprägte Urteile.

Ja, und zwar auch bei sehr wichtigen Angelegenheiten. Das Schlimme dabei ist: Jetzt kann man mit dem Overload-Opfer nicht mehr über Fehlleistungen reden, egal wer sie begangen hat. Es will nichts mehr davon hören, dass etwas nicht funktioniert. Das ist ihm unerträglich geworden. Es will nur noch Ruhe und nimmt an Gesprächen nur noch scheinbar teil. Wenn es mit anderen spricht, wird für das geschulte Auge deutlich: Es sagt eigentlich nur, dass es mit niemandem reden will.

Isolation

Wie sieht das genau aus?

Es ist kein echter Kontakt mehr mit dem Betroffenen möglich. Gespräche finden nur noch als abwechselnde Monologe ohne Verständigung statt. Es wird zwar geredet, der Betroffene hört aber nur mehr scheinbar zu. Tatsächlich ist er nur noch mit seinen eigenen Aussagen beschäftigt, aber nicht mehr mit denen anderer. Er will nur noch loswerden, was in seinem Kopf steckt, um ihn zu entlasten, aber nichts mehr aufnehmen. Kommt es zu einer Metakommunikation, wird häufig gesagt, dass nicht nur von zwei verschiedenen Welten gesprochen wird, sondern dass man in unterschiedlichen Welten zu existieren scheint.

Der Betroffene reagiert also nicht mehr auf die Gedanken oder Appelle anderer?

So ist es, er nimmt sie gar nicht mehr wahr. Werden nur wenige, wenn auch wichtige Worte gewechselt, wird also zum Beispiel ein Termin vereinbart, erfolgt zwar eine phrasenhafte Zustimmung, einhalten wird das Opfer den Termin nicht.

Man darf von den Betroffenen also nichts mehr erwarten?

In diesem Sinne, ja. Sie erscheinen gleichgültig, ignorant, arrogant und geringschätzig, verhalten sich aber ohne böse oder zumindest ohne bewusste Absicht so. Sie wissen gar nicht, was sie vereinbart haben und was um sie herum tatsächlich passiert.

Was geschieht mit ihnen?

Die Opfer leiden in dieser Phase bereits entsetzlich. Sie haben sich in sich zurückgezogen und versuchen krampfhaft zu verstehen, womit sie es zu tun haben und warum sie nicht mehr Herr ihrer Lage sind. Nach außen hin versuchen sie das zu verdecken, um sich in ihrer Schwäche und Verunsicherung zu schützen. Daher antworten sie stereotyp und mit angelernten Phrasen. Was immer sie vor sich haben, sie erkennen nichts Neues mehr, sie können sich all das nur noch mit den Erkenntnissen aus ihrem Altgedächtnis erklären.

Können Sie uns ein typisches Gespräch in diesem Stadium wiedergeben?

Ja, ich erkläre es etwas überzogen. A sagt zum

Beispiel zu B: Die Suppe aus der Kantine war heute versalzen. B antwortet darauf: Dabei habe ich erst gestern veranlasst, dass die Telefonliste mit den neuen Nummern ergänzt wird!

Das ist doch schizophren!

Wie gesagt, war das ein bewusst überzogenes Beispiel. Wesentlich ist, in Gesprächen dieses Stadiums hat die Aussage von A nichts mit der Antwort von B zu tun. Etwas unauffälliger passiert es, dass über dasselbe unter unterschiedlichen Voraussetzungen gesprochen wird. Zwischen A und B wurde zum Beispiel vereinbart, dass in ihrer Gleitzeit beide künftig jeden Tag um 9.00 Uhr ins Büro kommen, damit sie die wichtigsten Dinge gleich am Morgen besprechen können. B steckt aber in der Komplexitätsfalle und bekommt das nicht mehr mit. Er kommt nach wie vor, wie es ihm passt. A ist sauer und kritisiert ihn. B versteht das nicht, weil er meint, es herrsche schließlich Gleitzeitarbeit und er könne daher ins Büro kommen, wann er wolle.

Des Kaisers neue Kleider

Aber das ist doch zum Verrücktwerden!

Ja, genau so läuft das ab. Was andere sehen, halten Betroffene in den Endstadien immer öfter für absurd, unverständlich, verrückt. Jetzt geht es nicht mehr darum, dass der andere für bösartig, sondern dass er für verrückt erklärt wird.

Die Betroffenen sind sich der Missverständnisse und Verletzungen, die sie erzeugen, nicht bewusst. Im Gegenteil, sie haben durch ihren Orientierungsverlust ein sehr großes Bedürfnis nach Harmonie und Geborgenheit. Sie leiden extrem unter ihrer Lage und neigen zu so genannter Liebesbettlerei. Daher vertrauen sie nur noch Menschen, die ihnen sagen, was sie hören wollen. Wer mit Overload-Opfern dieser Verfassung klarkommen will oder muss, spielt jetzt mit ihm „Des Kaisers neue Kleider" und treibt ihn damit in den totalen Realitätsverlust.

Und was passiert, wenn man dem Kaiser die Wahrheit sagt?

Dann wird es ungemütlich! Die erhoffte Entspannung wird jetzt durch eigendynamisch ablaufende Eskalation hervorgerufen. Die Opfer verstehen nicht, warum man sich über sie beklagt, betonen ihre besten Absichten und sind verzweifelt, dass sie völlig falsch verstanden werden. Sie stehen unter ernsthaft gesundheitsbedenklichem Stress und reagieren jetzt nur noch blindwütig: im besten Fall panisch flüchtend, sich ersichtlich isolierend, im schlimmsten Fall bedenklich aggressiv, ohne die Folgen zu bedenken. Sie erkennen weder wahre Freunde noch wohlmeinende Botschaften und angebotene Hilfen, noch Chancen. Viel öfter machen sie ihre wahren Feinde zu ihren Freunden und umgekehrt. Die Folge des Realitätsverlustes sind erneut fatale Fehlentscheidungen. Jetzt tun sich die Opfer mit Lebensgefährten zusammen, die ihnen nicht gerade das Beste wollen. Jetzt machen von diesem Stadium betroffene Chefs Leute zu ihren engsten Mitarbeitern, die ihnen das letzte Hemd ausziehen. Jetzt geben sie Mitarbeitern Führungsaufgaben, die ihren neuen Aufgabenbereich nicht einmal richtig buchstabieren können, dafür aber umso besser wissen, was ihr Chef von ihnen hören will.

Realitätsverlust und Eskalationen

Overload-Opfer erfinden sich also jetzt eine Realität, die ihnen wieder erträglich erscheint?

Ja, aber auf wesentlich vehementere Weise als bisher. Sie kämpfen um ihr Überleben. Ehe sie sich noch einmal auf ein Problem einlassen, schaffen sie die Leute, die von Problemen berichten oder die ihnen welche machen, nachhaltig aus ihrem Leben. Am Arbeitsplatz und im Privatleben werden jetzt Bedingungen gestellt, die bis zur Erpressung gehen können. Der Grundtenor lautet dabei: entweder der oder ich. Vielfach sollen also nun die Menschen aus dem Umfeld entfernt werden, die versuchen, ihnen die Realität nahe zu bringen.

Und das wird zum unmöglichen Unterfangen, da ja kein Mensch so genau wissen kann, was nun wirklich die Realität ist ...

Sie haben mitten ins Schwarze getroffen. Daher kommt es jetzt nicht nur zur inneren, sondern auch zur äußeren Trennung.

Ich kann jetzt nur noch annehmen: Realitätsverlust und Stress-Situationen schaukeln sich wechselseitig auf.

Ja. Es gibt keine Korrekturen mehr, alles scheint in bester Ordnung. Kritisches bleibt außen vor. Probleme und Misserfolge werden jetzt nur noch ersichtlich, wenn sie so fundamental sind, dass man sie einfach nicht mehr übersehen kann: etwa Gerichtsverhandlungen, Scheidungen, totale Verschuldung, unruhige Banken, Pfändung und Arbeitslosigkeit.

Zusammenbruch

Und damit stehen wir vor dem totalen Overload, das heißt vor Problemen, die nun absolut real und oft schier unlösbar sind. Zumindest gibt es keine Besserung mehr, man kann nur noch das Schlimmste vermeiden.

Ja. Am Ende steht die absolute Überforderung. Der Betroffene sieht sich am Ende seiner Möglichkeiten, steht unter enormer Anspannung und kann sich, auch wenn er wollte, nicht mehr fallen lassen und regenerieren.

Er ist körperlich, geistig wie emotional absolut verkrampft. Seinen Problemen fühlt er sich wehrlos und resignierend ausgeliefert. Seine Pflichten und die Sicherung seines Einkommens halten ihn so lange auf den Beinen, bis er krank zusammenbricht. Schwere Schlafstörungen, quälende Kopfschmerzen, Burnout-Syndrom und Depressionen gehören zu den häufigsten Problemen.

Ärztliche Hilfe ist angesagt, ...

... wenn das Opfer bis dahin überlebt hat. Infarkte, Embolien, Schlaganfälle und plötzlicher Herztod können nun dem Problem ein mehr oder weniger schnelles Ende machen, zumal der Lebenswille der Opfer in dieser Verfassung oft aufgebraucht ist.

Stichwort Suizid?

Ja. Wir wissen zum Beispiel, dass die Selbstmordrate bei Ärzten und Krankenschwestern, die ja in extrem komplexen Umfeldern arbeiten und deren Fehlleistungen sich ja maßgeblich auswirken können, signifikant höher ist als bei anderen Menschen.

Sehr geehrte Damen und Herren, das war der erste Teil unseres Gespräches mit EdR Achim Sozal. Er hat erklärt, wie der Teufelskreis der Komplexitätsfalle funktioniert. Wir setzen das Gespräch nach den Kurznachrichten fort und verabschieden uns bis dahin mit Worten von Franz Kafka.

Das erste Zeichen beginnender Erkenntnis
ist der Wunsch zu sterben.
Dieses Leben scheint unerträglich,
ein anderes unerreichbar.
Man schämt sich nicht mehr, sterben zu wollen;
man bittet, aus der alten Zelle, die man hasst,
in eine neue gebracht zu werden,
die man erst hassen lernen wird.

Ein Rest von Glauben wirkt dabei mit,
während des Transportes
werde zufällig der Herr durch den Gang kommen,
den Gefangenen ansehen und sagen:
„Diesen Gefangenen sollt ihr nicht einsperren.
Er kommt zu mir.“

Von Fall zu Fall

Der tägliche Dialog für differenziertes Denken

Eine Sendung von Radio Klug, ein Sender der hiesigen öffentlich-rechtlichen Radioanstalt, eine Mitschrift auf der Webseite des Sendeformats

Woche 28, Montag 15.00–15.30 Uhr

Teufelskreise. Exorzismus. Kybernetik.

Anmoderation

Sehr geehrte Damen und Herren, ich begrüße Sie bei unserer Sendung „Von Fall zu Fall" zum zweiten Teil unseres heutigen Gespräches mit EdR Achim Sozal. Er hat zusammen mit dem Kriminalpsychologen EdR Gotthelf Bösforscher das Täterprofil der Komplexitätsfalle erstellt. Auf Wunsch unserer Hörer kam es zu einer kurzfristigen Programmänderung: Das Nachmittagskonzert fällt heute aus. Wir setzen in der folgenden halben Stunde unser Gespräch über den Teufelskreis der Komplexitätsfalle fort. Ich persönlich bin sehr froh darüber, dass ich Herrn Sozal noch wichtige Fragen stellen kann. Denn uns haben viele Anrufe erreicht, die zeigen, dass so mancher unserer Hörer Gefahr läuft, in die Komplexitätsfalle zu tappen. Das wollen wir selbstverständlich nicht.

Dialog

Herr Sozal, Sie sind Kybernetiker. Was ist das eigentlich? Uns haben zahlreiche Anrufe von Hörern erreicht, die wissen wollen, ob es sich bei der Kybernetik um eine besondere Art von Exorzismus handelt. Hat Kybernetik etwas mit Esoterik zu tun?

Mitnichten! Mit Esoterik hat die Kybernetik gar nichts tun, ganz im Gegenteil. Aber ich kann diese Frage der Zuhörer gut verstehen. Denn tatsächlich beschäftigt sich die Kybernetik mit Eigendynamiken, die wahrscheinlich schon seit Jahrhunderten als Teufelskreise bekannt sind.

Der Drache oder die Schlange, die sich in den eigenen Schwanz beißen, sind, soviel ich weiß, beliebte Symbole der Kybernetiker ...

(Lacht.) Ja, sie stehen für die Kreisläufigkeiten der Welt.

In einem Teufelskreis, frisst sich da der Drache, der in seinen eigenen Schwanz beißt, sozusagen selber auf?
Das ist dann ein sich selbst zerstörendes System, ja. Es sind schlecht gestaltete Kreisläufe. Die Natur selbst bringt eigentlich nur gut gestaltete hervor.

Könnte man sie intelligente Kreisläufe nennen?
Wir brauchen uns die Natur ja nur anzusehen. Ist sie intelligent? Das weiß ich nicht. Aber sicher ist sie, solange der Mensch nicht zu sehr eingreift, optimal organisiert und gestaltet.

Teufelskreise

Teufelskreise entstehen dann, wenn nicht optimal gestaltet und organisiert wird?
Tatsächlich handelt es sich bei Teufelskreisen um so genannte positive Rückkoppelungen. Sie entstehen zwischen Teilen, die aufeinander einwirken. Ein Teil löst beim anderen eine Wirkung aus, welche dieses Teil dazu bewegt, auf das andere Teil mit einer verstärkenden Wirkung zu reagieren, worauf das andere wiederum auf dieses Teil verstärkend zurückwirkt. Das führt zur Destabilisierung. Dieser Teufelskreis endet durch Eskalation und Zusammenbruch.

Können Sie das an einem praktischen Beispiel erklären?
Nehmen wir einen Heizkessel für eine Zentralheizung mit Warmwasseraufbereitung, der mit Koks beheizt wird. Sagen wir, er bekommt zu viel Sauerstoff und erhitzt sich zu stark, weil die Klappe für die Luftzufuhr des Heizkessels kaputt ist. Sie schließt nicht mehr. Der glühende Koks erhitzt das Heiz- und Warmwasser weit über 100°C, es brodelt. Der Heizer versucht nun, den Glutstock zu entfernen, um den Ofen abzukühlen, und öffnet dazu die Heiztür. Dadurch bekommt das Brenngut noch mehr Sauerstoff. Das Kesselwasser wird noch heißer. Jetzt gelingt es dem Heizer nicht, den Glutstock zu entfernen, er ist zu heiß. Der Heizer schließt die Heiztür wieder und versucht die Glut mit einer Ladung kühlem Koks aus dem Keller abzukühlen. Das führt nun dazu, dass der Glutstock noch größer und das Wasser noch heißer wird. Es rumort im Kessel, in den Rohren, Heizkörpern und im Boiler. Unter normalen Umständen wird die Glut durch das kühlere Wasser des Heizsystems gemindert. Aber mittlerweile sind die Räume so erhitzt, dass die Wassertemperatur in den Heizkörpern kaum noch sinkt. Der Druck in der Heizanlage steigt bedrohlich, man kann das hören. Was wird passieren? Das Wasser wird an der schwächsten Stelle der Heizanlage seinen Ausweg suchen. Entweder explodiert der Kessel selbst, ein Rohr platzt oder eine Verbindung wird undicht. Der Dampf und das Heißwasser werden irgendwo entweichen, es kommt zur Eskalation. Durch diese kann der Druck wieder ausgeglichen werden. Das Problem regelt sich von selbst. So ist die Natur.

Aber wie ist das mit positiven Rückkoppelungen unter Menschen?
Kinder wetteifern ja gerne mit ihren Eltern, wer den anderen mehr liebt. Das Kind sagt: „Ich liebe dich sooo viel mehr!“ Und die Mutter sagt: „Und ich liebe dich noch viel, viel mehr …!“, und so weiter. Irgendwann reden sie dann davon, einander vor Liebe fressen oder erdrücken zu wollen.

Das wäre ein eher harmloses Beispiel. Es gibt aber auch krankhafte. Denken wir nur an konkrete Kannibalismus-Fälle, zum Beispiel an den Mann, der über Inserat einen Partner fand, der sich freiwillig von ihm aufessen ließ. Hier haben sich zwei krankhafte Phantasien wechselseitig so weit verstärkt, bis sie realisiert wurden. Es kam zu einer bestialischen Gewalttat: Mord und die teilweise Verspeisung des Opfers.

Wie man Teufelskreise verhindert

Gibt es denn auch negative Rückkoppelungen?

Ja. Für unsere Heizanlage zum Beispiel weniger Sauerstoff, weniger Brennstoff, weniger Warmwasser, indem man das Heißwasser ab- und Kaltwasser zufließen lässt, weniger Raumtemperatur, indem man alle Fenster und Türen öffnet. Negative Rückkoppelungen sorgen dafür, dass sich Wirkungen ausgleichen können und nicht systematisch wechselseitig verstärken.

Um krankhafte Phantasien wie in dem vorangegangenen Beispiel negativ rückzukoppeln, müsste einer am Boden bleiben und den anderen sozusagen herunterholen.

Was ist die Kybernetik?

Sie haben nun zwei Beispiele für dasselbe Problem aus der Technik und über Menschen genannt. Beide klingen plausibel. Aber wie geht das, dass eine Theorie für die Technik genauso zutrifft wie für die Menschen?

Sie trifft nicht nur auf Technik und Menschen, sondern auf die ganze unbelebte und belebte Natur, auf die materielle und nichtmaterielle Welt zu.

Ist die Kybernetik eigentlich eine anerkannte Wissenschaft oder eher ein Hobby von Freigeistern?

Die Kybernetik ist eine anerkannte empirische Wissenschaft, gehört zu den Systemwissenschaften und war damit unter den herkömmlichen Fachgebieten lange ein Exot. Sie beschäftigt sich mit komplexen Systemen jeder Art, genauer gesagt, mit den Phänomenen der Steuerung, Regulierung und Kommunikation von Systemen, also mit ihren gemeinsamen Eigenschaften, während sich die meisten anderen Fachgebiete mit dem beschäftigen, was einzelne Fachgebiete voneinander unterscheidet.

Der Kern der Kybernetik ist also das Gemeinsame aller Steuerungs-, Regulierungs- und Kommunikationsprobleme. Wurden Sie deshalb zur Klärung des Täterprofils der Komplexitätsfalle herangezogen?

Ja, denn es ging ja darum, das gemeinsame Muster der Probleme zu erkennen, die die Komplexitätsfalle auslösen.

Im Lexikon steht: „Die Kybernetik ist die Wissenschaft von der Steuerung, Regulierung und Informationsübertragung im Lebewesen und in der Maschine." Ist damit gesagt, dass Lebewesen und Maschinen auf dieselbe Weise funktionieren?

Bezogen auf die generell notwendigen Voraussetzungen zur wirksamen Steuerung, Regulierung und Kommunikation ist das richtig so.

Ist das wirklich so einfach?

Es klingt vor allem einfach. Aber soweit ich das anhand meiner langjährigen Erfahrung mit der praktischen Anwendung beurteilen kann, ist es tatsächlich so. Ich habe noch nie erlebt, dass diese Erkenntnisse der Kybernetik nicht helfen, Probleme tiefgehend genug zu verstehen. Man könnte sagen, die Kybernetik ist die Wissenschaft von der Praxis oder vom Funktionieren. Sie zeigt sozusagen unsichtbare Verbindungen und Zusammenwirkungen auf, die man beachten und verstehen muss.

Die Kybernetik hat also nichts mit Esoterik zu tun?
Nein, viel eher mit der Mathematik. Aber die Kybernetik ist keine Formalwissenschaft. Sie beschäftigt sich mit der Wirklichkeit.

Der Management-Kybernetiker Fredmund Malik sagt, die Kybernetik behandelt die Fragen des Schaffens, Erhaltens und Veränderns von Ordnung, die Fragen der Kommunikation und logisch damit verbunden die Fragen des Erkennens und Denkens, der Evolution und in letzter Konsequenz die Fragen des richtigen Umgangs mit Komplexität.[9] Stimmen Sie dem zu?
Das ist exakt.

Ist Achim Sozal ein Exorzist?

Wir haben viele Anrufer, die wissen wollen, ob Sie ein Exorzist sind, zumal Sie sich mit Teufelskreisen so gut auskennen. Daher frage ich so genau nach der Kybernetik. Ist das eine Universalwissenschaft?
Um Gottes willen, nein! Das wäre vermessen!

Das würde ja bedeuten, dass man nur noch Kybernetiker braucht und alle anderen zu Hause bleiben können ...
Eine universelle Wissenschaft ist die Kybernetik nicht in dem Sinne, dass sie quasi All-Wissen für sich beansprucht. Sie kann aber auf eine Fülle sonst zusammenhanglos betrachteter Probleme angewandt werden, die als Manifestationen desselben Grundproblems zu verstehen sind. Mit anderen Worten greift die Kybernetik in andere Fachbereiche nur dort ein, wo es um Funktionen von Steuerung, Regulierung, Information und Kommunikation geht.

Sehr geehrte Zuhörer, ich hoffe, wir haben damit ein schweres Missverständnis ausgeräumt.

9 Hier wurde eine Aussage von Fredmund Malik aus dem Dokumentarfilm „90 Jahre Heinz v. Foerster: Die praktische Bedeutung seiner wichtigsten Arbeiten" sinngemäß wiedergegeben. Produktion, Buch und Regie Maria Pruckner, 2001, erhältlich unter www.mom.ch

Komplexität und Kybernetik

Herr Sozal, was hat die Kybernetik mit Komplexität zu tun? Dieser Begriff ist ja in letzter Zeit sehr modern geworden. Was soll man sich darunter vorstellen?
Die Kybernetik widmet sich der Frage, wie die Steuerung, Regulierung und Informationsübertragung in komplexen Systemen aussehen muss, um Ziele auf die beste Weise zu erreichen.

Wie hängt das mit der Komplexitätsfalle zusammen?
Wo es hohe Komplexität gibt, gibt es auch mehr Information, als der einzelne Mensch erfassen kann. Wer in die Komplexitätsfalle geraten ist, hat zum Beispiel Probleme mit der Steuerung seiner selektiven Wahrnehmung, mit der notwendigen Regulierung, die durch Probleme der Unvereinbarkeit unterschiedlicher Sichtweisen entstehen, und er entwickelt immer mehr Probleme mit der Kommunikation. Er kann seine Ziele bald nicht mehr erreichen, weil er sich von irrelevanten Eindrücken leiten lässt.

Der Kybernetiker EdR Achim Sozal meint, dass Teufelskreisen mit Exorzismus nicht beizukommen ist. In der Radio-Talk-Sendung „Von Fall zu Fall" schilderte er, dass die Schwierigkeiten des Problemlösens in komplexen Systemen vordergründig von Fall zu Fall ganz unterschiedlich aussehen, aber im Hintergrund als gemeinsamen Kern immer Probleme der Steuerung, Regulierung und Kommunikation aufweisen.

Das Overload-Opfer steuert zwar immer intensiver, versucht ständig zu regulieren und kommuniziert immer mehr, macht das aber falsch. Es steuert bald nicht mehr auf ein bestimmtes Ziel zu, sondern schnurstracks auf seine Katastrophe. Und es reißt Menschen in seinem Umfeld mit, die auch nicht stark genug sind, um die Probleme richtig zu erkennen und zu lösen.

Haben komplexe Systeme besondere Eigenschaften?
Die meisten Menschen sind nicht gewohnt, die Dinge in ihrer Welt als komplexe Systeme zu sehen und entsprechend über sie zu denken! Komplexe Systeme sind undurchschaubar. Sie können nicht direkt beeinflusst werden. Man weiß nicht, zu welchem Output ein bestimmter Input führen wird. Sie verhalten sich eigendynamisch. Es ist nie sicher vorhersagbar, was sie tun werden. Aber sie verändern sich nach jedem Input. Man muss ihre Geschichte kennen, um einigermaßen zu verstehen, womit man es zu tun hat. Es gibt grundsätzlich nach jeder neuen Einwirkung neue Information zu gewinnen. Der kleinste Eingriff kann in komplexen Systemen enorme Wirkungen auslösen.

Das ist ja dann ziemlich genau das, was die Overload-Opfer erleben!
Ja, man könnte sagen, sie haben ein Problem mit Komplexität.

Alle reden von Komplexität. Aber ab wann spricht man von Komplexität?
Das Ausmaß der Komplexität ergibt sich durch die Anzahl der unterschiedlichen Zustände und Ereignisse, die ein komplexes System grundsätzlich hervorbringen kann. Schon eine einzelne biologische Zelle bietet dazu unzählige Möglichkeiten, jedes Lebewesen und jeder Mensch ohnehin.

Von unseren Organisationen und der Infrastruktur der am höchsten entwickelten Zivilisation ist dann wohl gar nicht zu reden!
So ist es. In komplexen Systemen wirken unendlich mehr Unterschiede, als sie ein einzelnes menschliches Gehirn jemals erfassen kann. Stellen Sie sich dazu nur Ihren Computer vor und fragen Sie sich, was er grundsätzlich alles hervorbringen könnte. Kein Mensch kann das erfassen und sagen.

Grenzen im Kopf

Entsteht die Komplexitätsfalle dann durch das menschliche Gehirn, das gegenüber komplexen Angelegenheiten an seine Leistungsgrenze geraten ist?
Richtig! Es weiß nicht genug, um zu verstehen, was vor sich geht und was am besten zu tun ist. Wer in der Komplexitätsfalle sitzt, bekommt die Natur komplexer Systeme in all ihrer eigendynamischen Gewalt massiv zu spüren, ohne zu wissen, was und wie ihm geschieht.

Kommen daher Anspannung und Angst vor dem Undurchschaubaren, dem nicht Vorhersagbaren, dem nicht Kontrollierbaren – dem Kafkaesken?
In erster Linie ja. Overload-Opfer verlieren den Überblick über die komplexen Zusammenhänge, die ja nur gedanklich ersichtlich sind und umfassend erläutert und heftig diskutiert werden, weil ihnen, ohne dass sie es erkennen, entscheidende Informationen fehlen. Das führt zu Orientierungsverlust, die Ziele verschwinden

aus den Augen. Die Overload-Opfer verirren sich in der Vielfalt und Vielschichtigkeit. Anfangs empfinden sie nur eine diffuse innere Unruhe, aber durch zunehmenden Orientierungsverlust entsteht Stress, der die Aufnahme von relevanter Information verhindert.

Wo ist die Grenze des menschlichen Gehirns, die die Komplexitätsfalle auslöst?
Diese Grenze verläuft bei jedem Menschen anders. Sie hängt vor allem von seinen Fähigkeiten, bisherigen Erfahrungen und Erkenntnissen ab, von seiner Bildung und Persönlichkeit, von seiner momentanen Verfassung, aber auch von seinen momentanen Umständen.

Die Komplexitätsfalle im Schnellvorlauf

Hat man seine Grenze erreicht, kann eine ungünstige Verkettung hirnbedingter Phänomene entstehen, die sich zunehmend wechselseitig aufschaukeln. Zusammengefasst werden sie als Komplexitätsfalle bezeichnet.
Genau. Wir können immer nur so viel Wirklichkeit zur Kenntnis nehmen, wie wir Information über sie gewinnen und geistig verarbeiten können. Befindet sich ein Gehirn zu lange an seiner Leistungsgrenze, ist der zunehmende Informationsmangel unaufhaltsam. Es kommt zu positiven Rückkoppelungen: Aus einem Mangel an relevanter Information entsteht ein noch größerer Mangel an relevanter Information, der zu einem noch größeren Mangel führt, usw.

Dennoch versucht der Betroffene zu verstehen, was passiert. Er erklärt sich den Sinn des Geschehens anhand des Wissens, das er über seine Situation hat. Das ist prinzipiell immer weniger, als es grundsätzlich darüber zu wissen gäbe. Seine Situation ist nicht durchschaubar. Sie ist komplex.
Ja. Damit es ihm besser geht, steuert er seine selektive Wahrnehmung auf Beobachtungen, die ihm die Dinge so, wie er sie sehen will, bestätigen.

Dadurch entwickelt er zusehends eine Sicht von der Realität, die immer weniger mit dem zu tun hat, was in seiner Umwelt tatsächlich vor sich geht, und die immer weniger andere Menschen mit ihm teilen können.
Ja. Der Betroffene gerät daher mit anderen in immer heftigere Konflikte. Sie haben für ihn selbst und für seine Interaktionspartner fatale Folgen.

Ist die Komplexitätsfalle eigentlich neu?

Das Problem der Komplexitätsfalle, ist das eigentlich neu?
Bestimmt nicht. Das Problem der Komplexitätsfalle hat es vermutlich immer schon gegeben.

Warum wurde es dann erst in den letzten Jahrzehnten so intensiv verfolgt?
In dieser Zeit haben die Gefahren der Komplexitätsfalle und ihre Auswirkungen rasant zugenommen, und wir sind uns dieses Problems erst richtig bewusst geworden.

Warum?
Durch unsere zunehmend komplexer werdende Umwelt, durch die zunehmende Dichte an Daten,

Signalen und Information und durch die immer schneller werdende Informationsübertragung. Dadurch konnte sich die Komplexitätsfalle so weit verbreiten.

Was kann man tun, um die weitere Verbreitung nachhaltig zu verhindern?
Wichtig wird sein, dass sich jeder Mensch über die Komplexitätsfalle ausreichend informiert.

Sehr geehrte Damen und Herren, wir hoffen, wir haben mit unserer heutigen Sendung einen Beitrag dazu geleistet. Herr Sozal, danke, dass Sie heute mein Gast waren.
Ich danke Ihnen für die Einladung und die Fragen.

Wir verabschieden uns für heute ein letztes Mal mit zwei Aphorismen von Franz Kafka.

Alle menschlichen Fehler sind Ungeduld,
ein vorzeitiges Abbrechen des Methodischen,
ein scheinbares Einpfählen der scheinbaren Sache.

Der wahre Weg geht über ein Seil,
das nicht in der Höhe gespannt ist,
sondern knapp über dem Boden.
Es scheint mehr bestimmt,
stolpern zu machen,
als begangen zu werden.

Der Unterschied

Tageszeitung für pure Information

Woche 28, Mittwoch, Abendausgabe

Bevölkerung beunruhigt

Innenpolitik. _ Die beliebte Radiosendung „Von Fall zu Fall" brachte am Montag ein aufwühlendes Gespräch mit dem Kybernetiker EdR Achim Sozal. Er erklärte, wie der Teufelskreis der Komplexitätsfalle funktioniert. Den Sender erreichten Tausende besorgte Anrufe aus der Bevölkerung. Arbeitgeber und Handel klagen seither, dass nur noch über den Teufelskreis durch Informationsmangel gesprochen wird und das Tagesgeschäft dabei stillsteht. Innenminister und Justizminister sahen sich daher veranlasst, heute in einer Pressekonferenz zusammen mit EdR Achim Sozal einen bisher unbekannten Mittäter zu präsentieren!

EdR Achim Sozal präsentierte heute in einer Pressekonferenz des Innen- und des Justizministers den vermutlichen Rädelsführer, der das Overload-Hirn zu seinem suspekten Verhalten antreibt: Der dramatische Verlauf der Komplexitätsfalle wird sehr wahrscheinlich durch das Vegetative Nervensystem gesteuert!

Der Kybernetiker EdR Achim Sozal sorgt mit seinen Informationen für öffentliches Aufsehen und für ungewöhnliche Maßnahmen der Regierung.

Sozal wies darauf hin, dass bereits 1971 der Bewusstseins- und Hirnforscher Roland Fischer im hochrangigen Wissenschaftsmagazin *Science*[10] mit seinem heute so genannten *Fischer-Spektrum* aufgezeigt hat, dass verschieden hohe Erregungszustände des Vegetativen Nervensystems zu höchst unterschiedlichen Wahrnehmungen und Bewusstseinszuständen führen.

Teil des Nervensystems: Mittäter!

Verantwortlich für die sich zunehmend steigernde Anspannung, wie wir sie von der Komplexitätsfalle kennen, ist das Sympathische Nervensystem. Je aktiver es ist, desto größer die Aufregung und Erregung, desto mehr Angriffslust, desto mehr Aggressivität und Neigung zu schizophrener Wahrnehmung. Je aktiver das Parasympathische Nervensystem, desto mehr Ruhe, Gelassenheit und Entspanntheit bis hin zur tiefen Meditation.

Kein Wunder, dass der Innenminister für Beruhigung sorgen möchte, um uns Mitbürgern wieder ein besonnenes Innenleben zu ermöglichen. Warum in der Komplexitätsfalle das Parasympathische Nervensystem in die Defensive gedrängt wird, erklärte Sozal bei der Pressekonferenz mit den Ministern. Diese forderten die anwesenden Journalisten eindringlich auf, rasch für die notwendige Information und Beruhigung der Bevölkerung zu sorgen.

Das Verhaltensprofil

Sozal präsentierte den bereitwilligen Journalisten ein einfaches Modell. Es erklärt, wie die verschieden hohe Erregung der beiden Gegenspieler zu merklich unterschiedlichen Wahrnehmungen, Stimmungen und Bewusstseinszuständen führt.

In der rechten Hälfte des Modells werden die Zustände stetig gesteigerter Anspannung, in der linken die von stetig gesteigerter Entspannung dargestellt.

Die Intelligenz der Komplexitätsfalle

„Entscheidend ist, dass es unter normalen Bedingungen nicht zu einer stetigen Steigerung oder einem Verharren der An- oder Entspannung kommt, sondern zu einem ständigen Wechsel bzw. Hin- und Herkippen zwischen den verschiedenen Zuständen", erklärte Sozal.

Der beste Schutz vor und Ausweg aus der Komplexitätsfalle ist damit offensichtlich. Es geht darum, für eine gesund ausbalancierte Abwechslung von An- und Entspannung zu sorgen. Die Natur sieht dieses Wechseln und spontane Umkippen von Zuständen der Anspannung in solche der Entspannung und umgekehrt vor. Das ist vollkommen normal und notwendig. Diese komplexe Dynamik schützt vor dem Ausbrennen und vor gefährlicher Erschöpfung.

Im anschließenden Interview erklärt Sozal das anfangs seltsame und dann immer bedenklicher werdende Verhalten der Overload-Opfer als hochintelligente und vor allem angeborene Strategie zum Überleben.

10 Fischer, R., A Cartography of the Ecstatic and Meditative States, SCIENCE Vol 174 No 4012 26, November 1971

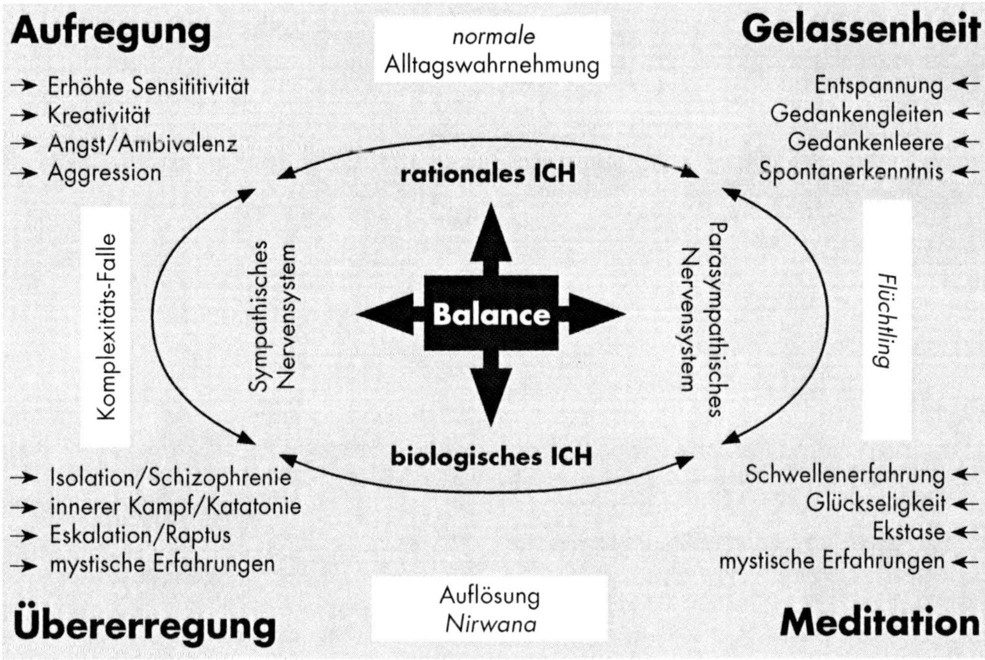

Das neurokybernetische Modell der Komplexitätsfalle zeigt, wie unterschiedliche Erregungszustände des vegetativen Nervensystems zu unterschiedlichen Bewusstseinszuständen führen.

Wodurch die Komplexitätsfalle gesteuert und geregelt wird

Sie haben heute, für alle überraschend, nicht nur das Overload-Hirn, sondern auch das Vegetative Nervensystem für die schweren Folgen der Komplexitätsfalle verantwortlich gemacht. Warum?

Das Sympathische und das Parasympathische Nervensystem gehören zum Vegetativen oder Autonomen Nervensystem. Seine Reaktionsweise kann nicht so ohne weiteres mit dem menschlichen Willen beeinflusst werden. Es funktioniert im Grunde eigendynamisch und reguliert wichtige innere Vorgänge.

Zum Beispiel ...?

... den Blutkreislauf, die Atmung, Verdauung und andere Systeme, die wir schlichtweg für das Überleben brauchen. Hierzu gehören zum Beispiel auch die sexuelle Erregung und Entspannung. Im Gegensatz dazu gibt es dann noch das Willkürliche Nervensystem. Es steuert vor allem die Skelettmuskulatur. Diese können wir mit unserem Willen beeinflussen. Wenn wir gesund sind, können wir zum

Beispiel unsere Arme und Beine so bewegen, wie wir wollen.

Wie beeinflussen die beiden Gegenspieler Sympathisches und Parasympathisches Nervensystem das alltägliche Verhalten nach außen hin?

Das Sympathische Nervensystem sorgt mit zunehmender Anspannung in erster Linie für erhöhte Aufmerksamkeit und gesteigerte Wahrnehmung, zum Beispiel bei interessanten Chancen und Gefahren. Unter noch höherer Anspannung sorgt es für Kreativität. Steigert sich die Anspannung dann noch weiter, schlägt sie in Angst, Ambivalenz und Konflikt um.

Und was passiert, wenn sich die Erregung des Sympathischen Nervensystems weiter steigert?

Es kommt zuerst zu Aggressivität und gesteigerter Angriffslust, es führt also in die totale Offensive.

Auf diese Weise kann es zu Gewalttaten, Amoklauf und Blackout kommen?

Im Extremfall ja, also unter besonders hoher Erregung dieses Nervensystems. Schon Roland Fischer hat nachgewiesen, dass es dann zu Bewusstseinsspaltung, also zu Schizophrenie, Katatonie und zum Raptus kommt, *Rappel* würde der Volksmund dazu sagen. Steigert sich die Erregung noch mehr, kommt es laut Fischer zu Ekstase, Trance, mystischen Erfahrungen bis hin zu Erleuchtung oder zum Nirwana, wie die Buddhisten das nennen. Unsere Beobachtungen der Komplexitätsfalle kommen dem sehr nahe, allerdings zeigt sich die Verfassung der Overload-Opfer in der Regel nicht ganz so extrem. Aber wir können durchaus von der Spaltung in zwischenmenschlichen Beziehungen, innerer Isolation, innerer Zerrissenheit, deutlichen Fehlwahrnehmungen und Anzeichen von Bewusstseinsspaltung sprechen.

Warum ist das so?

Das wissen wir noch nicht. Aber wir vermuten, dass die dauerhafte innere Anspannung, wie sie bei diesen extremen Erscheinungen zu finden ist, in der Komplexitätsfalle nicht permanent zutrifft. Hier scheint es, zumindest noch kurzfristig, durch ein Wechseln und Kippen zwischen der Erregung des Sympathischen und Parasympathischen Nervensystems, zu minimal ausreichender Entspannung zu kommen. Allerdings haben wir bisher auch einige Extremfälle beobachtet, bei denen wir zumindest für kurze Zeit eindeutige Symptome der Schizophrenie und Katatonie festgestellt haben. Diese haben sich aber mit der Entspannung der Betroffenen sofort wieder spontan und deutlich gebessert. Insofern können wir hier nicht von Krankheiten wie Schizophrenie sprechen.

Was es mit dem Gegenspieler der Komplexitätsfalle auf sich hat

Das Verhalten in der Komplexitätsfalle hat also mit körperlichen Ursachen zu tun. Gibt es dann auch körperliche Auswirkungen?

Rein körperlich gesehen, finden sich Menschen, die überwiegend durch den Sympathikus gesteuert werden, zum Beispiel als Bluthochdruck- und Herzpatienten wieder.

Und wie ist das nun mit dem Parasympathischen Nervensystem?

Das Parasympathische Nervensystem sorgt mit

zunehmender Entspannung zuerst für Ruhe und Erholung, Gelassenheit und Gleichgültigkeit. Die Aufmerksamkeit ist dann zwar noch da, aber sie richtet sich auf nichts Bestimmtes. Das Gehirn geht sozusagen in den Standby-Zustand. Obwohl es scheinbar nicht arbeitet, hat es in diesem Zustand oft schlagartig geniale Ideen. Man spricht dann von spontanen *Einfällen* oder *Durchbruchserkenntnissen*.

Was passiert bei zunehmender Entspannung?

Gesteigerte Aktivität des Parasympathischen Nervensystems führt grundsätzlich zu einem Flucht- und Vermeidungsverhalten. Hat man durch Entspannung tiefere Meditationszustände erreicht, erlebt man aber auch hier seine Abenteuer. Der Orgasmus – die totale Entspannung nach zunehmender Erregung – ist dabei noch das alltäglichste Beispiel dafür.

Der kann ja je nachdem eher oberflächlich bis ekstatisch und alles auflösend sein. Wie hängt all das nun mit der Komplexitätsfalle zusammen?

Wer in die Komplexitätsfalle gerät, dem fehlen wichtige Informationen. Das macht ihm bei der Erfüllung seiner Aufgaben oder beim Verfolgen seiner Ziele Probleme. Was er vorhatte, misslingt. Ist dieses Misslingen nun für andere ein Problem, folgt Kritik. Das Overload-Opfer sieht sich zu Unrecht kritisiert und gerät dadurch unter doppelten Druck: einmal durch die Kritik an sich und einmal dadurch, dass es die Kritik für unfair erachtet.

Und dann wird es problematisch ...?

Problematisch wird es nur dann, wenn im Zuge der wechselseitigen Verteidigung zu hohe Anspannung entsteht und zu geringe Entspannung erfolgt. Die sich stetig steigernde Anspannung führt dazu, dass die gewohnte Alltagswahrnehmung abnimmt, der Blick für die Realität immer mehr verloren geht, immer weniger die Umwelt wahrgenommen wird, sondern immer mehr nur noch das, was das eigene Innenleben beschäftigt.

Die Zustände, die Sie beschreiben, können ja durch verschiedene spirituelle, rituelle und meditative Praktiken auch erreicht werden.

So ist es. Sowohl durch Techniken absichtlicher Erregung als auch Entspannung und Meditation kann man das eine und das andere Nervensystem in höchste Erregungszustände versetzen, die zu Bewusstseinsspaltung, Trance, Ekstase, Halluzinationen, Visionen, mystischen Erfahrungen bis hin in die vollkommene Leere führen, die von den Buddhisten gleichzeitig als totale Fülle beschrieben wird: das Nirwana. Das funktioniert in vieler Hinsicht ja bekanntlich auch mit Drogen.

Diese Zustände werden von Menschen, die solche Techniken beherrschen, mit Absicht angestrebt und auch erreicht. Das sind aber nicht gerade viele.

Richtig, mit Ausnahme des Drogenkonsums und der Medikamenteneinnahme bedarf das sehr langer und konsequenter Übung, aber es ist nicht unmöglich.

Was ist nun das Problem bei der Komplexitätsfalle? Warum wird der Gegenspieler blockiert?

Das Problem in dieser Falle ist, dass die zunehmende Erregung des Sympathischen

Nervensystems ja nicht mit Absicht geschieht. Die Opfer werden von ihrer unwillkürlichen inneren Bewegtheit, ihren Gefühlen, tiefer liegenden angeborenen Bedürfnissen und ihrer biologischen Anlage gesteuert. Je weiter das vorangeht, umso mehr kann man sagen, sie sind *getrieben* oder *Getriebene*. Das heißt, dieser Mensch agiert dann weniger gesteuert über sein rationales Ich oder Vernunft, sondern vielmehr gesteuert durch seine biologische Beschaffenheit.

Flüchtlinge, die es nie erwischt

Wer eher zu Entspannung neigt, sagen wir gar Bequemlichkeit und Trägheit, kann der auch in die Falle geraten?

Dieser Typ geht in die Defensive. Er neigt zu Vermeidung und Flucht, vor allem auch zur Realitätsflucht. Der überwiegend vom Parasympathischen Nervensystem gesteuerte Mensch schläft eher viel, träumt gerne vor sich hin, auch am Tag, und zieht sich lieber in sein Wolkenkuckucksheim zurück, wenn es draußen heiß hergeht. Nennen wir Menschen, die dazu neigen, die „Flüchtlinge". Dieser Typ leidet eher unter Magengeschwüren, weil er lieber vieles herunterschluckt, anstatt zu kämpfen. Und er hat eher einen zu niedrigen Blutdruck als einen zu hohen.

Aber können nicht auch Flüchtlinge einen Mangel an relevanter Information entwickeln?

Ja. Ihnen entgeht durch ihre Rückzugstendenz eine Menge aktueller und auch relevanter Informationen, und sie sind bald einmal desorientiert. Allerdings wissen diese Menschen meistens, dass ihnen so manches um sich herum entgeht. Wenn sie keine Gefahr für sich darin sehen, gestehen sie auch meistens ein, dass sie sich nicht auskennen. Sie werden das nur verschweigen, wenn sie fürchten, sich zu blamieren oder zu schaden.

Wie reagieren Flüchtlinge, wenn man ihnen sagt, dass sie etwas nicht mitbekommen haben?

Kommt es für Flüchtlinge in Beziehungen, die existenziell wichtig für sie sind, deshalb zu Vorwürfen, tendieren sie eher dahin, den Fehler bei sich zu suchen und ihn einzugestehen. Weil sie wissen, dass sie so manche Lücke haben, geben sie sogar eher Fehler zu, die sie nicht gemacht haben, als einen abzustreiten.

Aber Flüchtlingen kann es doch auch passieren, dass ihr Gehirn überladen wird ...?

Natürlich kann das passieren! Aber ihre Vermeidungs- und Fluchttendenz wird sie niemals in so dramatische Entwicklungen treiben. Sie geraten sozusagen eher in eine sanfte Falle. Sie stehen, wie der Volksmund sagt, *daneben*, aber sie beharren nicht auf ihrer Sicht und werden nicht aggressiv. Sie sind versierte Träumer und wissen nur zu gut, dass einen das Bewusstsein ganz schön täuschen kann.

Das typische Overload-Opfer, das in die Gefangenschaft der Komplexitätsfalle gerät, hat davon keine Ahnung. Es kennt meist nur seine so genannte normale, ganz rationale Alltagswahrnehmung. Insbesondere der klassische Vernunftmensch kommt gar nicht auf die Idee, dass ihm sein Kopf so manchen Streich spielen könnte. Er kennt vielleicht Angst, ist ab und zu vielleicht einmal betrunken, manchmal etwas aufgeregter, manchmal gelassener, er hat in der Regel keine oder kaum Erfahrung mit Drogen und Meditation, und er ist nicht besonders kreativ.

Die Overload-Opfer tendieren ja zu hartnäckigen Irrtümern und Fehltheorien.

Eben, weil sie gar nicht auf die Idee kommen, dass sie sich täuschen könnten und dass ihre Wahrnehmung mal ausgesetzt hat.

Wo hat der Flüchtling seine Schwächen?
Viele von ihnen denken von anderen eher immer nur das Beste, weil sie selbst nicht zu Aggressivität neigen und sich gar nicht vorstellen können, was in kampflustigen Menschen vor sich geht. Bei ihnen findet man viel öfter den Kuscheleffekt. Wenn sie in schwierigen Situationen sind, suchen sie die Nähe von Gleichgesinnten, Freunden und Lieben. Sie trifft man in Krisen eher bei einer Kaffeerunde zur Lagebesprechung in der Gruppe an, wo bald einmal vom Thema abgewichen wird, als mit zwei Telefonen gleichzeitig in der Hand. Allerdings lassen sich Vertreter des Typs der Flüchtlinge oft restlos ausbeuten, weil sie zu sehr um Frieden und Harmonie bemüht sind.

Flüchtlinge können also durchaus ein überladenes Gehirn entwickeln und damit die Komplexitätsfalle auslegen. Sie können aber auch selbst hineintappen, sie sind dann anderen gegenüber harmloser. Gefährlich wirkt der Typ, der zu einer zu lange andauernden Übererregung seines Sympathischen Nervensystems neigt. Und der ist dann wohl das Gegenteil vom Flüchtling?
So ist es. Das ist der eher hyperaktive, leistungsorientierte Kämpfer.

Was passiert, wenn ein typisches aggressives Overload-Opfer einen typischen Flüchtling für die bestehenden Probleme verantwortlich macht?
Jetzt kommt leider die schlechte Nachricht. Der Flüchtling wird, wenn er keine wirksame Hilfe von Dritten bekommt, die ihre klare Sicht bewahren können, gnadenlos zu seinem Opfer, bis zur bitteren Neige, er wird zu seinem Märtyrer.

Ein Flüchtling zu sein ist also kein erstrebenswerter Typus?
Fürwahr nicht! Er ist, wenn Sie so wollen, menschlich sympathischer, aber wenn er zum Opfer aggressiver Overload-Opfer wird, gerät seine Existenz in ernste Gefahr.

Welchen Zustand sollte man anstreben?

Welcher Zustand ist der erstrebenswerteste?
Der beste Zustand ist neugierige Gelassenheit, keinesfalls die Erleuchtung. Wie die buddhistischen Lehrer sagen, sollte man Letztere, wenn man sie einmal erreicht hat, rasch wieder verlassen, weil man mit ihr ja dem Alltagsleben vollkommen entrückt ist. Aber auch der gewohnte Alltags-Wachzustand ist auf Dauer nicht ideal. Man hat dann keine kreativen Ideen, und das wäre bald eintönig.

Unter Angst sollte man natürlich auch nicht permanent stehen, obwohl Angst eine notwendige und intelligente Einrichtung ist: Sie hilft uns, Gefahren nicht zu übersehen und uns gegen sie zu mobilisieren. Die Angst oder Schwellenerfahrung, die im parasympathischen Entspannungsbereich angesiedelt ist, ist tief, ja grauenhaft. Man hat etwas Fürchterliches vor sich, das man nicht überwinden kann. Die Esoteriker nennen diese Angst den *Hüter der Schwelle.* Die Angst im sympathischen Anspannungsbereich ist hingegen die herkömmliche Angst, die wir alle kennen.

Sie meinen, man soll also nichts Bestimmtes erwarten, aber immer gespannt sein?

Ja. So kann man das sagen. Dann ist die Wahrnehmung des Außen- und Innenlebens breit genug, dann ist man kreativ genug für die erfolgreiche Anpassung und Weiterentwicklung in einer komplexen Umwelt. Aber noch wichtiger ist, niemals zu lange in An- oder Entspannung zu sein und sie nicht zu weit zu steigern. Es geht um ein ausgewogenes Verhältnis von wechselhafter Anspannung und Entspannung!

Man kann also sagen, mit zunehmender Erregung des unwillkürlichen Nervensystems entfernt sich der Mensch mehr und mehr von seinem normalen Alltagsbewusstsein?

Ja. Der Mensch versinkt tiefer und tiefer in seine nur noch subjektiv wahrgenommene Wirklichkeit.

Der Unterschied

Tageszeitung für pure Information

Woche 28, Freitag, Morgenausgabe

Leserbriefe

Sehr geehrter Herr Chefredakteur,

im Auftrag des Herrn Innenministers danken wir für Ihre ausführliche Berichterstattung über den Einfluss des Autonomen Nervensystems auf die Entwicklung und Vermeidung der Komplexitätsfalle. Sie haben damit einen unbezahlbaren Beitrag zur Allgemeinbildung geleistet. Uns ist bewusst, dass Sie damit Ihren üblichen Rahmen gesprengt und auf viele Inseratschaltungen verzichtet haben. Der Herr Innenminister hat mich daher beauftragt, Ihnen mitzuteilen, dass er heute für Sie den großen Ehrenring des Staates Innerwelten für die allgemein eingetretene Beruhigung beantragt hat.

Dr. Dr. Wilhelm Ableiter,
Sektionschef

Die GEMeinsame

Die Tageszeitung für Mann und Frau

Woche 28, Donnerstag, Abendausgabe

Wie es zu Informationsmangel kommt

Anschauungen._ Diese Woche wurde bekannt, dass das Vegetative Nervensystem großen Einfluss auf die Entstehung und Entwicklung der Stadien in der Komplexitätsfalle hat. Es ist ein Nervensystem, das nicht unter unserer direkten Kontrolle liegt. Aber wir wissen auch, dass die Falle durch einen Mangel an relevanter Information entsteht. Auf diesen haben wir weit reichenden Einfluss. Für unsere tägliche philosophische Kolumne schreibt heute die Neuropsychologin EdR Paula Seelennerv. Ihr Beitrag sind die verschiedenen Auslöser, die zu einem kritischen Informationsmangel führen und die wir überwiegend selbst in der Hand haben. Als langjähriges Mitglied des Expertenteams um Kriminalinspektor EdR Gerhard Plozei lesen Sie bei uns damit die Sicht einer der kundigsten Fachfrauen.

Orientierung

Grundsätzlich stehen wir immer unter Informationsmangel. Denn in komplexen Umgebungen gibt es immer mehr Information, als wir erreichen können. Es wäre daher kontraproduktiv, sich sämtliche Information aneignen zu wollen. Dies ist nicht möglich. Gerade der Versuch, das

Die Neuropsychologin EdR Paula Seelennerv erklärt in ihrem Beitrag, welche Bedingungen die Komplexitätsfalle am ehesten auslösen und wie man sie ändern kann.

Unmögliche zu erreichen, kann sich ungünstig auswirken. Denn er würde bedeuten, dass man sich zu sehr mit unwesentlichen Details beschäftigt und dadurch den Überblick verliert.
Entscheidend ist, dass wir die *relevanten* Informationen erhalten, die wir brauchen, um eine Situation, Aufgabe oder ein Problem richtig zu verstehen und zu bewältigen. Fehlen solche, sind Fehlleistungen programmiert. Erkennt man das nicht, wird die Komplexitätsfalle durch den Informationsmangel über wirksame Aspekte ausgelöst.
Der Mangel an relevanter Information kann verschiedenste Auslöser haben, die jeder mit ein wenig Disziplin in seinem eigenen Interesse kontrollieren kann. Viele der auslösenden Faktoren beeinflussen andere oder wirken wechselseitig aufeinander ein. Das Modell auf der Folgeseite veranschaulicht die wichtigsten Zusammenhänge auf einen Blick. In diesem Artikel werden die wichtigsten Auslöser von Informationsmangel vorgestellt.

Bewusst vorenthaltene Information

Der Erfolg des eigenen Denkens und Handelns ist abhängig von den Informationen, die wir brauchen, um die verschiedenen Situationen unseres Lebens richtig zu beurteilen und um unsere Ziele effektiv zu erreichen.

Nun kann es sein, dass bestimmte Informationen bewusst vorenthalten werden oder bleiben. Man weiß dann, dass man etwas wissen müsste, aber man weiß oder erfährt es nicht. Oft weiß man aber nicht einmal, was man wissen müsste. Das verunsichert. Man fühlt sich alles andere als wohl, empfindet innere Unruhe, verliert den Über- und Durchblick.

Häufig wird das bewusste Vorenthalten von Information taktisch angewandt. In meiner Ansicht nach fragwürdigen Lehren zur Mitarbeiterführung wird von *Informationsmacht* gesprochen. Damit ist die Macht durch Informationsvorsprünge und -vorteile gemeint. Führungskräfte müssen sich natürlich gut überlegen, welche Information sie wem und wann mit welchen Auflagen geben. Viele Mitarbeiter hingegen versuchen sich durch Informationsvorsprünge Wettbewerbsvorteile gegenüber Kollegen zu verschaffen.

Das bewusste Vorenthalten von Information schadet viel öfter, als es hilft.

Ob bei Vorgesetzten, in der Hierarchie Gleichgestellten oder Untergeordneten: In vielen Fällen ist das bewusste Vorenthalten von Information eine kontraproduktive Strategie. Es schadet dann nicht nur den Menschen, denen man notwendige Informationen verweigert, sondern auch denen, die das tun. Es schadet dem gesamten sozialen System.

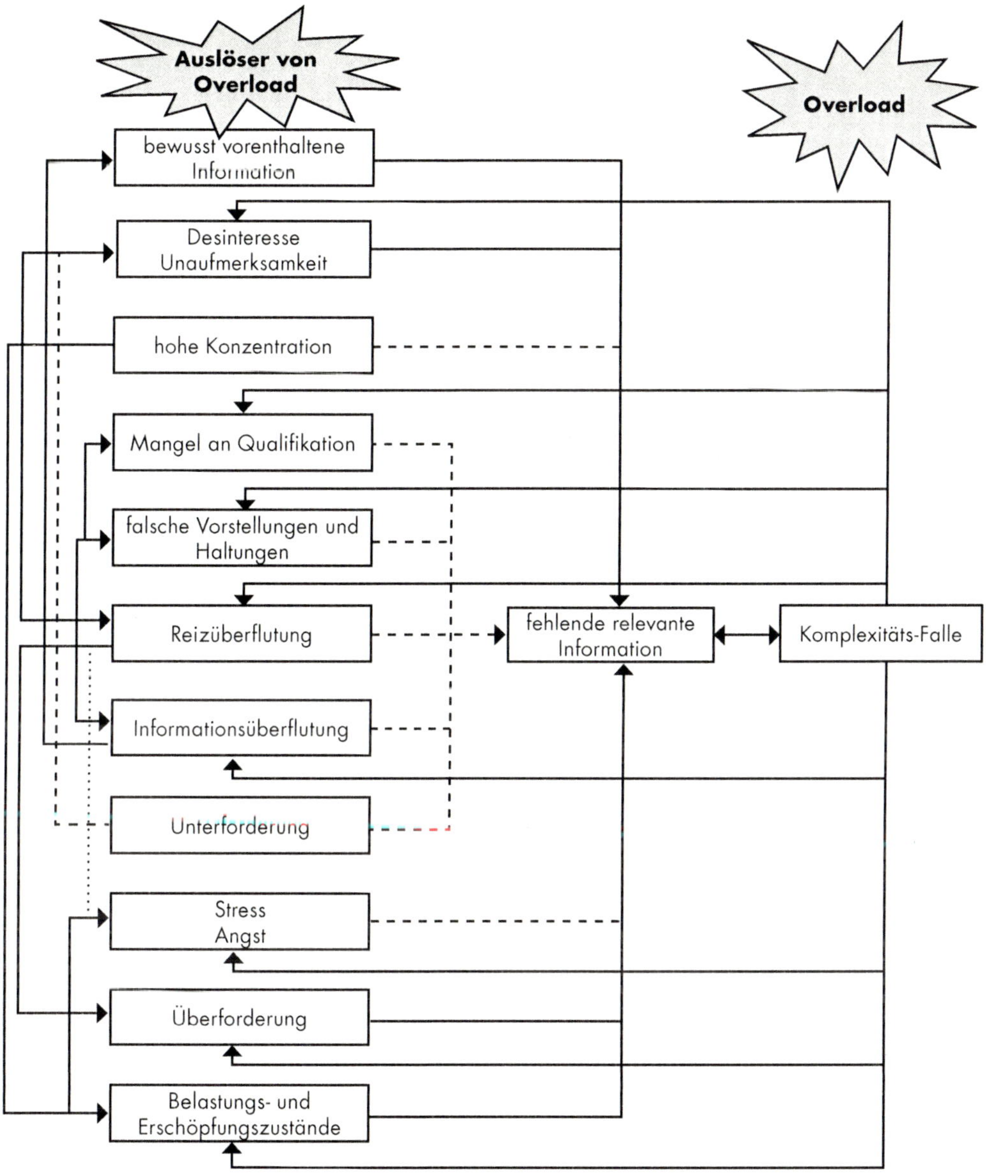

Verschiedenste Auslöser führen zu Overload. Dieser führt zum Mangel an notwendiger Information und dies wiederum in die Komplexitätsfalle.

Wer denkt, dass man sich durch das absichtliche Vorenthalten von Information Vorteile verschaffen kann, irrt. Man kann so vielleicht für eine Weile besser dastehen. Aber die Wahrscheinlichkeit ist hoch, dass man irgendwann alleine dasteht. Man wird vielleicht gefürchtet, aber man verliert so auch das Vertrauen der anderen Menschen. Wird einem nicht mehr vertraut, erhält man keine relevante Information mehr. Diese Strategie schlägt immer auf den zurück, der sie verfolgt.

Das absichtliche Vorenthalten von Information kommt aber auch im Privatleben vor. Die Folgen sind vom Prinzip her immer dieselben. Sie führen aus einer Reihe von Gründen direkt und indirekt in die Komplexitätsfalle. In Ehen zum Beispiel, in denen Seitensprünge vorkommen, ist das bewusste Vorenthalten von Information deren Basis. Es kann vielleicht gute Gründe für den Seitensprung geben und auch dafür, diesen zu verschweigen. Aber das bedrückende Gefühl des betrogenen Partners, nicht alles zu wissen, was er vielleicht wissen sollte, ist irgendwann da, und es kann die Ehe stärker belasten als der Seitensprung selbst.

Das Problem der absichtlich vorenthaltenen Information löst sich sofort, wenn die Information erreicht ist. Hier geht es darum, eine entscheidende Information zu erfahren.

Desinteresse und Unaufmerksamkeit

Nicht nur andere können einem notwendige Informationen vorenthalten. Man kann sich das auch selbst antun: zum Beispiel durch Desinteresse, Unaufmerksamkeit, Bequemlichkeit oder die Weigerung, an seiner Bildung und Qualifikation zu arbeiten.

Die irrige Meinung, sich mit einer Ausbildung bereits alles angeeignet zu haben, was man über

Mit Desinteresse bringt man sich selbst um die nötigen Informationen!

seinen Beruf und seine Aufgaben wissen sollte, ist zum Beispiel eine wunderbare Methode, sich Information bewusst vorzuenthalten. Denn wer so denkt, kommt nicht auf die Idee, sein Wissen auf den aktuellen Stand zu bringen und dort zu halten. Auch die Feigheit, nicht zu fragen, wenn man etwas nicht weiß oder versteht, gehört dazu.

Schüler, die geistesabwesend in der Bank lümmeln, anstatt dem Unterricht zu folgen, sind ebenfalls ein klassisches Beispiel. Das Unwohlsein kommt spätestens vor Prüfungen und Schularbeiten. Wird ihnen klar, was sie alles wissen sollten, kämpfen sie mit Reiz- und Informationsüberflutung.

Erwachsene lümmeln zwar nicht mehr in der Schulbank. Wir wollen aber nicht vergessen, dass die Welt in etwa den letzten zwanzig Jahren, wie der St. Galler Managementtheoretiker Fredmund Malik an verschiedenen Stellen sinngemäß sagt, *wohl die größte Transformation aller Zeiten durchgemacht hat.* Wer diese Zeit lieber auf dem Tennis- und Golfplatz, bei unnötigen Meetings und Events, Clubbings, Shoppings und Blind Dates verbracht hat, anstatt die wichtigsten Bücher über entscheidende Entwicklungen zu lesen, hat heute ein Problem mit seiner Informationslage.

Auch dieses Problem ist sofort gelöst, wenn man die notwendigen Informationen erreicht hat. Hier geht es darum, entscheidende Informationen aufzuholen, zu lernen. Interesse und Aufmerksamkeit sind die Voraussetzungen dazu.

Nicht erreichbare Information

Ein anderes Problem ist, dass Information in bestimmten Situationen beim besten Willen nicht erreicht und auch nicht gegeben werden kann. Wer sich zum Beispiel an die Tsunami-Katastrophe Ende 2004 erinnert, hat in den Medien mitbekommen, wie verzweifelt die Angehörigen und Freunde von Reisenden waren, die ihren Urlaub zu dieser Zeit in den Krisenregionen verbracht hatten, weil es nach dem Bekanntwerden der Katastrophe für viele Menschen Tage, für andere Monate und für manche ewig dauerte bzw. dauern wird, bis sie erfuhren bzw. erfahren, wie es um ihre Lieben steht. Welche Probleme nicht erreichbare, aber notwendige Information schafft, wie leicht sie in Krisen und Eskalationen stürzt, das hatten die zuständigen Minister und Krisenstäbe vieler Nationen unterschätzt. Dies war einige Zeit Thema in den Medien.

Nicht erreichbare, aber notwendige Information kann bemerkenswerte Krisen bewirken

Tatsache ist, dass wir in komplexen und vor allem hochdynamischen Umgebungen prinzipiell nie alle und oft auch nicht die notwendigen Informationen erreichen können. Dann hilft nur noch, sich dessen bewusst zu sein und wenigstens alles daranzusetzen, die erreichbaren Informationen zu bekommen. Abzuraten ist davon, zu denken, was man wisse, sei auch schon alles über die Situation.

Hohe Konzentration

Unter hoher Konzentration widmet man sich intensiv einer Angelegenheit. Man nimmt nicht wahr, was sonst noch um einen herum geschieht. Man ignoriert alles um sich, was nicht mit seiner Beschäftigung zu tun hat. Wird man auf dieses Ignorieren angesprochen, wird es einem bewusst. Die Wahrnehmung wird wieder breiter, wenn die Konzentration auf etwas Bestimmtes nachlässt.

Hohe Konzentration führt nur dann in die Komplexitätsfalle, wenn man sich zu lange nur auf eine einzige (!) Sache konzentriert. Dann kann es passieren, dass einem mit der Zeit wichtige Informationen über andere Aspekte und Umstände entgehen. Hingegen kann die hohe Konzentration auf die gesamten (!) Vorgänge in einer Situation, zum Beispiel während einer Besprechung oder eines Arbeitsvorganges in einem Team, vor dem Absturz in die Falle bewahren.

Die Konzentration auf Wesentliches und Weniges ist wichtig. Aber sie wird kritisch, wenn sie zu intensiv und zu lange betrieben wird. Pausen, in denen man wieder einmal um sich schaut und hört, helfen, sich auf dem aktuellen Informationsstand zu halten.

Hohe Konzentration bedeutet aber auch, sich nicht ablenken zu lassen. Sie richtet die Aufmerksamkeit absolut auf eine einzige Sache. Das bedeutet, man ist dann zwar unansprechbar, aber

Konzentration auf Wesentliches ist wichtig, sie darf aber nicht zu lange dauern.

nicht unhöflich. Wem das bewusst ist, der kann viele Missverständnisse verhindern.

Unerwartete Unterbrechungen sind für hochkonzentrierte Menschen eine enorme Belastung. Sie wissen, dass dadurch die Wahrscheinlichkeit, Fehler zu machen, etwas zu vergessen oder zu übersehen, sehr groß wird. Man sollte konzentrierte Menschen daher nur unterbrechen, wenn es wirklich wichtig ist.

Hohe Konzentration erfordert viel Energie. Menschen, die in dieser Verfassung sind, leisten Enormes, auch wenn sie dabei manchmal so aussehen, als würden sie nichts tun und nur in die Luft starren. Dauern diese Phasen zu lange, kann es zu Erschöpfung kommen. Fehlen dann Regenerationspausen, kann das in Erschöpfungszustände, in Informationsmangel und in die Komplexitätsfalle führen.

Pausen müssen für hochkonzentrierte Kopfarbeiter anders aussehen als für Menschen, die vorwiegend körperliche Arbeit verrichten. Sie brauchen vor allem Pause für den Kopf: Ruhe.

Mangel an Qualifikation

Hilfreiche Information ist wie ein Samenkorn. Es muss auf fruchtbaren Boden fallen, damit es aufgehen kann. Der geeignete Boden ist die notwendige Qualifikation. Ist sie gegeben, kann Information entsprechend ihrer beabsichtigten Bedeutung aufgenommen und verarbeitet werden. Die notwendige Qualifikation wirkt wie ein Filter, der richtige Informationen von falschen und irrelevante Informationen von wichtigen trennt.

Fehlt die notwendige Qualifikation, ist das ein höchst wirksamer Auslöser für die Komplexitätsfalle. Umso mehr dann, wenn man seinen Wissensmangel nicht erkennt oder zugibt.

Erkennt man seinen Qualifikationsmangel nicht, erkennt man auch nicht, dass man Nachrichten falsch einordnet und interpretiert. Gesteht man anderen seine fehlende Qualifikation nicht ein, lässt man sie in der falschen Annahme, dass sie sich in geeigneter Weise mitteilen. Sie überfordern und überladen den Empfänger dann ohne Absicht mit ihren Botschaften. Sie können ihre Mitteilungen dann dem Empfänger nicht entsprechend anpassen.

Dagegen hilft nur eines: Aufrichtigkeit – sich selbst und anderen seinen Mangel an Qualifikation bewusst machen. Unangebrachte Eitelkeit wird hier zum Killer aller Möglichkeiten, notwendige Information zu erreichen.

Fehlende Qualifikation löst Overload aus.

Falsche Vorstellungen und Haltungen

Bereits im 19. Jahrhundert zeigte Johannes Müller auf, dass innere Vorstellungen, Phantasien und Erwartungen Einfluss darauf ausüben, was und wie der Mensch wahrnimmt. Der Mensch begegnet seiner Umwelt also nicht nur mit seinem Wissen über sie, sondern auch mit seiner Vorstellung von ihr. Sein Wissen kann dabei richtig oder falsch sein, das gilt auch für Vorstellungen.

Vorstellungen, bewusste und unbewusste Prämissen, Erwartungen und Befürchtungen, Einstellungen bzw. Haltungen, Vorurteile, bisherige Erfahrungen und dergleichen wirken ebenfalls wie Informationsfilter. Neben der angeborenen Struktur der Nerven, die für bestimmte Wahrnehmungen sorgen, entscheiden diese Filter, ob Botschaften im Sinne des Absenders oder falsch, nämlich im Sinne des Empfängers, der mit unpassenden Filtern wahrnimmt, aufgenommen werden. Werden falsche, d.h. nicht nützliche Filter wirksam, gehen in der Folge die relevanten Informationen nicht durch. Damit wird die Komplexitätsfalle ausgelöst.

Falsche Vorstellungen und Haltungen führen zu schlechter Wahrnehmung.

Entscheidend ist gegenüber jeder Problematik, mit Vor- und Einstellungen an sie heranzugehen, die der tatsächlichen Lage entsprechen. Diese Lage lässt sich wiederum nur durch relevante Information klären.

Reizüberflutung

Unter Reizüberflutung nimmt man mehr wahr, als einem angenehm ist, ohne sich noch auf irgendetwas konzentrieren zu können. Es ist zu laut. Was um einen herum ist, ist zu viel. Man wird nervös. Man ist gereizt. Man will Ruhe.

Unter Reizüberflutung können einem wichtige Botschaften entgehen. Man wird gerade deshalb unsicher und nervös, weil man sich dessen bewusst ist. Unter diesem Problem leiden Kinder ebenso wie Erwachsene, Kindern ist es nur viel weniger bewusst.

Zu lange andauernde oder zu starke Reizüberflutung kann sehr leicht in die Komplexitätsfalle führen. Sie behindert die Aufnahme und Verarbeitung nützlicher Information durch zu viele irrelevante Nebensignale. Hier geht die Falle auf.

Ausreichend Ruhe, Entspannung und Entlastung sind die einzig sinnvolle Lösung gegen die Reizüberflutung selbst. So kann man den Eintritt in die Komplexitätsfalle vermeiden. Fehlen bereits wichtige Informationen, steckt man schon in der Falle. Aus ihr hilft ebenfalls Entspannung heraus, zusätzlich braucht es aber auch das Aufholen der relevanten Information.

Informationsüberflutung

Informationen unterscheiden sich von anderen Daten, Signalen und Reizen dadurch, dass durch sie neue Erkenntnisse entstehen. Eine Information verändert, wie man etwas bisher betrachtet hat, es entsteht ein relevanter Unterschied.

Reizüberflutung macht Unruhe und Stress.

Zur Informationsüberflutung kommt es dann, wenn zu schnell zu viele neue Erkenntnisse ausgelöst werden. Sie verlangen oft, dass man viele Dinge gedanklich neu ordnen und behandeln muss. Das überstürzt sich dann sozusagen im Kopf. Man bleibt mit seinen Gedanken an einer entscheidend erscheinenden Stelle hängen und bekommt das Weitere nicht mehr mit. Zurück bleibt das Gefühl, Wichtiges übersehen oder versäumt zu haben. Der Informationsmangel und das Entgehen von Information werden hier deutlich bewusst.

Das Wichtigste ist, sein Umfeld darauf aufmerksam zu machen, dass man Zeit braucht, um die Mitteilungen ausreichend zu verarbeiten. Sie kann einem vielleicht nicht gegeben werden, aber es macht anderen seine Grenze bewusst. Wenn es deshalb später zu Konflikten kommt, werden sie sich leichter klären lassen. In vielen Fällen erreicht man dadurch aber auch mehr Rücksicht.

Entscheidend ist, dass mit entsprechender Wiederholung und Nacharbeit die entstandenen Lücken aufgefüllt werden und das Problem noch einmal zur Gänze verarbeitet wird. So löst es sich nachhaltig. Das erfordert Disziplin und Zeit. Ist beides nicht vorhanden, bleibt diffuse innere Unruhe zurück. Dann entsteht die Ten-

Zu viele Erkenntnisse auf einmal führen zu Overload.

denz, sich davon abzulenken, und damit steuert man direkt auf die Komplexitätsfalle zu.

Unterforderung

Der Mensch will gefordert sein. So wissen wir etwa, dass überdurchschnittlich intelligente Kinder in Regelschulen oft scheitern, weil sie mit dem Unterrichtsstoff unterfordert sind. Sie leiden während des Unterrichts unter Langeweile, folgen ihren eigenen Gedanken und bekommen dann auch das nicht mehr mit, was für sie durchaus neu wäre. Letztlich verfallen sie mangels Erfolg in Desinteresse und Unaufmerksamkeit.

Wir kennen das Problem der Unterforderung aber auch in der Arbeitswelt. An Tagen, an denen es zum Beispiel zu wenig zu tun gibt, wird auch das nicht mehr erledigt, was geschehen sollte. Die Mitarbeiter lenken sich zu sehr ab, um der Unterforderung und Langeweile zu entkommen.

Dieses Problem kann man nur durch Forderung und Förderung lösen.

Unterforderung kann die nötige Aufmerksamkeit unterdrücken.

Stress und Angst

Überforderung und Stress liegen nahe beisammen. Das Modell der Einflüsse des Sympathischen Nervensystems, das der Kybernetiker EdR Achim Sozal kürzlich den Medien präsentiert hat[11], zeigt, dass der so genannte Eustress zu gesteigerter Sensitivität und Kreativität führt.

Auch Angst, die bis zu einem gewissen Grad geht, erhöht die Aufmerksamkeit. Ist sie auch auf die entscheidenden Dinge gerichtet, unterstützt das die Aufnahme relevanter Information.

Angst und Stress, der über einen bestimmten Grad der Aufregung hinausgeht, der so genannte Distress, steht hingegen regelrecht für das Zuschnappen der Komplexitätsfalle, weil er die Aufnahme relevanter Information unmittelbar verhindert.

Zu große Angst verlangt je nach Fall sehr unterschiedliche Lösungen. Ob angebrachte oder unangebrachte Angst: entsprechende Informationen werden helfen, die Dinge realistisch zu sehen und anzugehen.

11 siehe Seite 123

Zu viel Stress und Angst verhindern die Aufnahme wichtiger Information.

Überforderung ist eine der häufigsten Overload-Erscheinungen.

Stress kann nur durch das Beseitigen seiner jeweiligen Ursache gelöst werden. In manchen Fällen wird ein Ausgleich des Informationsmangels die Lösung sein. In anderen Fällen Entlastung oder Unterstützung. Beurteilt kann das nur von Fall zu Fall werden.

Überforderung

Wir leben heute in einer Welt von Problemen, die nicht mehr durch vermehrte körperliche oder motorische Kraft gelöst werden können, sondern nur noch durch mehr Intelligenz.

Dass wir in der Gegenwart und Zukunft vor allem auf Wissen angewiesen sind, ist längst allgemein bekannt. Wenn die Informationslage im eigenen Kopf nicht ausreicht, um die Informationslage in seiner relevanten Umwelt erfolgreich zu bewältigen, kommt es entsprechend rasch zu Überforderung. Wer überfordert ist, ist mehr mit sich selbst beschäftigt als mit dem, was außerhalb seiner Haut für ihn relevant ist.
Auf Überforderung kann man je nach Persönlichkeit entweder mit Gleichgültigkeit, Resignation oder Stress reagieren. All das beschränkt die Aufnahme von Information. Ein bereits bestehender Informationsmangel führt zu weiterem Informationsmangel.

Hier helfen nur die notwendige Qualifikation und Entlastung.

Burnout-, Belastungs- und Erschöpfungszustände

Sind diese Zustände deutlich fortgeschritten, fühlen sich Betroffene erschöpft, innerlich leer, antriebs- und kraftlos. Man kann und will nichts mehr erfahren und denken. Man starrt nur noch traurig und müde ins Leere. Man weiß, dass man nicht klar und konzentriert wahrnimmt und denkt. Die Erholung von diesen Zuständen erfordert häufig lange Pausen oder zumindest deutliche Entlastung, fachmännische Behandlung und viel Ruhe. Gute Wahrnehmung und Konzentration werden erst danach wieder möglich.

Demotivierung und Resignation

Demotivierung, die gerne als *Burnout* bezeichnet oder kaschiert wird, ist kein (!) direkter Auslöser von Informationsmangel. In diesem Fall wirken nur Desinteresse und eventuell Resignation. Beides führt dazu, sich Information selbst bewusst vorzuenthalten. Das kann die Komplexitätsfalle öffnen. Dagegen hilft nur das notwendige Interesse.

Auch Resignation ist kein (!) direkter Auslöser der Komplexitätsfalle. Sie kann eine Folge von Belastung, Erschöpfung, Überforderung und zu vielen Frustrationen sein. Resignation ist dabei typisch für bestimmte Stadien der Komplexitätsfalle. Hier helfen nur Zuversicht und ausreichend Selbstvertrauen.

Komplexitätsfalle

In der Komplexitätsfalle ist man höchst angespannt. Je tiefer man in spätere Stadien hineingerät, umso mehr steht man sozusagen unter Strom – es herrscht quasi Hochspannung. Die Komplexitätsfalle wird durch einen Mangel an relevanter Information in Gang gesetzt. Betroffene entwickeln die für die Falle typischen Verhaltensmuster. Diese entstehen durch zu hohen Stress und eine bedenkliche Übererregung des Vegetativen Nervensystems. Das führt dazu, dass sich der Mangel an relevanter Information auf eigendynamische Weise bis zum Realitätsverlust maximiert, ohne dass der Betroffene Einfluss darauf hat. Der einzige Ausweg ist ein ausgewogenes Verhältnis von An- und Entspannung. Nur dann kann das Fehlen wichtiger Information erkannt und diese aufgeholt werden. Die Lösung erscheint auf den ersten Blick zwar sehr einfach. Aber tatsächlich ist es ohne fachmännische Hilfe häufig relativ schwierig, ein gesundes Verhältnis zu erreichen.

Der Unterschied

Tageszeitung für pure Information

Woche 28, Freitag, Morgenausgabe

Komplexitätsfalle oder Hinterhältigkeit? Indizien und Tipps!

Fachwissen._ In der Komplexitätsfalle wird häufig der Verdacht auf Mobbing, Intrigen, hinterhältige Verschwörungen, heimliche Absprachen, verdeckte Liebesaffären und das undurchsichtige Treiben von Geheimbünden laut. Woran erkennt man, ob man es mit der Komplexitätsfalle oder mit Hinterhältigkeit zu tun hat? Kriminalistische Indiziensuche und Strategien mit Kriminalinspektor EdR Gerhard Plozei.

Herr Plozei, Overload-Opfer und Menschen, die zu ihnen stehen, haben oft den Verdacht, dass sie es mit unanständigen, hinterhältigen und verdeckten Gegnern zu tun haben. Wie kommt es zu diesem Verdacht?
Der Verdacht entsteht, weil den Opfern wichtige Informationen fehlen, die für das richtige Verstehen ihrer Situationslogik notwendig wären.

Sie suchen Schuldige für ihre Fehlleistungen …?
Die Opfer stehen unter Overload und können daher nicht einsehen, dass ihnen Fehlleistungen unterlaufen sind. Sie vermuten daher die Fehler, die sie selbst verursacht haben, unreflektiert in ihrer Außenwelt, statt bei sich selbst.

Der wahre Täter ist ihr Overload-Hirn?
Wir gehen derzeit davon aus, dass ihr Overload dafür verantwortlich ist, dass sie auf den wahren Täter nicht aufmerksam werden können.

Nämlich auf ihr eigenes Gehirn, das an seine Leistungsgrenze geraten ist?
Ja. Sie können sich ihre Umstände nicht mehr richtig erklären. Die Situationen erscheinen ihnen suspekt, mysteriös, undurchsichtig, unberechenbar und von einer unsichtbaren Hand gesteuert.

Das sind ja eigentlich die typischen Wirkweisen komplexer Systeme ...

Ja, die Opfer bekommen die Eigendynamik ihrer komplexen Umgebung zu spüren. Sie haben ihr System nicht mehr unter Kontrolle. Leider weiß man in der Gesellschaft zu wenig über die Natur von Komplexität. Daher kommt es oft und rasch zu falschen Erklärungen wie Mobbing, Intrigen, Verschwörungen, schlicht zum Verdacht auf Hinterhältigkeit.

Hinterhältig ist aber nur die Komplexität?

Komplexe Angelegenheiten sind, wie sie sind: nicht analysierbar, nicht vorhersagbar, nicht direkt beeinflussbar, eigendynamisch und geschichtsabhängig evolutionär. Das sind naturgegebene Gesetzmäßigkeiten.

Sie meinen, der Schwer- oder Fliehkraft würde man schließlich auch keine Hinterhältigkeit zuschreiben?

Genau. Jeder weiß, es wäre naiv, die Schwerkraft zu beschuldigen, wenn einem ein Dachziegel auf den Kopf fällt.

Manche beschimpfen ja dann aber den Dachziegel ...

Ja, das kommt trotz besseren Wissens vor. Man lädt damit Ärger über den Unfall ab, obwohl man ganz genau weiß, dass der Ziegel nicht an der Latte hing und sich dachte: *So, jetzt warte ich bis Herr Meier vorbeikommt, und dann falle ich auf seinen Kopf runter.* Man beschimpft zwar den Dachziegel, aber man beschuldigt ihn nicht. Overload-Opfer beschuldigen allerdings andere Menschen für ein Misslingen, das ihnen selbst widerfahren ist. Ihre Naivität liegt zwangsläufig darin, dass sie nicht wissen, dass sie selbst die wahre Ursache eines Scheiterns ausgelöst haben.

Der Verdacht auf Hinterhalt kommt also daher, dass die Natur komplexer Systeme nicht verstanden wird?

Wenn man nicht weiß, wie komplexe Systeme sind, dann neigt man dazu, für ihre nicht transparenten Umstände andere Erklärungen zu finden.

Und dann liegt es nahe, andere zu beschuldigen?

Selbstreflexion und Selbstkontrolle sind durch Overload ausgeschaltet. Das unterdrückt die nötige Selbstkritik, rationale Fragen und Überlegungen. Es fehlen Informationen, das macht die Situation undurchschaubar. Diese Undurchschaubarkeit erklären sich viele Menschen dadurch, dass ihnen Informationen von anderen bewusst vorenthalten werden, dass sie es mit Geheimnistuerei, Heimtücke und dergleichen zu tun haben. Sie entwickeln die verschiedensten Verdächtigungen, nur den einen Verdacht nicht, dass sie für ihren Wissens- und Informationsmangel selbst verantwortlich sind.

Was ist der Unterschied zwischen hinterhältigen Verschwörungen und der Komplexitätsfalle?

Strategien, die mit Hinterhältigkeit zu tun haben, werden von Tätern mit Absicht verfolgt, dahinter stecken immer Motive. Sie enthalten ihren Opfern zum Beispiel bewusst Informationen vor bzw. sie führen diese mit gezielten Fehlinformationen in die Irre. Ihr Ziel ist immer, den Gegner zu schwächen.

Wodurch kennzeichnet sich dann die Komplexitätsfalle?

Die Komplexitätsfalle kennzeichnet sich dadurch, dass es ohne (!) Absicht zu Konflikten kommt. Sie entstehen durch Fehlleistungen, die von einem Mangel an relevanter Information des Opfers herrühren. Sein Overload-Hirn ist schuld, dass es diese Informationen nicht hat, und niemand sonst.

Mit seiner Vermutung, es mit Hinterhältigkeit zu tun zu haben, löst das Opfer die nachfolgenden Konflikte selbst aus?

Exakt. Denn wer lässt es sich bieten, dass ihm solches zu Unrecht vorgeworfen wird? Wohl niemand, der bei Trost ist.

Andererseits sind aber gerade Intriganten wahre Großmeister im Abstreiten und Ablenken. Sie halten Informationen bewusst zurück und behaupten hinterher, rechtzeitig und vollständig informiert zu haben.

Absolut, und das macht es dem Opfer zusätzlich schwer zu akzeptieren, dass das Problem unter seiner eigenen Schädeldecke liegt.

EdR Gerhard Plozei unterscheidet mit nüchterner Klarheit und unspektakulären Argumenten zwischen der Komplexitätsfalle und absichtlicher Hinterhältigkeit.

Führungskräfte müssen oft die Konflikte zwischen ihren Mitarbeitern durchschauen und klären. Aber auch im Privatleben sind wir immer wieder gefordert, zwischen verhärteten Fronten zu vermitteln. Welche Indizien sprechen für Hinterhältigkeit und welche für die Komplexitätsfalle?

Es gibt nur ein einziges sicheres Merkmal, das Menschen mit bösartiger Absicht von anderen unterscheidet. Bösartige Menschen werden dem Betroffenen die Informationen nicht geben, die er braucht. Menschen, die keinerlei böse Absicht verfolgen, werden die notwendigen Informationen, über die sie selbst verfügen, bereitwillig und oft sogar unaufgefordert zur Verfügung stellen.

Wie reagieren Overload-Opfer und unschuldig Verdächtigte genau?

Overload-Opfer haben sehr schnell, dafür aber falsche und nicht nachweisbare Erklärungen für entstandene Probleme. Ihre Aussagen bleiben über lange Zeit hinweg ziemlich stereotyp. Die von ihnen Beschuldigten sind deutlich besser in der Lage, die Entstehungsgeschichte des Problems zu rekonstruieren. Sie liefern Fakten, brauchen aber oft eine Weile, sie zu sammeln. Und es kann sein, dass sie über die nötigen Informationen schlichtweg nicht verfügen.

Allerdings werden die unschuldig Verdächtigten durch die Vorwürfe in Stress versetzt …?
Leider ja, und das kann dazu führen, dass sie selbst in die Falle geraten und dann ihrerseits die Overload-Opfer der Hinterhältigkeit verdächtigen. So kommt es auf beiden Seiten zu Irrtümern, die auf beiden Seiten die bekannten Dilemmata der Komplexitätsfalle bewirken.

Was passiert, wenn in einem Umfeld gleich mehrere Opfer der Falle miteinander in Konflikt geraten?
Dann passiert das, was oft als das *Leben in verschiedenen Parallelwelten* bezeichnet wird. Man kann als Außenstehender keine rationalen Hintergründe ihres Verhaltens erkennen, innerhalb der Konfliktbeziehungen wird das aber anders wahrgenommen. Da ist jeder von seiner eigenen Sicht überzeugt.

Was können zu Unrecht Verdächtigte gegen falsche Anschuldigungen tun?
Es heißt ja, *ein gutes Gewissen ist das beste Ruhekissen*. Während viele von uns als Kinder dazu angehalten wurden, nicht ohne Abendgebet schlafen zu gehen, würde ich heute sagen, man sollte nicht schlafen gehen, ohne über die Ereignisse von heute für morgen Selbstreflexion und Selbstkritik zu üben.

Und während des Tages?
Selbstkontrolle. Das hilft, sein eigenes Handeln im Auge zu behalten: Was mache ich gerade? Was könnte das bewirken? Was hat es bewirkt? Was muss ich daraus lernen? Wie kann ich es lernen? Wer das tut, kann sicherer, wenn auch nie ganz sicher sein, was man ihm vorwerfen kann und was nicht. Man bewahrt so besser den Überblick, kann dadurch besser reagieren und dabei gelassener bleiben. Gelassen bleiben und klares Denken sind das Allerwichtigste.

Das heißt, das Wichtigste ist die Vorbeugung gegen den Verlust des eigenen Überblicks?
Ja, solange man den Überblick bewahrt, gerät man nicht in Stress.

Und wenn man mit ungerechten Vorwürfen konfrontiert wird?
Dann ist es wichtig, sich gegen den falschen Verdacht konsequent, aber ruhig zu wehren. Um das Overload-Opfer nicht zu überfordern, macht man das am besten mit wenigen Worten, zum Beispiel: *Das war nicht so*. Oder: *Das habe ich nicht getan*. Ganz falsch wäre es, das Overload-Opfer, das die Beschuldigungen erhebt, anzugreifen. Das führt erfahrungsgemäß zu schweren Problemen.

Manchmal erscheint es aber so, als habe man keine andere Chance.
Dann hilft es, sich darüber im Klaren zu sein, dass man sich selbst in die Komplexitätsfalle mitreißen lässt, wenn man zum Angriff übergeht. Wenn es irgendwie geht, ist es besser, den Kontakt mit Overload-Opfern zu vermeiden oder auf das Nötigste zu beschränken.

Aber viele halten den Angriff für die beste Verteidigung! Es wird oft sogar präventiv

Faire Konfliktpartner geben bereitwillig fehlende Information, unfaire und hinterhältige hingegen nicht.

angegriffen, um von eigenen Fehlleistungen abzulenken.
Ja, leider. Das ist aber dumm.

Warum?
Weil man so erst recht auf sich aufmerksam macht.

Wie meinen Sie das?
Stellen Sie sich vor, A ist ein Fehler passiert, B hat das bemerkt und spricht ihn darauf an, um den Fehler zu beseitigen. B hat gar nicht mehr im Sinn, weil er Wichtigeres zu tun und weil er längst verstanden hat, dass er nicht mehr in der Grundschule sitzt und A nun eine rote Korrektur ins Heft bekommen hat, über die seine Eltern schimpfen werden. Das ist jemand, der mit Fehlern konstruktiv umgeht. A hat eine andere Einstellung, er hat Angst vor Nachteilen und geht davon aus, dass B den Fehler beim Chef melden wird. A meint nun, B zuvorkommen zu müssen, und meldet dem Chef, dass B den Fehler gemacht habe. Wenn er sonst nichts findet, das er B vorwerfen kann, dann beklagt er sich zum Beispiel über dessen unpassenden Ton. Der Chef erfährt dadurch von A selbst, dass es einen Konflikt zwischen A und B gibt. Von B hätte er es gar nicht erfahren. B wird sich nun aber verteidigen. Die Aufmerksamkeit des Chefs auf den Fehler von A steigert sich dadurch beträchtlich.

Das wäre also im Grunde so, um in Ihrem Fach zu bleiben, als würde ein Mörder die zuständige Kripoabteilung des Mordes bezichtigen.
Nicht besonders intelligent, nicht wahr?

Nur dass in der Arbeitswelt der Chef oft nicht so eindeutig positioniert ist wie ein Staatsanwalt.
Das zeigt nur, wie wichtig fähige Führungskräfte sind.

Was passiert eigentlich, wenn man sich nicht wehrt und die Opfer einfach reden lässt?
Damit macht man sich zum Märtyrer. Wehrt man sich nicht, hilft man den Opfern der Komplexitätsfalle dabei, ihre hartnäckige Scheinrealität weiter auszubauen. Niemand würde verstehen, warum man sich nicht wehrt. Viele würden das als Beweis dafür auffassen, dass man tatsächlich Schuld hat.

Wie wehrt man sich am besten?
Fein gezielt, nämlich ausschließlich gegen die erhobenen Vorwürfe, aber nicht gegen die ganze Person, die sie erhebt. Man stellt die falschen Anschuldigungen konsequent und mit wenigen Worten richtig.

Angriff ist also in jedem Fall kontraproduktiv?
Es hat gute Gründe, warum wir in der Exekutive den Angriff als letztes Mittel aller Möglichkeiten einsetzen. Angriffe verschärfen die Lage, sie gerät dann sehr leicht außer Kontrolle. Es gibt nur einen Grund, andere anzugreifen: wenn jemand das Leben anderer z.B. mit einer Waffe akut bedroht und wenn man eine realistische Chance hat, ihn zu überwältigen, bevor er selbst zuschlagen kann.

Wie ist es mit Rache?
Sie löst nur neue Probleme aus und verschärft damit die alten. Angriff und Rache sind Strategien, in denen die Aufmerksamkeit auf das Problem gelenkt wird anstatt auf seine Lösung. Das wäre, als würde ein Arzt sich mit dem Krebstumor befassen anstatt mit seiner Behandlung.

Distanz ist das Mittel der Wahl?
Innere Distanz vor allem. Solange der Konfliktgegner gegen einen selbst hochaktiv ist, ist es aber ratsam, ihn im Auge zu behalten, während man die Interaktionen mit ihm auf das Nötigste beschränkt. Das Wichtigste ist, sich von seinen Behauptungen zu distanzieren und das anderen gegenüber glaubwürdig zu vertreten: *Ich bin zwar mit diesen Vorwürfen konfrontiert, aber ich kann jedem, der es wissen will, zeigen, dass diese unberechtigt sind.* Das ist die beste innere Haltung und Distanz zum Problem: es nicht negieren, sondern anhand von Fakten bewerten.

Was können Opfer der Komplexitätsfalle tun, um andere nicht mit falschen Verdächtigungen unter Druck zu setzen?
Wenn man erkennt, dass etwas schief geht oder schief gegangen ist, sollte man immer zuerst fragen: Kann es sein, dass mir wichtige Informationen fehlen?

Diese Frage sollte man wohl sich selbst und seinem betreffenden Umfeld stellen ...
Genau.

Wie erkennt das Opfer, ob es sozusagen mit Feinden oder Freunden zu tun hat?
Es ist so einfach, wie ich vorhin gesagt habe: Anständige Menschen werden dem Opfer der Komplexitätsfalle helfen, die fehlenden Informationen aufzuholen.

Und Feinde?
Na ja, das kennen wir doch. Die stellen sich blöd, sagen einem, dass man das doch wissen müsste, führen einen in die Irre, lenken einen ab, tun einem dabei schön und so weiter.

Jetzt ist es aber so, dass gerade auch Opfer der Komplexitätsfalle mit fortschreitenden Stadien unter immer stärkerem Informationsmangel leiden, und zwar in einem unglaublichen Ausmaß. Wie kann man sichergehen, dass sie tatsächlich nicht mehr wissen, als sie einem sagen?
Sichergehen kann man nie.

Es ist ja nicht gesagt, dass Menschen in der Komplexitätsfalle unbedingt anständige Menschen sein müssen ...

So ist es. Wir können davon ausgehen, dass man in der Komplexitätsfalle keine anständigere oder unanständigere Haltung einnimmt als unter normalen Bedingungen. Wenn das Sympathische Nervensystem übererregt ist, kommt es aber zu gesteigerter Aggressivität und zu erhöhtem Misstrauen. Anders wäre das Dilemma ja gar nicht möglich. Man darf von Menschen in dieser Falle keine rationalen Überlegungen erwarten. Anders gesagt, ihre Informationen sind grundsätzlich mit Vorsicht zu genießen. Es ist besser, darauf zu achten, was sie tun, als auf das, was sie sagen.

Gibt es denn gar kein sicheres Merkmal, an dem man erkennen kann, ob ein Opfer der Falle unanständig ist?

Leider nein. Gäbe es solche, hätten wir nicht fast zwanzig Jahre gebraucht, um einen wirksamen Ansatz für das Phänomen der Komplexitätsfalle zu finden.

Man hört ja von den Extremfällen der Komplexitätsfalle, dass sie auch dann noch angreifen, wenn der Konfliktpartner schon aufgegeben hat.

Besonders Opfer im fortgeschrittenen Stadium der Falle hören nicht auf, wenn ihre Konfliktpartner schon schweigen, sich tief verletzt zurückgezogen haben, völlig zusammengebrochen dasitzen oder weinen. Gerade das ist ein Zeichen dafür, dass die Overload-Opfer die Beherrschung über sich selbst verloren haben, dass sie nicht mehr reflektieren, was sie mit ihrem Verhalten bewirken, und dass sie auf kein Ziel hinarbeiten. Sie erkennen gar nicht, was sie anrichten. Sie wollen eigentlich nur Ruhe und Ordnung, sorgen aber mit falschen Konzepten für das Gegenteil.

Wenn es hart darauf ankommt, zwischen Hinterhältigkeit und der Komplexitätsfalle unterscheiden zu müssen, zum Beispiel als Vorgesetzter oder wenn man von Freunden um Hilfe gebeten wird: Womit hat man am ehesten die Chance zu erkennen, worum es sich handelt?

Der einzige sichere Test der Komplexitätsfalle ist der Entspannungstest. Das Wahrnehmen, Denken und Verhalten von Overload-Opfern wird deutlich rasch besser, wenn sie ausreichend entspannt sind. Erst dann werden sie wieder fähig, Informationen aufzunehmen.

Menschen, die absichtlich unfair handeln, verfolgen ihre Sache ja meist hochkonzentriert und hellhörig. Sie stehen zwar unter erhöhter Anspannung, ihre Politik ist aber, andere zu stressen, um selbst keinen Stress zu haben. Sie werden sich unter Umständen der Entspannung nicht merklich anders verhalten.

Wir sind also als scharfe Beobachter gefordert.

Es macht einen großen Unterschied, ob man sich von seiner Umwelt berieseln lässt oder ob man ihr aufmerksam, unvoreingenommen und mit systematischen Fragen gegenübertritt.

Wir danken für das Gespräch.

Der Unterschied

Tageszeitung für pure Information

Woche 28, Samstag, Samstagbeilage

Testen Sie sich selbst!

Psychotest der Woche._ Bin ich von der Komplexitätsfalle betroffen? Bin ich nur ein Opfer von Overload-Hirnen, oder trage ich selbst ein Overload-Hirn in mir? Diese Frage quält seit der intensiven Aufklärungsarbeit durch die Medien so gut wie die meisten Menschen. Die Expertin Renate Tester, Mitglied der Expertengruppe um EdR Gerhard Plozei, nimmt in einem Interview Stellung und bietet einen groben Selbsttest zur Orientierung an.

Renate Tester, EdR.
Die Klinische Psychologin hat einen Test entwickelt, mit dem man selbst feststellen kann, ob und in welcher Hinsicht man von der Komplexitätsfalle betroffen sein könnte.

Frau Tester, was ist das wichtigste Merkmal der Komplexitätsfalle?

Die Probleme der Komplexitätsfalle verstärken sich durch zunehmende Angespanntheit massiv, werden aber durch Entspannung auffallend rasch, ja in frühen Stadien sehr rasch bis schlagartig besser.

Was sind erste Anzeichen der Komplexitätsfalle?

Overload-Opfer wissen nicht, dass sie etwas nicht wissen. Sie wissen nichts von vorangegangenen Informationen, zum Beispiel den Inhalten der unter Overload abgewickelten Gespräche und Vereinbarungen. Man erkennt, dass sie die Mitteilungen und Abmachungen nicht in ihre Überlegungen und in ihr Verhalten integriert haben.

Wenn durch einen Informationsmangel Probleme entstehen, suchen die Opfer die Schuld praktisch immer zuerst bei anderen?
Ausnahmen bestätigen diese Regel. Sie sind nicht unbedingt abhängig von der grundsätzlichen Fähigkeit zur Selbstkritik. Auch Management-Profis, die zum Beispiel Selbstkritik und Selbstreflexion lehren, geraten in dieses Problem.

Warum?
Weil auch sie sich anhand ihrer Informationslage absolut sicher wähnen, keine Fehler gemacht zu haben. Sie wissen ebenso nicht, dass sie nicht wissen, dass ihnen bereits eine Reihe relevanter und aktueller Informationen entgangen ist.

Gibt es Ausnahmen?
Ausnahmen bilden eher die Menschen, die sehr viel über die Tücken der menschlichen Wahrnehmung, das Gehirn und die naturgegebenen Probleme der Kommunikation wissen und auch auf sich selbst anwenden. Diese Menschen kommen häufig und meist früh zur Einsicht, dass das Problem bei ihnen selbst liegen kann oder liegt. Sie erkennen auch am ehesten, dass ein Opfer dieses Problem hat, und wissen dann, was zu tun ist.

Das klassische Overload-Opfer sieht seine Fehlleistungen auch nach vorliegenden Fakten nicht ein.
So ist es. Verschärft wirkt das bei Persönlichkeiten, die das Bedürfnis haben, perfekt und makellos zu sein und bei solchen, die an übertriebener Eitelkeit leiden. Sie neigen bezüglich ihrer Schwächen, Mängel und Fehler zu hartnäckigen blinden Flecken. Sie könnten es nicht ertragen, einen Makel an sich wahrzunehmen.

Dann gibt es noch die Blender. Die blenden weniger sich selbst als andere. Sie täuschen Kompetenz, Über- und Durchblick vor. Wehe dem, der ihnen traut und auf sie hört. Das führt zwar nicht direkt in die Komplexitätsfalle, sondern indirekt über den Umweg des Wissensmangels und damit verbundene falsche Vor- und Einstellungen dorthin.

Auf welche Anzeichen sollte man sonst noch achten?
Wer von der Komplexitätsfalle betroffen ist, entwickelt unhaltbare Erklärungen. Er äußert und verhält sich zunehmend oberflächlicher und stereotyper. Er wirkt durch seine Informationslücken oft inkompetent, desinteressiert, unwillig und erweckt damit Misstrauen.

Was ist ein besonders bedenkliches Anzeichen?
Vorsicht ist geboten, wenn die Opfer immer seltener Fragen stellen, die von gezielten Überlegungen oder umfassenden Reflexionen ausgehen. Auch wenn eigene Aussagen von ihnen wie das eigene Echo zurück kommt, ist Vorsicht angebracht.

Eine gute Testfrage für Opfer ist: Was hat sich verändert? Wenn sie zu lange keine Veränderungen wahrnehmen, ist das ein Anzeichen.

Ein ganz deutliches Zeichen ist, wenn Opfer nach Dingen fragen, von denen man annimmt, dass sie diese längst wissen müssten.

Es wird immer wieder betont, wie schwierig es ist, in der Komplexitätsfalle zwischen Opfern und Tätern zu unterscheiden.
Das ist tatsächlich ein Problem. Erstens: Je tiefer man in der Komplexitätsfalle steckt, umso weniger kann man das selbst wahrnehmen.

Zweitens: Die Komplexitätsfalle löst Wechselwirkungen mit primär Nicht-Betroffenen aus, die sie in die Falle mit hineinziehen können. Das zeigt sich oft dergestalt, dass einem andere Dinge vorwerfen, die man selbst ihnen vorwirft. Man meint etwa, der andere betrüge einen, während dieser denkt, man betrüge ihn. Faktisch fehlt aber auf beiden Seiten nur relevante Information.

Drittens: Man muss unterscheiden können, ob man betroffen ist, ob man mit einem Betroffenen zu tun hat und ob man von einem Betroffenen in die Falle hineingezogen wird.

Wie macht man das am besten?

Wir haben dazu einen groben Selbsttest entwickelt (siehe Kasten). Er gibt grundsätzliche Richtungen an. Besser ist es jedoch, sich an einen Experten zu wenden.

1. Test: Sind Sie bereits in die Komplexitätsfalle geraten?

1. Häufen sich in Ihrem Alltag hartnäckige Konflikte? ja ❑ nein ❑
2. Sehen Sie sich immer öfter mit einemFehlverhalten anderer konfrontiert, die Sie korrigieren, bewältigen und bekämpfen müssen? ja ❑ nein ❑
3. Haben Sie den Eindruck, dass Sie Ihre Aufgaben und Probleme nur noch mit vermehrter Aktivität bewältigen können? ja ❑ nein ❑
4. Haben Sie es in letzter Zeit öfter mit Mitmenschen zu tun, von denen Sie denken müssen, dass sie verrückt sind? ja ❑ nein ❑
5. Fühlen Sie sich in letzter Zeit eher einsam und isoliert? ja ❑ nein ❑

Auswertung:

Wenn Sie alle fünf Fragen mit Ja beantwortet haben, sind Sie ziemlich sicher bereits in die Komplexitätsfalle geraten. Machen Sie zur weiteren Abklärung den nachfolgenden Kontrolltest.

2. Kontrolltest: Stecken Sie schon sehr tief in der Falle?

1. Ist Ihr Leben unüberwindbar schwierig geworden? ja ❑ nein ❑
2. Haben sich in letzter Zeit auffallend viele Menschen von Ihrem Denken oder Ihnen als Mensch distanziert, ganz abgewandt oder angekündigt, dies demnächst zu tun? ja ❑ nein ❑
3. Ist es bereits sehr lange her, dass Sie etwas erfahren haben, wodurch sich vieles verändert und plötzlich alles ganz anders ausgesehen hat? ja ❑ nein ❑
4. Haben Sie wiederkehrende oder ständig vorhandene Gedanken, die Sie einfach nicht loswerden und gegen die nur noch intensive Aktivität als Ablenkung hilft? ja ❑ nein ❑
5. Überwiegen in Ihrem Leben Gespräche, in denen kein Einander-Verstehen erreicht werden kann? ja ❑ nein ❑
6. Haben Sie den Eindruck, dass Ihnen in letzter Zeit plötzlich fast jeder Recht gibt? ja ❑ nein ❑
7. Fühlen Sie sich am ruhigsten, wenn Sie sehr aktiv sind? ja ❑ nein ❑
8. Werden Sie innerlich unerträglich unruhig, wenn sich um Sie herum nichts tut? ja ❑ nein ❑
9. Häufen sich Hinweise an Sie, dass Sie andere nicht wahrnehmen, verkennen oder anderen Menschen Unrecht tun? ja ❑ nein ❑
10. Sehen Sie sich mit großen Mengen schriftlicher Informationen konfrontiert, die Ihnen vermittelt werden, um Probleme aufzuklären? ja ❑ nein ❑
11. Reden Sie lieber und nervt Sie das Zuhörenmüssen mehr als früher? ja ❑ nein ❑
12. Haben Sie den Eindruck, dass Sie und Ihre Mitmenschen nicht dieselbe Sprache sprechen und nicht in derselben Wirklichkeit leben? ja ❑ nein ❑

Auswertung:

Wenn Sie mehr als 4 Fragen mit Ja beantwortet haben, stecken Sie ziemlich sicher schon relativ tief in der Falle. Haben Sie mehr als 6 Fragen mit Ja beantwortet, sind Sie bereits sehr tief in der Falle.

3. Kontrolltest: Haben Sie oder der andere ein Overload-Hirn?

1. **Suchen Sie ausreichende Entspannung und Orientierung und beobachten Sie die Wirkung.**

Auswertung:

a) Verringern sich Ihre Probleme danach oder lösen sie sich gar schlagartig, stand Ihr Gehirn sicher unter Overload.

b) Fühlen Sie sich zwar wieder besser und klarer, bleiben die Vorwürfe gegen Sie aber aufrecht, haben Sie es sehr wahrscheinlich mit einem Overload-Opfer zu tun.

2. **Beachten Sie, ob Sie von vielen Seiten Vorwürfe bekommen, dass Sie wichtige Dinge falsch sehen.**

Auswertung:

a) Kommen die Vorwürfe von vielen verschiedenen Seiten, tragen Sie mit größter Wahrscheinlichkeit ein Overload-Hirn.

b) Kommen diese Vorwürfe nur von einer oder einigen wenigen bestimmten Seiten, kommen Sie mit allen anderen Menschen hingegen wunderbar aus, haben Sie es sehr wahrscheinlich mit Overload-Opfern zu tun.

ART & WEISE

Das Wochenmagazin für LebensArt und Weisheit

Woche 29

Die Kunst in der Falle

Performance._ Die umfassende Berichterstattung über die Komplexitätsfalle inspiriert nicht nur die Medien selbst, sondern auch unsere Künstler. In einer spontanen Aktion entstand im Museum der Höheren ART eine ganzheitliche Aktion mit dem Titel: Dichtung, Erkenntnis, Erfindung, Betrug und der Missing Link ›Wahrheit‹. Wir berichten über die bemerkenswertesten Schöpfungen dieser Aktion..

Der Dichter Abel Verse und die Malerin Iris Färbel entschlossen sich anlässlich der Aktion *Dichtung, Erkenntnis, Erfindung, Betrug und der Missing Link ›Wahrheit‹*, das Grundproblem der Komplexitätsfalle künstlerisch zum Ausdruck zu bringen. Die Basis ihrer Aktion bilden die bisher in den Medien erschienenen Aussagen über die Falle und ihre Ursachen. Verse: „Ich stütze mich dabei vor allem auf die Aussagen über das Problem der Komplexität. Als Dichter sah ich mich veranlasst, sie so weit zu verdichten, dass nur noch die relevante Information zum Vorschein kommt!"

Färbel stellte sich dabei für den Dichter als fundamentale Unterstützung heraus. Die gefragte Malerin: „Ich weiß nur zu gut, dass die Kunst immer im Auge des Betrachters liegt! Daher ist es mein Schwerpunkt, den massiven Irrtümern, Missverständnissen und Verschwörungstheorien an den Kragen zu gehen!" Die Malerin interessierten vor allem die verbindenden Muster und die Matrix, in die sie eingebettet sind. Dieser Aspekt soll schon zwischen Gregory Bateson und Heinz von Foerster zu den frühesten Pionierzeiten der Kybernetik für wechselseitige Anregung gesorgt haben.

Beide Künstler zeigen in ihrem Gemeinschaftswerk: Die Erkenntnis über eine komplexe Umwelt verlangt es, dass man sich innerhalb der Matrix für bestimmte Wirklichkeitsausschnitte entscheidet, die man zu einem zusammenhängenden Muster verbindet. Nicht nur die verbindenden Muster, sondern auch die Matrix – die Umgebung, der Rahmen oder Kontext – sorgen für Unterschiede, die einen Unterschied machen – für Information. Ob diese Information relevant erscheint, hängt nach wie vor vom Betrachter ab. Ob sie relevant ist, entscheidet allerdings die so genannte Realität, von der wir, wie in der Kunst so oft, nicht genau sagen können, was sie ist …

Die Performance

Verse und Färbel kreierten zuerst 27 Punkte auf einem Plakat. Das Plakat wurde von beiden Künstlern signiert. Anschließend montierten sie es auf einer leeren Wand der Ausstellungshalle. Davor befand sich ein Tisch mit 99 nicht signierten Kopien des Plakats. Die Betrachter durften entscheiden, was die 27 Punkte bedeuten. Die Ergebnisse wurden auf derselben Wand präsentiert. Wir zeigen die ersten fünf Interpretationen:

Nicht nur gegenüber abstrakter Kunst, sondern auch im Alltag entscheidet jeder Mensch selbst, welche Zusammenhänge und welchen Sinn er in komplexen Umständen erkennt. So erkannte der erste Betrachter: „... eine Frau im Bikini, die gerade den Verschluss ihres Bikinioberteils öffnet." Seine Begleitung meinte, sie sei dabei, ihn zu schließen. Der zweite Betrachter erkannte in den 27 Punkten „... einen Kelch und eine Hostie mit dem erleuchteten Herzen Jesu." Der dritte nahm in der Anordnung der Punkte „... ein Haus mit Garten und Swimmingpool mit zwei singenden Vögelchen davor" wahr. Der vierte Ausstellungsbesucher, der sich an dem Experiment beteiligte, erkannte einen Mann und der fünfte „... eine brennende Kerze auf einem Ständer".

Die Künstler haben damit anhand einer einfachen Aufgabe das Problem der Komplexität demonstriert: Auch wenn sie nicht durch die Umgebung gegeben ist – eine beliebige Anordnung von 27 Punkten ist schließlich keine komplexe Sache – kommt die Komplexität menschlicher Gehirne zur Wirkung. Die Interpretation der Umgebung ist daher immer eine Referenz für die inneren Vorgänge ihres Beobachters. Wir befragten die beiden Künstler, welche Bedeutung die 27 Punkte tatsächlich hatten. Sie antworteten unisono: „Keine. Es sind nur 27 Punkte."

Im Interview betonte Verse, dass er glücklich sei, erstmals ein Thema so weit verdichtet zu haben, dass der Verzicht auf die Sprache möglich geworden war. Denn diese sei ein Luder, die eher das Missverstehen als das Verstehen provoziere. Färbel als Malerin hingegen zitierte Heinz von Foerster, welcher einmal bemerkte, man könne jemanden fragen, wie die Welt entstanden sei. Von dessen Antwort erführe man zwar nichts über die Entstehung der Welt, dafür aber eine ganze Menge über den Menschen, der sie erklärt.

Die Botschaft der Matrix

Die beiden Künstler setzten ihre Performance mit den Schöpfungen ihrer Betrachter fort. Färbel versetzte die Bilder in die eine oder andere Matrix, während Verse von wortlosen Bildgeschichten sprach, die zeigten, welche unterschiedliche Informationen entstehen, wenn ein und dieselbe Aussage in einen anderen Kontext gestellt oder in diesem gesehen wird. Färbel versetzte die von einem Ausstellungsbesucher erkannte Frau im Bikini, die an ihrem Bikinioberteil hantiert, auf Bildern in zwei verschiedene Umgebungen: in eine Dusche und in eine Kirche. Verse regte die Betrachter dazu an zu kommentieren, was ihnen die dürftig bekleidete Frau in der Dusche und in der Kirche sage ... Der Leser kann sich bestimmt denken, dass die halbnackte Frau in der Kirche zu heißen Diskussionen Anlass gab, während dieselbe Dame in der Dusche ganz andere Interpretationen hervorrief. So unmöglich es sei, sich halbnackt in einer Kirche aufzuhalten, so viel Irritation könne es hervorrufen, wenn man in einer Dusche nicht nackt ist.

Overload-Art by Verse und Färbel

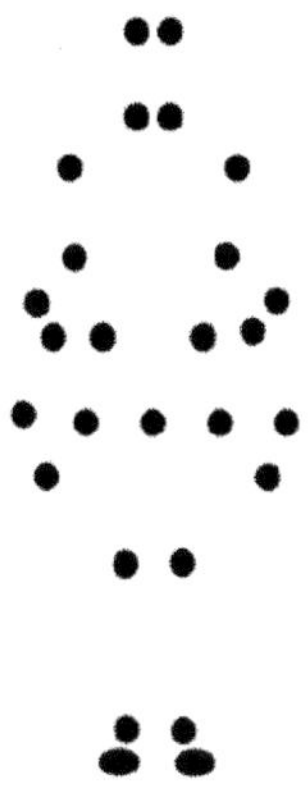

27 Punkte: Was bedeuten sie?

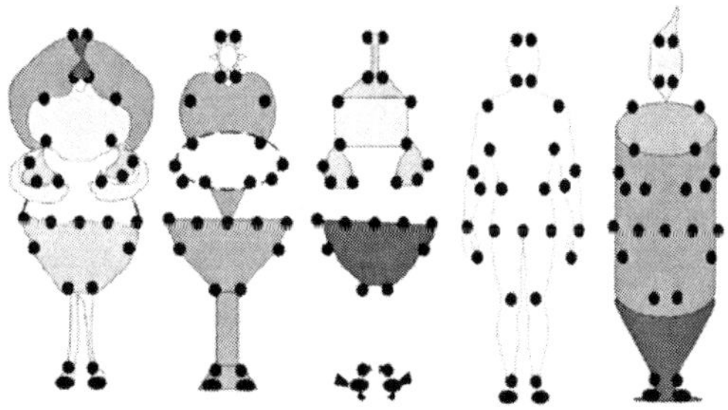

Die Interpretationen von fünf Besuchern

Mit dicken Filzstiften durfte jeder, der wollte, die Linien auf einem der 99 unsignierten Plakate miteinander zu Formen verbinden.

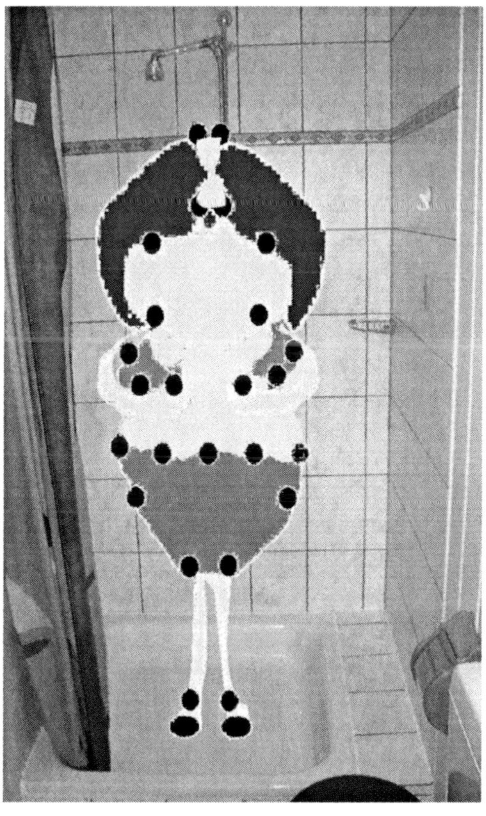

Die Matrix

Im Scharfblick.

Wöchentliche Informationssendung der Wissenschaftsredaktion des hiesigen öffentlich-rechtlichen TV-Senders; Dokumentation auf dessen Webseite.

Woche 29

Wissenschaftliche Hintergründe zur Komplexitätsfalle

Guten Abend bei unserer Wissenschaftssendung *Im Scharfblick*. Das Untersuchungsverfahren gegen das erste Overload-Hirn ist voll im Gange. Wir stellen Ihnen heute führende Wissenschaftler vor, deren Erkenntnisse und Überlegungen hinsichtlich der durch die Komplexitätsfalle verursachten Probleme von Bedeutung sind. Wir konzentrieren uns dabei vor allem auf das Phänomen der Information und ihrer Wahrnehmung. Diese beiden Phänomene werden als Ursache für die Komplexitätsfalle angenommen.

Johannes Peter Müller

Was ist verantwortlich dafür, dass sich Information nicht wie durch den viel zitierten Nürnberger Trichter von einem zum anderen transportieren lässt?

Aufmerksam gemacht hat auf dieses Problem bereits 1781 Immanuel Kant in seiner „Kritik der reinen Vernunft." Den entscheidenden naturwissenschaftlichen Nachweis dafür lieferte

Johannes Peter Müller. Der bedeutende Physiologe und vergleichende Anatom wurde 1801 in Koblenz geboren. Er forschte und lehrte in Bonn und Berlin. Unter anderem wies er in seinem 1826 erschienenen Werk *Zur vergleichenden Physiologie des Gesichtssinns* auf eine Reihe umwälzender Erkenntnisse über die Funktionsweise der Sinnesorgane hin. Diese treffen sowohl auf den Menschen als auch auf Tiere zu. Müller zeigte auf, dass jedes Sinnessystem auf Reize verschiedener Art immer nur in einer ihm eigentümlichen Weise reagiert. Er spricht im damaligen Verständnis von einer *spezifischen Nervenenergie.* Gemeint ist damit, dass zum Beispiel Nerven des Sehsinns jede Art von Reiz, zum Beispiel Druck, als Licht entschlüsseln – wir alle kennen das vom Sternchen- oder Lichtflecken-Sehen – Gehörnerven jeden Reiz als Schall, usw.

Ebenfalls 1826 erscheint seine Schrift *Über die phantastischen Gesichtserscheinungen.* Dort zeigt Müller auf, dass das Sinnessystem des Auges auch durch innere Reize erregt werden kann, beispielsweise durch Impulse, die aus Vorstellungen, Erwartungen oder Phantasien herrühren.

Die Erkenntnisse von Johannes Peter Müller sind bis heute gültig. Die wichtigste Konsequenz seiner Entdeckungen ist: Das Entschlüsseln von Signalen hat mehr mit der biologischen Beschaffenheit und dem geistig-emotionalen Innenleben des Menschen zu tun, der sie empfängt, als mit den Signalen, die ihn aus seiner Umwelt erreichen. Die Natur der menschlichen Wahrnehmung und Erkenntnis bringt es daher mit sich, dass wir für das Gelingen und Funktionieren unseres Verhaltens die Aufmerksamkeit mindestens so sehr auf unsere Innen- wie auf unsere Außenwelt richten müssen.

Wer ist eigentlich verantwortlich für das, was man versteht?

Die Verantwortung für sein Erkennen und Verstehen muss zweifelsfrei bei jedem Einzelnen selbst liegen. Andererseits liegt die Verständlichkeit seiner Botschaften bei jedem, der sie absendet. Wie weit die Konsequenzen dieser Erkenntnisse über die menschlichen Sinnesorgane für die Gesellschaft reichen, zeigte über 100 Jahre nach Müller der möglicherweise brillanteste Philosoph des 20. Jahrhunderts auf: Heinz von Foerster.

Heinz von Foerster

Der Physiker, Erfinder und Mitbegründer der Kybernetik kam 1911 in Wien zur Welt. Er forschte und lehrte nach seiner Dissertation in den USA. Im Rahmen seines Gesamtwerkes wies auch Heinz von Foerster unermüdlich darauf hin, dass wir die Wirklichkeit nicht so wahrnehmen können, wie sie tatsächlich ist, sondern nur so, wie unsere Nerven und unser Gehirn die Wirklichkeit *errechnen* oder, anders gesagt, *erfinden*. Er beeinflusste u.a. die im 20. Jahrhundert entstandene Philosophie des Konstruktivismus, als deren populärster Vertreter im deutschsprachigen Raum Paul Watzlawick gelten kann, sowie die zeitgenössische Kommunikations-, Erkenntnis- und Wissenschaftstheorie.

Wenn die Wirklichkeit erst im Gehirn die Form annimmt, in der wir sie erkennen, dann muss die Frage folgen:

Warum nehmen Menschen die Wirklichkeit auf unterschiedliche Weise wahr?

Verschiedene Wahrnehmungsfilter sorgen für die so genannte selektive Wahrnehmung. Sie ist vor allem eng mit den Vorstellungen, Erwartungen und der Aufmerksamkeit einer beobachtenden Person verbunden. Ihr jeweiliges Interesse sorgt dafür, dass sie nur bestimmte Wirklichkeitsausschnitte aus komplexen Umgebungen wahrnimmt. Aufmerksam gemacht hat darauf der 1919 in New York geborene und 1989 verstorbene Sozialpsychologe Leon Festinger.

Er lehrte an mehreren Elite-Universitäten in den USA und wurde bekannt durch seine 1957 vorgestellte *Theorie der kognitiven Dissonanz*[12].

Leon Festinger

Sie beruht auf der Annahme, dass der Mensch dazu neigt, einmal gewonnene Erkenntnisse zunächst beizubehalten. Neue Informationen, die im Widerspruch zu den bisher erreichten Erkenntnissen stehen, werden tendenziell ausgeblendet und abgewertet. Informationen, die die bisherige Erkenntnis bestätigen, werden hingegen tendenziell überschätzt. Durch diese Dissonanz entsteht sowohl im Innenleben als auch mit dem betroffenen sozialen Umfeld eine beachtliche Spannung. Erst wenn sie unerträglich wird, entsteht die Bereitschaft, bisherige Erkenntnisse und Entscheidungen abzuändern.

Wie weit haben unterschiedliche Erregungszustände der Nerven Einfluss auf das menschliche Bewusstsein?

Bemerkenswerte Auskunft darüber gibt das häufig so genannte *Fischer-Spektrum*[13] des

12 Festinger, L., theorie der kognitiven Distanz, Huber Verlag, Bern, 1978.

13 Fischer, R., A Cartography of the Ecstatic and Meditative States, SCIENCE Vol 174 No 4012 26, November 1971

Psychopharmakologen, Bewusstseins- und Hirnforschers Roland Fischer.

Über ihn ist wenig bekannt. Er wurde während des Ersten Weltkriegs geboren und lehrte in Neuseeland und Spanien. In einem Abstract[14] zu einem Vortrag erklärt er seinen wissenschaftlichen Nachweis, wie unterschiedlich hohe Erregungszustände des Sympathischen und Parasympathischen Nervensystems zu deutlich unterschiedlichen Wahrnehmungen und Bewusstseinszuständen führen.

Fischer spricht von einem *rationalen Ich*, das er als ein fiktives Ich betrachtet, das durch Eltern, Schulen und *kurzum durch den Zeitgeist* programmiert ist. Dem stellt er unser biologisch programmiertes Selbst mit seinen angeborenen Eigenschaften gegenüber.

Der Hirnforscher macht (sinngemäß gekürzt) aufmerksam: *Im Bewusstseinszustand des rationalen Ichs hält der Mensch innere Erlebnisse durch motorische Nervenaktivitäten für tatsächliche Ereignisse und Zustände außerhalb seiner Haut, während er* andererseits *zu hundert Prozent blockiert ist, seine Traumerlebnisse im Schlaf für Tatsachen zu halten.*

Auch Roland Fischer lieferte wertvolle Nachweise dafür, dass das, was wir wahrnehmen, nicht zwangsläufig außerhalb unserer Haut stattfinden muss. Gerade wenn wir Situationen begegnen, die uns unfassbar erscheinen, sagen wir oft: *Ich glaube, ich träume.* Damit ergibt sich die Frage:

Woher kommt eigentlich Information?

Information kommt unter Beachtung der bisher erwähnten Erkenntnisse vor allem vom Inneren des Menschen und nur äußerst eingeschränkt aus der Umgebung außerhalb seiner Haut. Johannes Peter Müller zeigte auf, dass die Nerven nicht bestimmte Qualitäten von Signalen aufnehmen, sondern nur Quantitäten. Wir erfahren aus unserer Umwelt also nur unterschiedliche Mengen von Signalen. Was sie bedeuten, wird erst durch die jeweilige Funktion und Verfassung der unterschiedlichen Nerven bestimmt. Von außen erreichen uns nur Informationen, die Auskunft geben darüber geben, wie viel von etwas vorhanden ist. Der Mensch reagiert also vor allem auf die Unterschiede in seiner Umwelt, die sein Nervensystem erzeugt, während er aus seiner Umwelt nur durch Botschaften über unterschiedliche Mengen auf etwas aufmerksam wird. Daten und Signale werden also erst mithilfe unseres Nervensystems zu Information.

Was unterscheidet Information von Daten und Signalen?

Daten und Signale können existieren, ohne wahrgenommen bzw. von einem Menschen entschlüsselt zu werden. Werden sie von ihm wahrgenommen, entscheidet der Mensch, ob sie ihm bekannt sind oder nicht. Sie werden dann zu Wissen oder stellen sich als Wissen heraus, über das er bereits verfügt hat. Von Information wird im fachlichen Sinne immer erst dann gesprochen, wenn sich durch eine Nachricht, Botschaft oder durch ein Signal etwas verändert, und zwar unabhängig davon, ob dies in einem belebten oder unbelebten System passiert.

Gregory Bateson, Anthropologe und Mitbegründer der Kybernetik, wurde 1904 in Großbritannien geboren, lebte und forschte auch in

---

14 Schlichting, Michael (Hrsg.), Welten des Bewusstseins, Band 6, Abstracts – 2. Internationaler Kongress des Europäischen Collegiums für Bewusstseinsstudien (ECBS), Heidelberg (Deutschland) vom 22. bis 25. Februar 1996

Gregory Bateson

den USA. Er hat den Begriff *Information* klar und allgemein in kybernetischer Hinsicht definiert: *Information ist irgendein Unterschied*, der bei späteren Ereignissen einen Unt*erschied ausmacht.*[15]

Information kann also zum Beispiel eine Erkenntnis sein, die zur Veränderung der bisherigen Wissenslage führt und zu einer neuen Sicht, die zu einem entsprechend angepassten Verhalten führen kann, das anders ist als bisher.

Wer eben erst gelernt hat, dass es aus Sicherheitsgründen verboten ist, eine Kreuzung bei roter Ampel zu überqueren, weil das für einen Teil des Verkehrs die Freifahrt durch eine grüne Ampel bedeutet, wird sich hüten, bei diesem Ampelsignal einen Kreuzungsmittelpunkt anzusteuern. Dieses Signal ist für diesen Menschen dann Information. Vielleicht überquert eine Kreuzung aber jemand doch bei roter Ampel, obwohl er weiß, dass und warum das verboten ist. Er verändert sein Verhalten also wider besseres Wissen nicht. Es passiert kein Unfall, das Vergehen des Verkehrsteilnehmers wird aber angezeigt. Dann verändert sich die Lage für ihn auf andere Weise, er bekommt eine Strafe, die er bezahlen muss. Er muss Geld ausgeben, das er für andere Zwecke dann nicht mehr einsetzen kann. Es kann aber auch sein, dass man eine rote Ampel übersieht und eine Kreuzung deshalb überquert. Dann war sie für diesen Menschen weder Signal noch Information.

Information kann aber auch ein Signal innerhalb einer Maschine sein, die dazu führt, dass sich die Maschine oder der Mensch, der sie bedient, anders als bisher verhält.

Welche Informationen sind relevant?

Diese Frage kann man nur sinnvoll beantworten, wenn man fragt, für welchen Zweck welche Informationen relevant sein sollen. Wenn man von Stafford Beer ausgeht, dann haben in einem generellen Sinn diejenigen Informationen die höchste Relevanz, die dem Erreichen und Bewahren der Lebensfähigkeit eines Systems dienen.

Das leider zu seiner Lebenszeit viel zu wenig beachtete Multigenie wurde 1926 in London geboren und lebte in England und Kanada. Der Kosmopolit wirkte vor allem überall dort, wo es komplexe Managementprobleme zu lösen gab. Stafford Beer ist der Begründer der Management-Kybernetik. Er beschrieb unter anderem sinngemäß, dass jedes System nur so gut gemanagt werden kann, so viel Information es über sich selbst (!) hat.[16] Die relevanteste Information

15 Bateson, G., Die Ökologie des Geistes, Suhrkamp Taschenbuch Wissenschaft, Frankfurt/Main, 1985, S. 488

16 Malik, F., Systemisches Management, Evolution, Selbstorganisation, Verlag Haupt, Bern, Stuttgart, Wien, 1. Aufl. 1993, 3. Aufl. 2003; S. 366, bzw. Beer, S., Decision and Control, London 1966, Wiederauflage bei Wiley & Sons, Chichester, 1995

aus der Umgebung hilft demgemäß auch dem einzelnen Menschen weit weniger, erfolgreich zu sein, als die Information über die Zustände, Ereignisse und Ressourcen innerhalb seiner eigenen Haut. Selbiges gilt aber auch für den Erfolg ganzer Organisationen oder die Funktionstüchtigkeit einer Maschine. Die Information, die solchen Systemen über die inneren Umstände zur Verfügung steht, ist wichtiger für ein stabiles Funktionieren als die Information über die Umwelt. Allerdings spricht man erst dann von Lebensfähigkeit, wenn diese unabhängig von fremder Hilfe gegeben ist, wenn jemand oder etwas sich laufend an seine sich stetig verändernde Umgebung anpassen, dabei seine Identität bewahren, Erfahrungen aufnehmen und verwerten, lernen und sich weiterentwickeln kann.[17] Die Umwelt darf also aus diesem Grund nicht ignoriert werden.

Stafford Beer

Stafford Beer verdanken wir das *Modell lebensfähiger Systeme* oder *Viable System Model*.[18]Mit diesem beschreibt Beer die gemeinsamen Lenkungs- und Regulierungsfunktionen jedes lebensfähigen Wesens, jeder lebensfähigen bzw. effektiven Unternehmung, Organisation oder Institution. Diese Funktionen basieren auf Information. Relevant für die Lebensfähigkeit von etwas oder jemand sind dabei

1. Informationen über das, was das System gerade tut.
2. Informationen, die zur effektiven Koordination notwendig sind.
3. Informationen, die helfen, das, was in der Gegenwart getan wird, zu optimieren.
4. Informationen über die Beziehungen zur Umwelt, die notwendige Anpassung und zukunftsorientierte Entwicklung.
5. Informationen über die Identität und Normen des Systems.

Stafford Beer konfiguriert damit ein Modell, in der sich in jeder Einheit eines Systems, die selbst

17 Malik, F., Die Strategie des Managements komplexer Systeme, 6. Auflage, Verlag Haupt, Bern, Stuttgart, Wien 2000, S. 80.

18 Die übersichtlichste Publikation von Beer dazu ist das vielfach aufgelegte Buch, Beer, S., Diagnosing the System, Wiley & Sons, Chichester, 1998; eine sinngemäße und ausführliche deutschsprachige Interpretation findet sich in: Malik, F., Die Strategie des Managements komplexer Systeme (siehe Anmerkung 15).

selbstständig lebensfähig sein muss, dieselbe Struktur wiederholt, die für das gesamte System erforderlich ist. Das Modell der lebensfähigen Organisation ergibt damit ein fraktales Muster, wie wir es etwa von Schneeflocken oder vom Blumenkohl kennen. Das Muster des Gesamten und die Muster seiner Teile sind identisch. Kurz gesagt ist auf oberster Ebene die Lebensfähigkeit einer von Menschen gebildeten Organisation auf einer tiefer liegenden Ebene von der Lebensfähigkeit der in ihr verbundenen Menschen abhängig und von den Untereinheiten, die sie in kleineren Gruppen bilden. Die Lebensfähigkeit selbst wiederum ist abhängig von der Information, mit der Menschen agieren und reagieren.

Welche Bedeutung hat Information in unserer Welt?

Die zentrale Erkenntnis darüber, welche Rolle Information in unserer Welt tatsächlich spielt, verdanken wir Norbert Wiener.

Der geniale Mathematiker war Vorreiter und Mitbegründer der Kybernetik. Er wurde 1894 in den USA geboren und starb 1964. Man schrieb das Jahr 1948, als Norbert Wiener aufzeigte, dass man nicht darum herumkommt, Information neben Materie und Energie als dritte Grundgröße der Natur zu betrachten.

Information is information, not matter or energy. No materialism which does not admit this can survive at the present day. [19]

Information ist Information, nicht Materie oder Energie. Kein Vertreter des Materialismus, der das nicht zugibt, kann den heutigen Tag überleben...

Resümee

Die Ursache der Komplexitätsfalle ist ein Mangel an relevanter Information. In diesem Problem liegt bereits die Lösung. In Anbetracht der ernsten Gefahren dieser Falle sind wir herausgefor-

Norbert Wiener

19 Wiener, N., Cybernetics or Control and Communication in the Animal and the Machine, The MIT Press, Cambridge, Massachusetts, 1948, S. 132

dert, besser denn je Information zu schaffen und aufzunehmen.

Werden es künftig noch Sportübertragungen sein, die die Straßen leer fegen? Werden in den Fernsehsendungen der Zukunft wieder viel mehr didaktisch wertvolle und inhaltlich hilfreiche Informationssendungen laufen? Werden wir wie zu seinen Anfangszeiten vom Fernsehen lernen, während wir zu Abend essen oder unsere Hemden bügeln? Werden wir künftig wieder täglich die besten Köpfe des Landes auf unseren Bildschirmen sehen statt den kleinen Mann auf der Straße in einer der unzähligen Talkshows, der zum tausendsten Mal das Thema „Sie hat mich verlassen" aufgreift, oder die Frau von nebenan, die auftritt und als tausendste sagt: „Ja, ich habe mir meine Brüste vergrößern und das Fett meiner Oberschenkel absaugen lassen"? Werden Wissenschaftsredaktionen wie die unsere endlich wieder aus ihrem Schattendasein hervortreten und künftig eine Hauptrolle im Fernsehen spielen?

Wir warten auf die Ergebnisse des Untersuchungsverfahrens. Zu welchem Urteil wird man über die Komplexitätsfalle kommen? Welche Konsequenzen wird es für unseren künftigen Lifestyle haben? Wir werden „Im Scharfblick" darüber berichten und wünschen Ihnen für heute noch einen angenehmen Fernsehabend mit uns als Ihrem hiesigen öffentlich-rechtlichen Fernsehsender. Guten Abend.

Die GEMeinsame

Die Tageszeitung für Mann und Frau

Woche 30, Montag, Abendausgabe

Wirksame Selbsthilfe

Lebenshilfe._ Die vom Innen- und Justizministerium angestrebte Bewusstseinsbildung über die Probleme der Komplexitätsfalle zeigt bereits deutliche Wirkung. In unserer Redaktion stehen Körbe mit Hunderttausenden Leserbriefen. Die häufigste Frage: Was hilft gegenüber Opfern der Komplexitätsfalle? Wir haben den bekannten Kybernetiker EdR Achim Sozal gebeten, unseren Lesern diese Frage ausführlich zu beantworten. Seitens der Chefredaktion wurde unsere Rubrik Lebenshilfe, die üblicherweise nur vier Spalten lang ist, ausnahmsweise verdoppelt. Erneut ein wichtiger gesellschaftspolitischer Beitrag von der GEMeinsamen.

Als einer der schwierigsten Umstände im Umgang mit Overload-Opfern erscheint vielen unserer Leser, dass diese hartnäckig auf ihrer falschen Sicht beharren.
Es wäre nicht das größte Problem, wenn man berücksichtigt, dass die Opfer beim besten Willen einfach nicht anders können.

Sie meinen, man schafft erst damit große Probleme, dass man versucht, Overload-Opfer von einer günstigeren oder zutreffenden Sicht zu überzeugen?
Ja, denn damit bringt man sie und sich selbst immer mehr unter Overload, Druck und Anspannung, und das verschärft die Lage immer mehr.

Das Problem der Opfer: Overload-Hirn

Warum müssen Overload-Opfer so hartnäckig bei ihrer falschen Sicht bleiben?

Das liegt an den typischen Aktivitäten des Nervensystems. Im Zustand der Komplexitätsfalle können die Opfer immer schlechter Information aufnehmen und verarbeiten. Die Ursache ist biologisch. Man kann ihr daher nicht mit Argumenten begegnen.

Erklären Sie das bitte genauer.

Wir wissen seit langem, dass bestimmte körperliche Veränderungen zu veränderter Wahrnehmung und nicht gerade alltäglichen Bewusstseinszuständen führen. Denken Sie nur an die Alzheimerkrankheit oder einfach nur an verkalkte ältere Menschen, wie wir das umgangssprachlich nennen, an Halluzinationen bei hohem Fieber, an das alkoholische Delirium oder an Rauschzustände: Menschen, die an solchen Zuständen leiden, nehmen Dinge wahr, die sonst niemand wahrnehmen kann. Für die Kranken sind sie real. Es hat keinen Sinn, sie ihnen auszureden. Man muss sich mit ihren Wahrnehmungen arrangieren.

Bedeutet das gegenüber Opfern der Komplexitätsfalle, sich zu sagen, dass man Geistesgestörte vor sich hat, die man nicht ernst nehmen sollte?

Davon rate ich ab, obwohl es nahe liegend erscheint, so zu denken. Unter *Geistesstörung* verstehen wir *Geisteskrankheiten*. Overload-Opfer sind aber nicht geisteskrank! Ihr Geist arbeitet nur deshalb gestört, weil ihr Gehirn aus unterschiedlichen Gründen überfordert ist, eine Situation richtig zu erkennen und zu verstehen. Sie leiden aus unterschiedlichen Gründen unter einem Mangel an relevanter Information. Sie leiden also nicht an einer Geisteskrankheit, sondern sozusagen an einem *Geistesmangel*. Diesen kann nicht der Psychiater heilen, sondern nur das Opfer selbst, indem es die fehlende Orientierung und Information aufholt. Dazu muss es sich entspannen, sonst kann sein Gehirn Nachrichten und Signale nicht richtig aufnehmen, nicht lernen und nichts mehr verarbeiten.

Wäre es dann ratsam, der Sicht der Opfer einfach zuzustimmen, damit wieder Ruhe einkehrt?

Das ist natürlich der erste Gedanke, auf den man kommt. Aber er hat zwei Haken.

1. Man ist ja meistens mit ungerechtfertigen und oft auch recht argen Vorwürfen gegen sich selbst oder andere konfrontiert, die bis zur bedenklichen Rufschädigung gehen. Stimmt man den Opfern um des lieben Friedens willen zu, würde man sich und andere, die von diesen unhaltbaren Vorwürfen betroffen sind, in eine fatale Lage bringen. Man würde sich an ihnen regelrecht mitschuldig machen.
2. Das Overload-Opfer leidet ja unter Informationsmangel und bald auch unter Orientierungsverlust. Es kennt die relevanten Zusammenhänge nicht und stellt immer mehr falsche her. Stimmt man seiner falschen Sicht der Ruhe halber zu, treibt man damit das Opfer noch tiefer in seinen Informationsmangel und Orientierungsverlust hinein. Man fördert dann seine Illusion, die Dinge klar zu sehen. Damit drückt man das Opfer tiefer in die Falle.

Wäre es dann besser, sich mit Opfern nur noch auf oberflächliche Gespräche einzulassen?

Wenn das möglich ist, wäre es sicher in vielen

Fällen gut, weil das Opfer dann nicht mit einer Reizflut belastet wird, die es nicht mehr verarbeiten kann, sich aber dennoch sozial integriert fühlt. Aber ich glaube, dass diese Lösung nur in Beziehungen angebracht ist, die an sich weder für die eine noch die andere Seite besonders wichtig sind – sagen wir, unter Leuten, die einander kennen, aber nicht brauchen. Die können einander nett *Guten Tag* sagen, ein paar Worte über das Wetter wechseln und wieder ihrer Wege ziehen.

In Beziehungen, die für eine oder beide Seiten sehr wichtig sind, bringt oberflächliche Kommunikation die Gefahr mit sich, dass auch die Beziehung dadurch abflacht. Denn das bewirkt zuerst Distanz und mit der Zeit Spaltung und Trennung.

Für das Overload-Opfer bedeutet das zusätzlich, von relevanten Informationen abgeschnitten zu werden. So kann es niemals erfahren, dass ihm wichtige Informationen fehlen.

Exakt. Außerdem müssen wir immer bedenken, dass die Opfer mit entsprechender Entspannung sofort wieder aufnahmefähig werden. Sie sind eben nicht geistesgestört, sondern unter normalen Umständen mehr oder weniger lernfähig.

Also wäre es eigentlich besser, die Overload-Opfer zu beruhigen?

Das kommt darauf an, wie man das macht. Was stellen Sie sich darunter vor?

Na ja, in dem man zum Beispiel beschwichtigt und nett zum Opfer ist.

Beschwichtigung würde dem Opfer signalisieren, dass es keine Probleme gibt. Bestimmte Formen der Beschwichtigung sind dabei besonders gefährlich: die Schönfärberei und die Schöntuerei. Auch das treibt das Opfer nur noch mehr in seinen Realitätsverlust und in seine Isolation. Man macht sich dadurch mitschuldig.

Dann ist es also auch falsch, den Opfern nur noch das zu sagen, was sie hören wollen?

Richtig. Hier gilt dasselbe. Das ist zwar vor allem im Arbeitsleben eine beliebte Strategie. Aber auch das treibt das Opfer tiefer in die Falle und

Der Gesellschaftskybernetiker erklärt, was man beachten muss, um mit Overload-Opfern richtig umzugehen.

reißt die Leute, die mit ihm das Märchen „Des Kaisers neue Kleider" spielen, mit!

Man gefährdet sich damit auch selbst, denn schließlich muss man ja dann den Überblick über seine Lügen bewahren! Wenn man dann irgendwann einmal nicht mehr weiß, welche Unwahrheiten man wem gegenüber ausgesprochen hat, wird es kritisch. So kann man auch das eigene Hirn unter Overload setzen und die Aufnahme relevanter Information unterdrücken.

Außerdem: Wenn man zu oft nicht das sagt, was man wirklich denkt, beginnt man mit der Zeit tatsächlich zu denken und glauben, was man sagt …

All diese Strategien führen also nur zu immer kurzfristiger wirksamen Scheinlösungen, aber niemals zur nachhaltigen Auflösung des Problems?

Ja, sie sind das, was man *Verschlimmbesserungen* nennt.

Was würde passieren, wenn man diese Strategien zum Beispiel am Arbeitsplatz fährt?

Egal ob es sich bei den Opfern um Kollegen oder Vorgesetzte handelt: Die meisten kommen aus ihrem Realitätsverlust früher oder später wieder heraus. Dann beginnen sie, sich nachträglich zu orientieren, weil sie selbst verstehen wollen, was eigentlich passiert ist. Und dann finden sie heraus, wer es wirklich gut mit ihnen gemeint hat und wer nicht. Dementsprechend werden sie diesen Menschen künftig *vertrauen.*

Wie muss man sich das vorstellen, wenn Opfer aus der Falle befreit sind?

Es kann nur Stunden und Tage, aber auch Wochen oder Monate oder gar Jahre dauern, bis Overload-Opfer aus der Falle wieder freikommen. Dann kommen viele von ihnen mit ungefähr folgender Botschaft auf einen zu, vorausgesetzt, man war in ihrem Dilemma aufrichtig zu ihnen: „Wissen Sie, damals habe ich Sie gehasst für das, was Sie gesagt und getan haben. Aber heute verstehe ich, warum Sie das getan haben, und heute bin ich Ihnen dankbar dafür."

Overload-Opfer brauchen viel Verständnis. Aber es wäre falsch, ihnen nach dem Mund zu reden.

Ist das immer so?

Nein, leider nur im besten Fall. Für viele Overload-Opfer ist die Konsequenz ihrer Überladung,

Überforderung und Überspanntheit, dass sie in ein einfacheres Umfeld wechseln müssen, in dem sie weniger gefordert sind. Oft ist es aber auch so, dass die Opfer von den besten Leuten verlassen werden. Dann befinden sie sich unter Gleichgesinnten und überleben mit ihnen ihre Illusionen mehr oder weniger lange.

Lassen Sie sich nicht in die Falle mitziehen. Bleiben Sie gelassen und besonnen, auch wenn Sie sich wundern oder ärgern.

Kann man das beschleunigen, dass die Overload-Opfer das wahre Problem durchschauen?

Ja, das kann man.

Wie macht man das?

1. Man muss den Opfern wohl gesonnen bleiben. Das heißt, eine Haltung ihnen gegenüber finden, die keine Aggressivität vermittelt.
2. Man muss sich immer vor Augen halten, dass die herrschenden Meinungsunterschiede auf einem Mangel an relevanter Information des Opfers beruhen.
3. Es muss einem klar sein, dass man erst dann mit dem Opfer wieder vernünftig reden kann, wenn es ausreichend entspannt und aufnahmefähig ist.
4. Letztlich ist es entscheidend, dem Opfer in entgegenkommender Weise zu signalisieren, dass es ein Problem gibt, das gelöst werden muss. Man darf ihm niemals den Eindruck verschaffen, dass alles in Ordnung sei.

Wenn man diese vier Punkte konsequent beachtet, lassen sich daraus für jede individuelle Situation hilfreiche Lösungen ableiten.

Wie geht man da genau vor?

Man wird überlegen: Wie kann ich dem Opfer in ethisch und für es selbst akzeptabler Weise helfen, sich ausreichend zu entspannen und zu informieren, damit es erkennt, welches Problem wir haben? Ich kann hier nur Beispiele nennen. Wenn es um hartnäckige Meinungsverschiedenheiten geht, sagt man zum Beispiel am besten sinngemäß folgendes: „Herr oder Frau X, ich schlage vor, wir gehen beide unabhängig voneinander dem Problem noch einmal sorgfältig auf den Grund, bevor wir weiterdiskutieren. Nehmen Sie sich gerne die nötige Zeit und Ruhe dafür. Dann reden wir sicher vernünftig weiter." Auf diese Weise können vor allem in den frühen Stadien viele Konflikte vermieden oder abgeschwächt werden.

Warum sagen Sie, dass sich beide Zeit nehmen sollen, um noch mal nachzudenken?

Das hat einen wichtigen Grund: Man sollte sich immer auch selbst prüfen, ob man alles weiß, was man wissen muss, damit man die Dinge klar sieht.

Wenn man Glück hat, kommt das Overload-Opfer tatsächlich zur Ruhe und Besinnung.

Ja, aber Sie haben Recht. Das wird nicht immer der Fall sein.

Was tut man, wenn man Pech hat?

Wenn man Pech hat, kommen die Overload-Opfer nach einer Nachdenkpause mit den seltsamsten Theorien, Erklärungen und Sichtweisen zurück und wollen diskutieren.

Was tut man dann?

Ich empfehle dann das so genannte *Entlastungsgespräch.*

Was ist das?

Der Kopf des Opfers ist überladen mit vielen irrelevanten Wahrnehmungen, Vermutungen und Theorien. Ein vernünftiges Gespräch ist unter diesen Bedingungen nicht möglich. Aber es entlastet und entspannt das Opfer, wenn es reden – nämlich sich aussprechen – kann. In einem Entlastungsgespräch lädt es die Last in seinem Kopf ab.

Wie führt man ein Entlastungsgespräch?

Man hört dem Opfer einfach nur aufmerksam und innerlich zugewandt zu. Das Opfer muss spüren, dass man aufmerksam ist und es ernst nimmt. Das bedeutet aber nicht, dass man glauben muss, was das Opfer sagt. Man kommentiert und bewertet seine Aussagen nur nicht – weder in Gedanken noch in Aussagen. Man sagt sich einfach: So, jetzt höre ich dem einmal zu.

An Stellen, die dem Opfer besonders wichtig zu sein scheinen oder die unklar geblieben sind, kann man nachfragen und um eine genauere Darstellung bitten. Diese Fragen sollten dabei weder Bewertungen noch Zweifel durchscheinen lassen. Also nicht sagen: „Das kann ich mir aber nicht vorstellen, wie war das wirklich?" Sondern: „Beschreiben Sie mir das bitte genauer, damit ich mir ein klares Bild machen kann."

Was tut man, wenn sich das Opfer ausgesprochen hat?

Es wird dann ein wenig entspannter sein, und es wird ein wenig Zutrauen gewonnen haben. Wenn man sich ihre Schilderungen in Ruhe angehört hat und wenn es um Dinge ging, die einen selbst betreffen und von denen man sicher ist, dass sie falsch sind, vor allem, wenn man sicher ist, nicht selbst in der Komplexitätsfalle zu sitzen, kann man in etwa antworten: „Gut, ich habe mir jetzt aufmerksam angehört, wie Sie die Dinge sehen. Ich weiß nicht, ob ich Sie von einer anderen Sicht überzeugen kann. Aber ich muss Ihnen sagen, dass es mir nicht möglich ist, Ihre Sicht zu teilen. Meine Eindrücke sind anders, und ich habe andere Informationen. Ich schlage vor, wir reden ein andermal in Ruhe weiter."

Was tut man, wenn das Overload-Opfer dann sofort hören will, wie man selber über die Sache denkt und die Gefahr besteht, dass es zu wilden Konflikten kommt?

Dann würde ich gelassen sagen: „Ich werde Ihnen meine Meinung sehr gerne sagen. Allerdings ist es mir wichtig, dass Ihr Kopf dafür auch wirklich frei und aufnahmefähig ist. Im Moment machen Sie auf mich den Eindruck, als wäre Ihre Aufmerksamkeit zu sehr durch andere Dinge gefesselt."

In vielen Fällen funktioniert das, weil Overload-Opfer ja Tausende Dinge um die Ohren haben, die sie unter Kontrolle halten wollen. Viele von ihnen werden sich da verstanden und richtig eingeschätzt sehen.

Und wenn sie darauf beharren, dass man ihnen sofort die eigene Meinung sagt?
Dann würde ich dem Betreffenden nur einen oder zwei wichtige Impulse geben und sagen: „Ich sage Ihnen vorerst mal so viel: a) … und b) … Ich schlage vor, Sie denken darüber in Ruhe nach, und dann reden wir weiter."

Auf diese Weise signalisiert man Bereitschaft, vermeidet aber weiteren Overload beim Opfer und provoziert es nicht.

Es geht also darum, gegenüber Overload-Opfern in eine konstruktive Opposition und Offensive zu gehen?
Ja, genau! Das Opfer braucht einerseits immer wieder das Feedback, dass es nicht richtig liegt, andererseits aber, dass es ernst genommen und akzeptiert wird.

Dazu braucht man aber oft ganz schön viel Nerven!
Ja, das stimmt.

Was kann einem selbst dabei helfen, ruhig und gelassen zu bleiben?
Das Verstehen, was mit dem Opfer los ist. Wenn man versteht, was in der Komplexitätsfalle passiert, wird man vieles nicht persönlich nehmen. Man wird sich aber auch zu schützen wissen.

Entlastungsgespräch: Aufmerksam zuhören, aber sich dabei innerlich abgrenzen. So werden Sie nicht in die Falle mitgerissen.

Im Geschäft

Wöchentliches Wirtschaftsmagazin

Woche 31

Falle gefährdet Wirtschaft!

Human Resources._ Überladung, Überlastung, Überforderung, Überreizung, Überanspannung, Überreaktionen – dafür steht das Wort *Overload*. Die Komplexitätsfalle – von nichts anderem ist in der Wirtschaft die Rede. Jeder weiß, worum es geht. Die mediale Berichterstattung über die Komplexitätsfalle hat das Bewusstsein in der Gesellschaft massiv sensibilisiert und erweitert. Hatten Betriebe früher nur Verluste, weil Mitarbeiter in der Komplexitätsfalle saßen, so haben sie heute noch mehr Verluste, weil alle Mitarbeiter nur noch über die Falle reden und damit wertvolle Arbeitszeit vergeuden. Führungskräfte müssen sich dringend überlegen, wie sie dem Problem nachhaltig begegnen können. Als federführender Experte hat sich der Kybernetiker EdR Achim Sozal hervorgetan. Für die enorme Bewegung in der Gesellschaft ist er gewiss mitverantwortlich. Im Interview ziehen wir ihn zur Verantwortung.

Herr Sozal, war es klug, so massive Aufklärungsarbeit zu leisten? Die Wirtschaft leidet. Die Mitarbeiter arbeiten nicht mehr, sondern reden nur noch von der Komplexitätsfalle.

Da können Sie mal sehen, was Information bewirkt. Was wäre geschehen, wenn wir die Aufklärungsarbeit nicht geleistet hätten? Ich sage Ihnen, was passiert wäre: Die Wirtschaft hätte langfristig gesehen noch mehr verloren, weil sich die Komplexitätsfalle mehr und mehr unerkannt verbreitet hätte und ihre Symptome mehr und mehr falsch eingeschätzt und behandelt worden wären. Der Aufruhr wird sich wieder legen, und die Menschen werden danach mehr wissen. Die damit verbundenen Einbußen sollte die Wirtschaft im eigenen Interesse gerne in Kauf nehmen.

Sie meinen also, die Fehlwahrnehmungen, das Wuchern von Komplexität durch falsche Theorien und Vermutungen, der Orientierungs-, Kontroll- und Realitätsverlust sowie die anderen Probleme in fortgeschrittenen Stadien hätten der Wirtschaft langfristig mehr geschadet?

Dafür lege ich meine Hand ins Feuer.

In einer großen Tageszeitung haben Sie letzte Woche Tipps für den richtigen Umgang mit Overload-Opfern gegeben. Sie waren recht überzeugend, aber auf die Probleme mit Opfern in weit fortgeschrittenen Stadien sind Sie tunlichst nicht eingegangen. Was macht man mit ihnen?
Lassen Sie mich klarstellen, ich bin im Interview mit der GEMeinsamen bewusst auf die häufigeren Probleme mit Opfern in früheren Stadien eingegangen. Denn hier kann man noch gegensteuern. Gegenüber Opfern in späteren Stadien hilft meist nur eines: nicht nur innere Distanz, sondern auch äußere.

Heißt das, wenn es kritisch wird, ist es besser, wo immer möglich, den Kontakt vorübergehend oder ganz abzubrechen?
Das verschafft den Opfern und einem selbst die nötige Ruhe.

Aber am Arbeitsplatz geht das doch nicht!
Führungskräfte sind gut beraten, Mitarbeiter in diesen Stadien ausreichend zu entlasten. Oft stehen gerade bei schwer betroffenen Overload-Opfern viele nicht eingelöste Urlaubstage an. Ein langer Urlaub wäre die beste Lösung – allerdings verbunden mit der Botschaft an das Opfer, diese Zeit zu nutzen, um sich über die entstandenen Probleme klar zu werden.

Was tut man, wenn es keine Urlaubstage mehr gibt …?
Dann würde ich ärztlichen Rat empfehlen. Es wird sich in späteren Stadien so gut wie immer eine behandlungswürdige Diagnose ergeben, die nur im Rahmen eines Krankenstandes erfolgreich behandelt werden kann.

Und wenn nicht …?
… würde ich meine Mitarbeiter in bezahlten Urlaub schicken, weil sie so nicht noch mehr anrichten können, als schon passiert ist, und weil sie schlichtweg Entspannung brauchen. Als Gegenleistung würde ich von ihnen erwarten, dass sie nach dem Urlaub mit mir selbstkritisch und vernünftig über das Problem verhandeln.

Was tut man, wenn es dann keine Einsicht gibt …?
Dann würde ich die Opfer künftig entweder mit einfacheren Aufgaben betrauen, wenn es sich um Mitarbeiter handelt, die ich nur ungern verlieren möchte.

Hat mich ein betroffener Mitarbeiter an sich noch nie überzeugt, würde ich mich aber in diesem Fall von ihm trennen. All das würde ich ihn schon wissen lassen, bevor er seinen bezahlten Urlaub antritt. Ich würde ihm sagen, dass ich ihm den Urlaub dafür bezahle, dass er wieder klar im Kopf wird.

Könnte man die Mitarbeiter nicht einfach mit bestimmten Aufgaben in Klausur schicken?
Hier besteht die Gefahr, die Opfer fortgeschrittener Stadien damit weiter in Isolation und Realitätsverlust zu treiben. Diese wollen ja beweisen, dass sie die Dinge richtig sehen. Sie würden sich noch tiefer in irrelevante Details und falsche Theorien verkrallen.

Eine Qualitätsmanagerin hat einmal Folgendes gesagt: „Wenn ich mir ein neues Problem vornehme, erscheint es mir anfangs wie ein kleines, harmloses Monster. Aber je länger ich es betrachte und je mehr ich mich mit ihm auseinander setze,

umso größer wird es. Dann bekomme ich Angst, dass es mir über den Kopf wächst, und ich frage mich panisch, wie groß es noch werden wird." Ist das ein typisches Symptom für die Komplexitätsfalle?

Ja. Das beschreibt exakt, was das Problem nicht erkannter und bewältigter Komplexität ist.

Sie als Kybernetiker vertreten ja die Auffassung, dass jedes komplexe Problem nur mit mindestens ebenso komplexen Mitteln gelöst werden kann.

Ja. Sie sprechen damit Ashbys *Law of Requisite Variety* an: *In active regulation only variety can destroy variety.*[20] Kurz: Nur Vielfalt kann Vielfalt bewältigen. Ein komplexes Problem braucht zu seiner Lösung ebenso komplexe Mittel.

Ist dann das Entlassen von Overload-Opfern nicht ein bisschen zu einfach oder einfältig?

Was haben Overload-Opfer für ein Problem? Sie können die Vielfalt der Nachrichten ihrer Umgebung nicht mehr verarbeiten, weil ihnen relevante Informationen bzw. nötiges Wissen fehlen. Mit anderen Worten können sie der Vielfalt, die ihnen begegnet, nicht mit ausreichend Vielfalt begegnen. Das führt dazu, dass überflüssige Komplexität produziert wird – zum Beispiel durch falsche Verdächtigungen, Vermutungen, Vorstellungen, Informationsfilter, Entscheidungen, usw. Die dadurch ausgelösten Komplexitätswucherungen überfordern bzw. überlasten in der Folge auch andere Menschen, die mit den Opfern interagieren müssen. Die Falle verbreitet sich unaufhaltsam.

EdR Achim Sozal,
Der Gesellschafts- und Sozialkybernetiker nimmt kein Blatt vor den Mund und mischt damit die Gesellschaft gehörig auf. Steht er auf der Seite der Arbeiter und Angestellten oder auf der der Unternehmer und Führungskräfte? Auch im Interview mit unserem Wirtschaftsmagazin bleibt er stur. Offensichtlich steht er auf der Seite des ganzen Systems oder darüber. Dabei gibt er sich differenziert sozial: „Overload-Hirne sind eine Gefahr für sich selbst und für andere. Wenn man sie nicht entlasten kann, muss man sie entlassen, sonst stehen irgendwann alle auf der Straße …"

20 Ashby, W. R., Einführung in die Kybernetik, Suhrkamp Taschenbuch Wissenschaft, Frankfurt/Main 1974, S. 299

Nun kann sich das Opfer aber durch seinen Overload nicht mehr Vielfalt aneignen, weil es in dieser Verfassung keine relevanten Informationen mehr aufnehmen und verarbeiten kann. Was ist also die logische Konsequenz? Wenn ich die Problemlösungskompetenz des Overload-Opfers nicht erhöhen kann, so muss ich die Schwierigkeit der Probleme, die es lösen soll, reduzieren.

Aha! Deshalb sind Sie dafür, Overload-Opfer in weit fortgeschrittenen Stadien zu entlassen!

Ja, aber nur wenn keiner der anderen Wege funktioniert, die ich vorhin vorgeschlagen habe, um sie zu *entlasten*. Überlegen Sie, was passiert, wenn man das nicht tut. Tut man das nicht, werden irgendwann die besten Leute der Firma gehen, weil es ihnen unmöglich geworden ist, mit Overload-Opfern gut zusammenzuarbeiten.

Dann hat man die besten Leute verloren, und die Überforderten sind noch mehr überfordert, überlastet, überladen und überspannt.

Ja, und mit dem Problem steht man dann als Unternehmer ziemlich allein da. Das kann man dann nur noch lösen, indem man Abstriche bei den gewünschten Ergebnissen macht.

Unternehmer und Führungskräfte müssen sich dann sagen: OK, dann machen wir eben nur noch, was wir mit dem Personal, das wir haben, machen können.

Genau. Und das wird wahrscheinlich nicht besonders viel sein. Die Frage ist, ob ein Unternehmen so wettbewerbs- und lebensfähig bleibt.

Wird die Gewerkschaft nicht protestieren, dass das unsozial ist?

Liebe Gewerkschafter und Betriebsräte! Es ist für alle das geringste Übel, sich von Mitarbeitern zu trennen, die nach einer Reihe wirkungslos gebliebener Maßnahmen, die in der Regel helfen, die Konflikte durch die Komplexitätsfalle zu lösen, hartnäckig bei ihrer falschen Sicht bleiben. Man trennt sich damit nicht nur von ihnen, den Overload-Opfern, sondern man trennt dadurch auch die Firma und vor allem die Overload-Opfer selbst von den Problemen, die ihnen über den Kopf gewachsen sind. So tragisch es ist: Es ist für alle Betroffenen das geringere Übel.

Welche Auflagen würden Sie den Gewerkschaften und Betriebsräten anbieten?

Zuerst einmal wird der Staat eingeladen sein, sich ein kluges Programm für Arbeitslose einfallen zu lassen, die durch ihren Overload ihren Job verloren haben. Die derzeitigen Sozialleistungen sind für sie keine Hilfe. Sie brauchen auch spezielle gesundheitliche und informative Hilfe.

Führungskräften würde ich raten: Wenn ich ein Overload-Opfer im Interesse aller und in seinem eigenen entlassen muss, würde ich ihm erstens anbieten, dass es jederzeit um ehrliches Feedback anfragen kann, warum es für die Firma nicht mehr tragbar war. Ich würde auch dafür sorgen, dass es darüber nicht nur aufrichtig, sondern auch faktenrichtig orientiert wird. Denn nur so kann es aus seinen Fehlern lernen und sich auf seinen neuen Job besser vorbereiten.

Zweitens würde ich grundsätzlich jedem entlassenen Overload-Opfer anbieten, dass es sich nach angemessener Pause und ausreichender Orientierung über die Probleme, die zu seiner Entlassung geführt haben, wieder in meiner eigenen Firma bewerben kann.

Im Bewerbungsgespräch würde man dann sehen, ob das Opfer die Falle verlassen hat und wieder voll leistungsfähig ist.
Genau.

Vielleicht habe ich dann keine freie Stelle?
Vielleicht. Vielleicht findet aber auch der Staat eine Möglichkeit für eine abgesicherte Karenzierung wie im Falle einer Schwangerschaft. Dann müsste ich ihn gar nicht entlassen, er könnte aber lange genug pausieren. Wer würde ein solches Angebot schon ausbeuten, auf Gefahr hin, dass er amtlich bestätigt als überfordert galt? Zumindest aber habe ich in jedem Fall die Möglichkeit, das Opfer moralisch und fachlich zu rehabilitieren und ihm damit eine bessere Reputation für neue Bewerbungen zu verschaffen.

Nach einer ausreichenden Pause und dem Aufholen fehlender Information können sich Opfer bei einem Neubeginn also durchaus wieder bewahren ...?
Durchaus. Aber Opfer, die ihre Falle nicht mehr verlassen, kommen auf das Angebot, sich nach einer Pause wieder zu bewerben, sicher nicht zurück. Sie werden den Ex-Chef hassen, weil sie meinen, dass er ihnen unrecht getan hat. Das mussten Chefs immer schon aushalten.

Mitarbeiter, die das lesen, werden Ihre Empfehlungen angesichts der hohen Arbeitslosigkeit dennoch als brutal empfinden.
Ist es weniger brutal, das Risiko einzugehen, dass ein Overload-Opfer eine Reihe anderer Mitarbeiter mitreißt, die vorhandenen Ressourcen bald nur noch von der Komplexitätsfalle verschlungen werden und die ganze Belegschaft auf der Straße steht? Ich sehe zwischen der Komplexitätsfalle und unserer bedenklich hohen Arbeitslosenrate einen klaren Zusammenhang, der nur mit einer umfassenden Strategie gelöst werden kann.

Was kann man eigentlich vorbeugend gegen die Komplexitätsfalle tun?
Oh, auf diese Frage habe ich gehofft. Denn auch wenn ich sagen muss, dass man Overload-Opfer in fortgeschrittenen Stadien, wenn es nicht mehr anders geht, durch Entlassung entlasten sollte, so sage ich das natürlich nicht gerne. Viel wichtiger ist, es erst gar nicht mehr so weit kommen zu lassen.

Nun, wie kann man vorbeugen?
Das Entscheidende ist, sich darüber klar zu werden, was man braucht, um aus einer komplexen Umwelt sicher und schnell die relevanten Informationen herauszufiltern.

Was hilft dabei?
In erster Linie sind das die richtigen Fragen, Vorstellungen und Theorien über jedes Problem, mit dem man konfrontiert ist. Das erfordert eine entsprechend gute und vor allem aktuelle Allgemein- und Fachausbildung, aber auch klares, kritisches Beobachten und Denken.

Wer schafft es heute noch, etwa dicke Wälzer zu lesen?
Ich weiß, dahinter stehen oft dicke Wälzer. Zu den hilfreichsten Filtern gehören daher übersichtliche Modelle von den relevanten Wirklichkeitsausschnitten, die mit einem bestimmten Problem in Zusammenhang stehen. Solche Modelle hat man in letzter Zeit zum Beispiel häufig bezüglich der Komplexitätsfalle in den Medien gesehen. Sie zeigen auf einen Blick, worum es geht und worauf man achten muss.

Können Sie konkreter werden?
Ja. Ich kann nur jeder Führungskraft raten: Sorgen Sie für entsprechende Fort- und Weiterbildung. Fragen Sie einen versierten Management-Kybernetiker. Der sagt Ihnen nicht nur, was Sie wissen wollen, sondern auch, was Sie wissen müssen. Ich kenne mich nur mit gesellschaftlichen Problemen aus.

Was sagen Sie der Gesellschaft?
Zu den Menschen in unserer Gesellschaft kann ich nur sagen: Jeder sollte sich für das, was er im Kopf hat, selbst verantwortlich sehen. Jeder kann sich nur selbst informieren und bilden. Wer an einer sicheren Zukunft interessiert ist, muss eigeninitiativ lernen.

Was kann unser Gesellschaftssystem leisten, um das zu unterstützen?
Es kann seine Kultur nicht nur pflegen, sondern auch weiterentwickeln. Man kann um Beispiel wieder mehr substanzielles Wissen ins Fernsehen bringen, um die wirksamsten Wissensdefizite in Innerwelten auszugleichen, so wie wir es derzeit machen. Wenn Sendeformate immer nur am Dümmsten und am Unterhaltungswert ausgerichtet werden, wird das zum Teufelskreis. Gehirne, die zu wenig beansprucht werden, verlieren ihre Leistungsfähigkeit genauso wie solche, die überbeansprucht sind. Dass Fernsehfachleute heute sagen, dass die Aufmerksamkeit und Aufnahmefähigkeit der Zuseher seit Jahren tendenziell sinken, ist ein ernstzunehmender Hinweis darauf. Macht Unterschiede, die einen Unterschied machen. Das braucht das Hirn. Man muss auf Vielfalt statt Einfalt setzen.

Was macht ein Gesellschaftskybernetiker?
Der konzentriert sich auf Systemprobleme von Menschen und Gesellschaften, die mit Fragen von Ordnung, Steuerung, Regulierung, Regelungen, Entwicklung, Information und Kommunikation zusammenhängen. Die Management-Kybernetiker sind hingegen die Profis für die Wirtschaft und die öffentliche Hand, für Organisationen, Unternehmen und Institutionen, egal woher die ihr Geld bekommen.

Wir danken für die radikale Stellungnahme.
Sie mag vielleicht radikal erscheinen, aber Sie haben von mir gewiss keine „Wasch mir den Pelz, aber mach mich nicht nass"-Antworten erwartet. Das würde ja nur zeigen, dass ich selber in der Falle sitze.

Jeder ist seines eigenen Glückes Schmied ...
... Sie sagen es, Sie sagen es. Und für jeden ist Glück etwas anderes. Nur im Unglück sind sich die Menschen ziemlich einig. Und die Komplexitätsfalle ist ein Unglück. Sie bereitet Menschen aller Sparten und Schichten, Branchen und Bereiche gleichermaßen viel Kummer. Es ist ein Problem, das wir gemeinsam lösen müssen.

Im Kurs

Das monatliche Magazin für Manager und Führungskräfte

Jahrgang 23, Nummer 5

Arbeitnehmer streiken für nachhaltige Lösungen!

Krisenmanagement._ Der Gesellschaftskybernetiker EdR Achim Sozal hat kürzlich mit dem Wirtschaftsmagazin *Im Geschäft* ein bemerkenswertes Streitgespräch geführt. Es ging um die soziale Angemessenheit seiner Empfehlungen für den Umgang mit Mitarbeitern in späteren Stadien der Komplexitätsfalle. Der Ressourcenverlust ist groß und ergibt sich nicht nur auf Personalebene. Durch die Komplexitätsfalle steigt der gesamte Betriebsaufwand, während die Einnahmen sinken. Sozal verwies zwecks Problemlösung auf versierte Management-Kybernetiker. Wenige Tage nach Erscheinen des Interviews forderten Gewerkschafter und Betriebsratsvorstände aller Branchen und Bereiche im Rahmen eines Kurzstreiks geschlossen und öffentlich von ihren Managern, Sozals Empfehlung sofort aufzugreifen. Gemeint sind nicht die Entlassungen von Overload-Opfern, sondern sämtliche vorbeugenden Maßnahmen! Aber was ist ein Management-Kybernetiker, und wo findet man ihn?

Scheinbar fernab von der Welt, zurückgezogen in einem alten Haus in der Waucha, hinter dem sich ein verwunschener kleiner Weinberg verbirgt, auf dessen Trockenmauern sich Katzen und Smaragdeidechsen sonnen, haben wir ihn entdeckt – einen derzeit viel gesuchten Management-Kybernetiker, wie er den Managern vom schrulligen Kybernetik-Kollegen EdR Achim Sozal so dringend empfohlen wird: Erich Manger.

Wie kann man so zurückgezogen überhaupt managen? Im Dorf haben wir erfahren, dass Sie Ihr Haus nur selten verlassen.

Ja, ja, ich weiß, das beschäftigt meine lieben Wollendürfer. Das ist aber ganz einfach. Wenn man wie ich unter Unternehmen das versteht, was der Vater der *St. Galler Systemorientierten Managementlehre* als Unternehmen oder Organisation definiert hat, nämlich Hans Ulrich, dann haben wir es bei Unternehmen *mit einem umfassenden, im gesellschaftlichen Kontext stehenden Ganzen* zu tun, das als *ein produktives soziales System* zu verstehen ist. Ich muss mich also mit der Gesellschaft mindestens so genau intensiv beschäftigen wie mit den Unternehmen. Wenn ich wissen will, wie Politik und Management wirken, muss ich unter den Menschen leben, die regiert und geführt werden. In einem Penthouse in der Großstadt, im exklusiven Club oder im Haubenrestaurant erfahre ich das nicht.

Unternehmen und andere Organisationen sind somit eindeutig komplexe Systeme. Muss man über komplexe Systeme etwas Besonderes wissen?

Gewiss. Vor allem, dass sie ziemlich anders funktionieren, als die meisten Manager glauben. Es ist wichtig zu wissen, wie man komplexe Systeme gestalten und behandeln muss, damit sie effektiv, wirtschaftlich und sozial produktiv sind. Das hat immer mit Fragen des Managements zu tun, und diese Fragen haben immer mit Information zu tun. Komplexe Systeme sind ziemlich sensible Dinger. Man reitet besser nicht mehr auf ihnen herum als unbedingt nötig und schon gar nicht kopflos.

Was brauche ich also als Manager? Information, Information, Information – und zwar die relevante und die richtige. Ich bin hier in meinem Haus entsprechend verkabelt, um an die Informationen zu kommen, die ich brauche. Und ich habe meine Methoden, an die Informationen zu kommen, die ich wirklich brauche. Das ist ziemlich viel Information, die ich aus noch mehr Mist, der als Information missverstanden wird, herausfiltern muss. Dazu ist es gut, ungestört und konzentriert arbeiten zu können. Das geht hier in der Waucha ganz wunderbar. Mein Hirn ist mir für die Ruhe hier sehr dankbar und liefert mir daher schnell und klar, was ich brauche.

Was versteht ein Management-Kybernetiker unter Management?

Management, sagt der Begründer der Management-Kybernetik, Stafford Beer, *ist der Beruf des Steuerns und Regulierens* – im Originaltext *the profession of control* –, während die Kybernetik die Wissenschaft des Steuerns, Regulierens und Kommunizierens im Lebewesen und in der Maschine ist.[19]

Ihr Kollege Sozal hat den Managern Modelle empfohlen, damit sie nicht dicke Wälzer studieren müssen. Gibt es für das Management bereits solche Modelle?

Da kann ich Ihnen helfen. Die federführenden Pioniere, die bereits vor Jahrzehnten erkannt haben, dass wir uns überlegen müssen, wie man mit Komplexität im Management am besten umgeht, waren vor allem Stafford Beer, Hans Ulrich, Walter Krieg, Peter Gomez, Fredmund Malik, Gilbert J. Probst und Markus Schwaninger. Außer Stafford Beer, über den man ja kürzlich im Fernsehen berichtet hat, sind das alles Professoren, die von der Universität St. Gallen stammen. Hans Ulrich war der Lehrer der anderen, alle haben sich an Stafford Beer orientiert. Diese Leute haben schon vor mehr als 30 Jahren solche Modelle geschaffen. Die Elite unter den Führungskräften orientiert sich längst an ihnen.

Können Sie Beispiele nennen?

Am bekanntesten ist das *St. Galler Management-Modell* von Hans Ulrich und Walter Krieg. Es

19 Beer, S. Brain Of The Firm, London, 1972, Wiederauflage bei Wiley & Sons, Chichester, 1992, S. 17

verschafft einen Überblick die Frage, worauf sich Management beziehen, was es berücksichtigen und wo es ansetzen muss. Das ist sozusagen der Bauplan für generell notwendiges Management. Fredmund Malik beschäftigt sich schon seit über 30 Jahren damit, dieses Modell, das Ulrich und Krieg ein *Leerstellengerüst für Sinnvolles* nannten, mit den richtigen Inhalten zu füllen. Er bastelt an einem General Management System und ist damit ziemlich weit fortgeschritten.

Etwas weniger bekannt, dafür mindestens so wichtig ist das *Modell lebensfähiger Systeme* von Stafford Beer – das *Viable System Model*. Es zeigt auf, welche Kommunikationsstrukturen und Lenkungsfunktionen in jeder Art von Unternehmen, Organisation und Institution notwendig sind. Das ist sozusagen der Bauplan für den langfristigen Erfolg.

Diese Modelle sind alle systemorientiert und basieren auf den Grundlagen der Kybernetik. Was ist der wichtigste Unterschied dieser Modelle zu allen anderen Managementtheorien?

Sie konzentrieren sich nicht nur auf einen Aspekt im Management, sondern beachten immer alle Aspekte zusammen und gleichzeitig. *Ganzheitlich* oder *systemisch* sind die bekannten Schlagworte dafür. Auf gut Deutsch schaut angewandte Management-Kybernetik auf die tatsächlich wirkende Wirklichkeit und nicht nur auf einen oder wenige Aspekte, die sich theoretisch leicht und sympathisch abhandeln lassen. In der Praxis ist ein Problem in der Regel mit allen anderen verbunden. Deshalb funktioniert es nicht, wenn man sich nur auf wenige Aspekte stürzt. Auf diese Weise löst man vielleicht ein Problem auf, dafür aber viele andere aus oder verschärft sie dadurch.

Ganzheitliches, systemisches oder systemorientiertes Management strebt nachhaltige Lösungen an und das mit Erfolg, weil es weiß, wie komplexe Systeme ticken.

Erich Manger.
Der Management-Kybernetiker setzt auf Information. Ruhe und Konzentration stehen bei ihm über allem anderen.

Warum ist die Kybernetik im Management so wichtig?

Warum ist die Medizin im Krankenhaus wichtig? Was hat die Rechtswissenschaft in den Gerichtssälen verloren? Die Kybernetik ist die notwendige, solide wissenschaftliche Grundlage für Management. Ein Beer, ein Ulrich und ihre

Schüler haben sich nicht gesagt: So, jetzt bringen wir auch eine neue Management-Sache auf, so wie das viele andere tun und damit eine Menge Aufmerksamkeit erregen. Sie haben sich gesagt: Management ist eine dermaßen wichtige Sache, dass sie ebenso wie jeder andere verantwortungsvolle Beruf eine tragfähige wissenschaftliche Basis braucht. Soviel ich weiß, war ihnen allen klar, dass sie sich damit nicht für den einfachen Weg und den schnellen, sondern den nachhaltigen Erfolg entschieden haben. Denn das allgemeine Bewusstsein für diese Tatsache ist gerade einmal erst im Entstehen.

Ist es nicht ein bisschen vollmundig, von einer Managementtheorie zu sprechen, die auf alle Branchen und Bereiche übertragen werden kann?

Lassen Sie mich sinngemäß mit dem Vater des Gedankens antworten, nämlich mit Stafford Beer: Die Kybernetik ist wie ein Skelett. Zugegeben, solange Menschen leben, sieht man es nicht. Aber es ist da und hilft uns, uns durch die Welt zu bewegen. Und es hat eine Struktur, die bei jedem Menschen gleich gebaut ist – kleiner oder größer, dicker oder dünner, aber es hat immer die gleiche Gestalt. Was das Skelett umgibt, sieht aber bei jedem Menschen anders aus. Es unterscheidet sich zum Beispiel durch die Körpermasse und ihre Verteilung, Haut und Haar. Vor allem aber unterscheiden sich die Menschen durch ihre Geschichte, ihr Wissen, ihre Interessen, Fertigkeiten und Fähigkeiten. Darin ist jeder einzigartig und all das basiert auf Information – von den Genen bis zu dem, was jemand zu sagen hat.

Vergleicht man nun die Knochen des menschlichen Skeletts mit der Kybernetik, dann sind die von ihr beschriebenen naturgegebenen Gesetzmäßigkeiten der Ordnung, des Steuerns, Regulierens und der Informationsübertragung das unsichtbare Skelett jeder Organisation. Sie funktionieren im Grunde genau wie Skelette immer gleich, auch wenn das, womit sie eingekleidet sind, von Fall zu Fall ganz anders aussieht und gar nichts gemeinsam zu haben scheint.

Management braucht man, um Komplexität – Vielfalt und Vielschichtigkeit – richtig gestalten, nutzen und bewältigen zu können. Die angewandte Kybernetik im Management ist sozusagen der Röntgenblick des Managers, mit dem er das Unsichtbare hinter dem Sichtbaren durchschauen kann.

Ein Grundwissen für alle Probleme – egal wo sie vorkommen?

Das ist doch was, oder? Denken Sie an die Probleme in der Komplexitätsfalle: Ich kann Ihnen versichern, es ist eine ungeheure Hilfe, wenn alle Leute, die mit Management zu tun haben, weil sie Verantwortung für Organisationen tragen oder weil sie von solchen Leuten geführt werden, eine gemeinsame Grundlage haben, die ihnen hilft, sich auf das Wesentliche zu konzentrieren, die richtigen Fragen zu stellen und die relevanten Informationen zu generieren.

Sie meinen, besser kann man sich vor Orientierungs-, Ziel- und Realitätsverlust gar nicht schützen?

Derzeit zumindest haben wir nichts Besseres, um das Problem der Komplexität zu verstehen und richtig zu behandeln.

Gibt es viele Management-Kybernetiker?

Also, es gibt wesentlich mehr, die sich so bezeichnen, weil das jetzt modern geworden ist. Die beherrschen dann aber nur die Kunst, die

Webseiten der Pioniere abzuholzen und deren Bäumchen in ihrem eigenen Garten zu pflanzen. Kratzt man bei denen ein bisschen am Lack, ist die Luft schnell raus. Noch mehr Leute kleben sich das Etikett *Systemische Manager* an, und hier gilt für viele dasselbe. Die Herren, die ihre Hausaufgaben bei Hans Ulrich an der Universität St. Gallen gemacht haben und mit vielen Autoren von Primärliteratur Konferenzen und Dispute abgehalten haben, leben zu einem guten Teil noch, und die kann ich Ihnen wärmstens empfehlen, sollten Sie mir nicht vertrauen. Hans Ulrich und Stafford Beer sind aber leider nicht mehr unter uns.

Wie unterscheidet man die Profis von den Blendern?

Ganz einfach: am Gelingen. Die Leute reden ja immer nur von Erfolg, aber man kann mit Blödsinn vor Blöden viel leichter erfolgreich sein als mit Klugem. Da genügt es, wenn man Eindruck schinden kann. Aber überzeugender Erfolg setzt voraus, dass ein Vorhaben auch gelingt. Ich würde also weniger darauf achten, was Management-Kybernetiker sagen, als darauf, wie sie managen. Denn kluge Menschen können auch aus dem Dümmsten noch etwas Geistreiches herausinterpretieren. Das Gelingen und Funktionieren spricht aber für sich selbst. Einen anderen Maßstab darf es da nicht geben. Es macht einen ziemlichen Unterschied, ob man von der Management-Kybernetik nur redet oder ob man sie auch anwendet. Besser ist es im Zweifelsfall, gar nichts über sie zu sagen, sie aber konsequent durchzuziehen.

Was ist ein praktisches Beispiel für angewandte Management-Kybernetik?

Na ja, zum Beispiel der Grund, warum Sie jetzt da sind. Wegen dieses Streiks, in dem Arbeiter und Angestellte angewandte Management-Kybernetik fordern. Die haben genau verstanden, wie das geht …

Wie bitte? Aufruhr soll etwas mit Management zu tun haben?

Ja, denn es kommt dann zu Aufruhr an der Basis, wenn das Management nicht funktioniert. Das ist aber nicht der einzige Grund. Der viel wichtigere ist Selbstorganisation – nämlich eine Organisation, in der sich die notwendigen Dinge von selbst organisieren. Die Management-Kybernetik geht davon aus, dass nicht nur die Chefs ihre Mitarbeiter managen müssen, sondern auch die Mitarbeiter ihre Chefs. Wie Sie eingangs schilderten, scheint dergleichen gerade zu laufen, deshalb haben Sie sich zu mir in die Waucha verirrt. Sie wurden von den Gewerkschaften und Betriebsräten mobilisiert, die ihre Chefs mobilisiert haben, weil mein Freund Sozal gesagt hat, dass ihre Chefs einen Management-Kybernetiker brauchen.

Noch mal: Wie bitte?

Ich gebe zu, ich drucke mich absichtlich so kompliziert aus, weil ich weiß, wie beliebt einfache und gut klingende Phrasen sind, auch wenn sie bar jeden Geistes daherkommen. In der Management-Kybernetik haben wir keine hierarchischen und linearen Strukturen vor uns, in denen von oben nach unten gesteuert wird. Das funktioniert nämlich nicht. Mitarbeiter beeinflussen das Geschehen in der Organisation und Umwelt sowie das Befinden ihrer Chefs genauso, wie ihre Chefs sie beeinflussen, und zwar egal, ob die Chefs das wollen oder nicht. Warum, denken Sie, reden die Führungskräfte so viel von der Motivation ihrer Mitarbeiter? Weil die machen, was sie wollen, und das ist nur dann gut, wenn das dasselbe ist, was ihre Chefs wollen. Wenn Chefs nach der Motivation ihrer Mitarbeiter fragen, fragen sie also: Was muss ich bei meinen Mitarbeitern tun, damit die machen, was ich von ihnen will? Nun ist es aber so, dass Chefs mit zunehmend komplexer werdenden Organisationen immer seltener den nötigen Überblick haben. Es geht ihnen, als müssten sie mit verbundenen Augen am heißen Herd kochen. Erst wenn sie sich die Finger verbrennen, merken sie, dass sie danebengegriffen haben.

Wenn Organisationen gut funktionieren sollen, nimmt man den Köchen die Augenbinde ab, damit sie sehen, wo die Töpfe stehen, welche gerade überkochen, und wo sie nicht hingreifen dürfen, weil sie sich die Finger verbrennen würden. Nun werden Sie mich fragen, was die Augenbinde der Chefköche in den Organisationen ist. Das sind ungünstig angelegte Kommunikationsstrukturen, die verhindern, dass die Mitarbeiter ihren Chefs die notwendigen Rückmeldungen und Informationen geben: Chef, der Topf kocht über. Chef, pass auf, da ist es brandheiß. Chef, Achtung, der Fisch brennt an.

Die Mitarbeiter sind dann also unverzichtbare Augen und Ohren ihrer Chefs?
Ja, aber nur dann, wenn sie wissen, worauf sie achten müssen und was relevant ist. Wenn sie das nicht wissen, lenken und regulieren sie zwar trotzdem, nicht selten aber ziemlich verzichtbar. Mitarbeiter führen ihre Chefs ohnehin, immer schon, die Frage ist, ob sie es sinnvoll tun. Die Lenkungs- und Kommunikationsstrukturen sind aus Sicht der Kybernetik nicht hierarchisch, sondern heterarchisch angelegt: Oben kommuniziert mit Unten und Unten mit Oben, wie jetzt im Rahmen dieses Streiks. Die Strukturen kybernetischer Managementmodelle sind immer geschlossene Kreisläufe, d.h. alle Kreisläufe sind miteinander verbunden, da geht nichts ins Leere, es gibt keinen bestimmten Anfang und kein solches Ende, beides ist immer da, wo man es willkürlich ansetzt. Und manche Dinge fangen nun mal bei den Mitarbeitern an und nicht bei ihren Chefs. Sie entdecken als Erste, ob eine Maschine kaputt ist, die Kunden nicht bezahlen, etc.

Offensichtlich bezieht sich in Ihrem Ansatz Management, wie Sie sagen, nicht nur auf Menschenführung, sondern auf das Gestalten, Lenken, Regulieren und Entwickeln ganzer Institutionen im Umfeld und Zusammenhang mit ihrer dynamischen Gesellschaft, in der sie sich befinden und der sie sich ständig anpassen müssen ...
Ganz ähnlich hat Hans Ulrich das geschrieben. Ja, und damit beginnen wir uns im Kreis zu drehen. Denn weil die Management-Kybernetik alles berücksichtigt, was berücksichtigt werden muss, und nicht nur das, was in einen einzelnen Kopf so hineingeht, ist das sehr komplex. Das braucht sehr viel Information, die man am besten in Modellen abbildet, damit es keine dicken Wälzer in der Fachliteratur und in den Akten braucht.

Können Sie ein Beispiel aus diesem Ansatz nennen, der sehr viel mit der Komplexitätsfalle zu tun hat?
Ja, die so genannte Syntegration®. Diese Methode beugt hartnäckigen Overload-Problemen vor, weil sie in kürzestmöglicher Zeit für ausreichend relevante Information im Umkreis der wichtigsten Schlüsselpersonen sorgt.

Was ist eine Syntegration®?

Das ist ein bis ins letzte Detail kybernetisch organisiertes Kommunikationsverfahren für große Gruppen. Die klassische Form setzt man ein, um viele Personen, die unterschiedlicher Ansichten sind und unterschiedliche Ziele verfolgen, innerhalb kürzester Zeit unter einen Hut zu bringen. Dazu bringt man zum Beispiel etwa 30 Leute für drei Tage in Klausur zusammen, es können aber auch viel mehr sein. Das Organisationsmodell der Methode und die gültigen Regeln sorgen dafür, dass jeder zum richtigen Zeitpunkt das für ihn Relevante tut: dass er hört, was er hören muss, fragt, was er fragen will, und sagt, was er zu sagen hat. Die Methode sorgt dafür, dass jeder exakt das erfährt, was für ihn relevant ist.

Nun zur Komplexitätsfalle: Es kommt bei den Teilnehmern nach etwa zwei Tagen auch zu einem merklichen Overload im Gehirn. Sie meinen dann, nie wieder Durchblick und Übersicht zu bekommen. Am dritten Tag löst sich das aber wie von selbst auf. Plötzlich kommt es zu Durchbrüchen, zu großen Aha-Erlebnissen, zur inneren Überzeugung und zum vollen und echten Konsens.

Es wird also durch einen gezielt provozierten Overload, der sich aber durch die ausgeklügelte Methode rasch löst, einem anhaltenden Overload vorgebeugt, weil ein Mangel an relevanter Information auf diese Weise verhindert wird.

Ja. Stafford Beer, der die Methode entwickelt hat, war ja unter anderem gelernter Neuropsychologe. Der wusste genau, was man Gehirnen wie am besten zumutet und welche Rahmenbedingungen es dafür braucht.

Erich Manger: „Die Grundlagen der Kybernetik verhelfen zum Röntgenblick ins Innere von Systemen." „Das Gelingen in komplexen Umgebungen erfordert zuerst einmal Spezialisierung und damit Multidisziplinarität. Das bewirkt Kommunikationsbarrieren. Diese können wir mit Hilfe der Kybernetik als gemeinsame Grundlage überwinden."

Kaum zu glauben ...

Da kann ich Ihnen jetzt leider gar nicht helfen, sondern Ihnen nur vom ungläubigen Apostel Thomas erzählen. Der wollte nicht glauben, dass Jesus auferstanden ist, er musste zuerst in dessen Kreuzigungswunden greifen. Den meisten Managern geht es wie ihm. Sie sind von der Syntegration® erst überzeugt, wenn sie eine miterlebt haben. Und das, obwohl Stafford Beer genauso aussah wie der liebe Gott oft gemalt wurde ...

Können Sie mir noch ein anderes Beispiel für angewandte Management-Kybernetik aus der Wirtschaft nennen?

Grundsätzlich: Alles, was in Organisationen funktioniert, ist angewandte Management-Kybernetik, ob die das dort nun wissen oder nicht. Die Gewerkschafter und Betriebsräte haben vielleicht gar nicht gewusst, dass sie schon angewandte Management-Kybernetik betreiben, wenn sie ihre Chefs nachdrücklich einladen, etwas Bestimmtes zu unternehmen.

Aber sehen wir uns zum Beispiel die Werbung an. Sie lebt mehr von der sinnlichen und weniger von der gedanklichen Wahrnehmung. Vergleichen wir die Werbung von etwa 1970 mit der heutigen, müssen wir sagen, die Werbung von heute ist vergleichsweise schrill, oder aber sie unterscheidet sich durch hochintelligente Inszenierungen von Unterschieden – also von Information im reinsten Sinne des Wortes.

Was steckt dahinter?

Der Grund dafür sind die physiologischen Bedingungen des menschlichen Nervensystems. Das menschliche Nervensystem ist biologisch auf Information ausgerichtet – auf einen Unterschied, der einen Unterschied ausmacht.

Wie wir in der letzten Zeit oft in den Medien lesen: Die Nerven der Sinnesorgane erfassen nicht die Qualität eines Signals, sondern nur seine Menge und Veränderung. Sie erfahren nur: mehr oder weniger.

Richtig. Und Nerven reagieren auch auf Dauer nicht auf sich wiederholende, gleich bleibende Reize. Sie gewöhnen sich z.B. an Lärm.

Nerven sind auf Unterschiede angewiesen, die einen Unterschied machen: mehr oder weniger, anders als bisher.

Werbung reagiert darauf. Aus diesem Grund wird es in der Werbung niemals dauerhaft gültige Konzepte geben. Im Gegenteil, sobald sich ein Konzept durchgesetzt hat, wird es wirkungslos, muss ein neues Konzept her, weil man sich an das alte gewöhnt hat. Es macht keinen Eindruck mehr. Das ist wie in einer langweilig gewordenen Ehe.

Wie ist es in anderen Managementbereichen?

Mangels der Durchschaubarkeit komplexer Umfelder passiert vielen Menschen und Managern genau das Gegenteil: Aus Angst entsteht zu viel Anpassung, zu viel Gleiches, zu viel von dem, was sie immer schon so gemacht haben. Auch Misserfolge werden, wie Paul Watzlawick schon lange aufzeigt, mit mehr vom Selben bewältigt. Das führt zu einer bedenklichen und unnötigen Reizflut, in die sinnlose Vergeudung von Ressourcen und in die Komplexitätsfalle.

Da fällt mir Dietrich Mateschitz ein, der vielfach bewunderte Erfinder von Red Bull, dem Funktionsgetränk, das sich auch in Innerwelten durchgesetzt hat.

Er ist erstens ein ausgezeichnetes Vorbild dafür, wie man es anders als bisher macht: Er macht sich in den Medien rar, deshalb wollen viele wissen, wie Mateschitz ist. Abgesehen davon befriedigt er ein Bedürfnis unserer Zeit: Er verleiht Flügel. Warum wollen die Menschen Red Bull? Sie suchen geistige Beschleunigung und Stärkung und den dringend benötigten Überblick von oben – den Blick aus der Metaebene.

Und von da oben sieht die Welt aus wie auf einer Landkarte ...

Genau. Und eine Landkarte ist ein Modell von der wirklichen Landschaft – sie gibt verdichtet die notwendige Information und Orientierung.

Damit sind wir also wieder bei der wichtigen Bedeutung von Modellen gelandet.

Ich habe ja gesagt, dass sich in der Management-Kybernetik alles in Kreisläufen abspielt. Das ist also kein Wunder.

Danke für Ihre Ausführungen.

Lücke im Medienspiegel

Anmerkung Overview Medienbeobachtung

Wochen 32–47

An dieser Stelle befindet sich im Medienspiegel eine größere Lücke.

In den Wochen 32 bis 47 konnten insgesamt 1012 Beiträge über die Komplexitätsfalle erfasst werden. Sie machen inhaltlich keinen merklichen Unterschied zu den bis hierher gesammelten, zumal in der Woche 35 gegen das Overload-Hirn Anklage erhoben wurde. Der Prozess fand aus Sicherheitsgründen unter Ausschluss der Öffentlichkeit statt. Der Berichterstattung stand daher nur die bereits bekannte Faktenlage zum Gegenstand der Anklage zur Verfügung.
Die Beiträge aus diesem Zeitraum wurden der Übersicht halber nicht aufgenommen. Es handelt sich dabei um

436 Beiträge aus Tageszeitungen,
148 Beiträge in Monatszeitschriften,
211 Beiträge in Wochenzeitschriften,
73 Beiträge in Fachmagazinen,
21 Kurzbeiträge in TV-Nachrichten,
26 Kurzbeiträge in TV-Infosendungen,
38 Kurzbeiträge in Radionachrichten,
59 Kurzbeiträge in Radio-Infosendungen.

Zusammenfassung

Printmedien, Radio- und TV-Sender griffen das Problem der Komplexitätsfalle in dieser Zeit umfassend und kontinuierlich auf. In intensiver Zusammenarbeit mit den EdR führte dies mit entsprechender Redundanz zu einer wirksamen Aufklärungsarbeit in der Gesellschaft.

Leicht panisch war hingegen die Reaktion alteingesessener Führungskräfte auf den Kurzstreik zwecks der Einführung angewandter Management-Kybernetik. Die Einsicht, dass ihre Mitarbeiter so oder so wesentliche Lenkungsfunktionen ausüben, sorgte hie und da für merklichen Overload und unübersehbare Konflikte mit der Komplexitätsfalle, welche aber aufgrund der umfassenden Aufklärung kaum ernst genommen wurden.

Zeitgemäße Führungskräfte stellten hingegen „hochinteressante" Eigeninitiativen ihrer Mitarbeiter zwecks ihrer eigenen Fort- und Weiterbildung fest. Die Aufklärung über die Komplexitätsfalle habe das Bewusstsein für ihre Eigenverantwortung merklich angeregt. So finde sich neuerdings gute Literatur wie selbstverständlich auf den Schreibtischen.

Über den Gerichtsprozess wurde so gut wie nicht reflektiert. Zurückzuführen ist das auch auf die Betroffenheit der Bevölkerung. Das angeklagte Overload-Hirn stieß auf weniger Interesse als die Fragen zum richtigen Umgang mit der Komplexitätsfalle, um nicht allenfalls selbst vor Gericht zu landen.

Wohl stiftete allerdings eine Reihe von selbsternannten Experten immer wieder Verwirrung. Gerade diese riefen aber die EdR immer wieder auf den Plan, um den Sachverhalt der Komplexitätsfalle richtig zu stellen. Amüsant zu lesen ist der eine oder andere Kommentar über schlecht orientierte Epigonen, denen empfohlen wird, sich doch selbst auf Gefangenschaft in der Komplexitätsfalle testen zu lassen.

Durchgesetzt hat sich das Thema vor allem im Inland, die internationale Berichterstattung verhielt sich relativ sachlich und zurückhaltend. Hier wartet man offensichtlich das Ergebnis des Prozesses ab.

Mehrere inländische Redaktionen wurden für ihre sorgfältige Aufklärungsarbeit mit hohen staatlichen Auszeichnungen geehrt.

Die GEMeinsame

Die Tageszeitung für Mann und Frau

Woche 48, Montag, Abendausgabe

Overload-Hirn vor Höchstgericht

Chronik._ Seit Wochen laufen unter Ausschluss der Öffentlichkeit die Verhandlungen gegen das Overload-Hirn. Wie in letzter Minute vor Redaktionsschluss bekannt wurde, verläuft der Weg durch die Instanzen offensichtlich ungewöhnlich schnell. Seit heute steht das Angeklagte vor dem Höchstgericht. Wie lange es noch dauern wird, bis es zu einem rechtsgültigen Urteil kommt, bleibt offiziell offen. Die meisten Berichterstatter gehen aber davon aus, dass nun sehr rasch ein Urteil gefällt wird.

Der Unterschied

Tageszeitung für pure Information

Woche 48, Donnerstag, Morgenausgabe

Heute letzte Verhandlung?

Gericht._ Seit Wochen läuft mit Riesentempo das Verfahren gegen das angeklagte Overload-Hirn. Gut unterrichtete Quellen rechnen damit, dass es heute zu einem Urteil durch die oberste Instanz kommt. Haben die durch die Komplexitätsfalle hervorgerufenen Probleme strafrechtliche Relevanz? Kommt es zu einem Freispruch? Werden wir künftig im Zusammenhang mit Fehlleistungen, die durch überforderte Gehirne entstehen, nach wie vor von menschlichem Versagen sprechen? Ein Überblick des Chefredakteurs.

Naturkatastrophe?

Die Diskussion bestand von Anfang an: Haben Fehlleistungen durch Overload-Hirne strafrechtliche Relevanz? Oder müssen wir in Zusammenhang mit der Komplexitätsfalle von einer Naturkatastrophe sprechen? Wie sieht es dann mit Schadensersatzfragen aus?
Die Ursachen dieser Falle liegen in der biologischen Bau- und Funktionsweise des Menschen. Daran besteht kein Zweifel. Ihre Folgen können ausgesprochen zerstörerisch sein. Vor allem aber tendieren sie dazu, kaum zu bewältigende Massenphänomene auszulösen. Die Regierung ist darüber ebenso besorgt wie die Bevölkerung. Von einer Naturkatastrophe zu sprechen liegt also nahe.

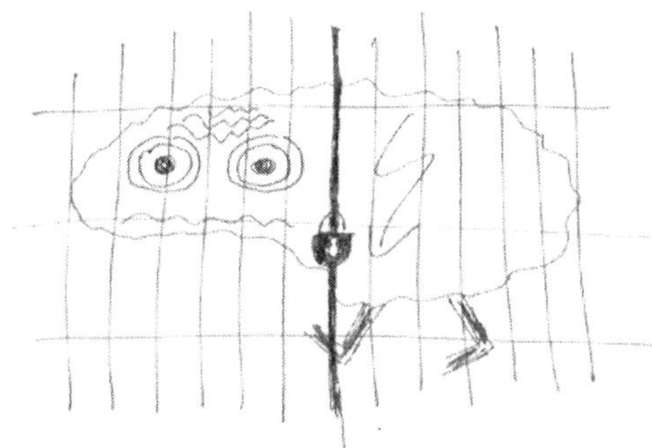

Das Angeklagte. Wie wird man mit dem Overload-Hirn verfahren?

Menschliches Versagen?

Die Probleme durch die Komplexitätsfalle gehen weit über menschliches Versagen, wie wir es bereits kennen, hinaus. Träger von Overload-Hirnen werden zu ihren eigenen Opfern, die andere Gehirne unter Overload setzen und deren Träger wiederum zu Opfern machen. Scheinbar unlösbare Teufelskreise, tragische soziale und ökonomische Dilemmata scheinen unaufhaltbar.

Die Ursache der Komplexitätsfalle liegt in der Natur. Ihre Wirkungen haben aber zum Teil einen Charakter, der zu straf- bzw. schadensrechtlich relevantem Verhalten betroffener Menschen führt: Unbedachte Rufschädigung, fatale Fehlentscheidungen von Führungskräften in der Wirtschaft und öffentlichen Verwaltung, aggressive Übergriffe und arbeitsrechtlich relevante Probleme verlangen im Zusammenhang mit der Komplexitätsfalle neue Richtlinien.

In Anbetracht der Tatsache, dass wir es hier nicht mit einfachen kausalen Zusammenhängen zu tun haben, in denen Ursache und Wirkung klar zu unterscheiden sind, sondern viel mehr die Ursachen zu Wirkungen und diese wiederum zu Ursachen werden, macht die Lösung der entscheidenden Fragen entsprechend schwierig: Wer hat den dramatischen Ressourcenverlust, der durch die Komplexitätsfalle ausgelöst wird, zu verantworten? Wer wird künftig für den entstandenen Schaden haften?

Strafrechtliche Verurteilung?

Der Sachverhalt der Komplexitätsfalle kam, wie zu erwarten, tatsächlich zur Anklage. Ziel war primär weniger eine strafrechtliche Verurteilung, begründete das anfangs zuständige Gericht, sondern eine sorgfältige Abklärung und Verhandlung des komplexen Sachverhalts. Der Fall wanderte ungewöhnlich früh ans Höchstgericht. Wie erwartet, wurde das angeklagte Overload-Hirn zum Präzedenzfall gemacht. Insider rechnen für heute mit einem rechtsgültigen Urteil.

Seit der Verhaftung des Overload-Hirns wurde durch die zuständigen Ministerien in Zusammenarbeit mit den EdR massive Öffentlichkeitsarbeit geleistet. Seit langem bekannte wissenschaftliche Erkenntnisse sorgten nicht selten für Überraschungen. Sie durchdrangen schlagartig die ganze Gesellschaft. Gespannt wartet sie auf das Urteil.

Lücke im Medienspiegel

Anmerkung Overview Medienbeobachtung

Woche 48

In der Woche 48 kam es zu einem überraschenden rechtsgültigen Urteil nach den wochenlangen Verhandlungen zur strafrechtlichen Relevanz von Fehlleistungen in der Gefangenschaft der Komplexitätsfalle.

Zwecks Komprimierung des Informationsgehalts dieses Medienspiegels wurde nur der repräsentativste Beitrag abgeheftet. Es fanden sich zum Urteil des Höchstgerichts in der Woche 48

43 Beiträge aus Tageszeitungen,
24 Beiträge in Wochenzeitschriften,
18 Kurzbeiträge in TV-Nachrichten,
12 Kurzbeiträge in TV-Infosendungen,
75 Kurzbeiträge in Radionachrichten,
16 Kurzbeiträge in Radio-Infosendungen.

Zusammenfassung

Printmedien, Radio- und TV-Sender reagieren mit Schlagzeilen wie:

Überraschendes Urteil!
Frappierende Entscheidung!
Weiser Beschluss!
Damit hat niemand gerechnet!
Verblüffender Ausgang!
Urteil erregt Aufsehen!
Oberstes Gericht sorgt für Furore!

Berichtet wurde nicht nur im Inland, umfassend war auch die internationale Berichterstattung. Unisono sind sich die Redakteure einig, dass das Urteil nicht nur juristisch unanfechtbar, sondern auch gerecht ist.

Ausführlich eingegangen wurde auf gesellschaftspolitische Konsequenzen. In den Medien ist man sich einig, dass die Verantwortung für die nötige Aufklärung nicht nur bei der Politik, sondern auch bei ihnen liegen müsse. So werden zahlreiche neue und ständige Rubriken sowie Foren zum Thema Komplexitätsfalle angekündigt. Große Medien sprechen von neuen Blattlinien und Sendungsprofilen. Nicht zuletzt deshalb, weil der ungewöhnliche Präzedenzfall für hohe Auflagen und Quoten gesorgt hat.

Auch viele Institutionen, Organisationen und Unternehmen wollen mit neuen Einrichtungen strategisch auf das überraschende Urteil reagieren. Sie positionieren sich mit entsprechenden PR-Aktionen.

Der Unterschied

Tageszeitung für pure Information

Woche 48, Freitag, Abendausgabe

Überraschendes Urteil!

Gericht._ Mit Spannung warten wir seit Wochen auf den Ausgang des Verfahrens gegen das angeklagte Overload-Hirn. Wie von vielen Seiten erwartet, kam es heute zu einem rechtsgültigen Urteil durch das Höchstgericht. Nicht gerechnet hat man allerdings mit einem Freispruch. Die Beweislast spreche dafür, dass die Folgen durch die Komplexitätsfalle weder mit menschlichem Versagen noch mit Unzurechnungsfähigkeit ausreichend zu begründen sind. Verurteilt wurde hingegen das Nichtwissen – mit weit reichenden Folgen für die Bürger des Staates Innerwelten!

Angeklagtes freigesprochen!

Niemand hat damit gerechnet. Gerade weil alle anerkannten Beweise aussagen, dass das Phänomen der Komplexitätsfalle samt seinen verheerenden Folgen durch das Overload-Hirn auftritt, das von einem übermäßig aktiven Vegetativen Nervensystem angetrieben wird, erschien ein entsprechendes strafrechtliches Urteil vielen plausibel. Das Höchstgericht begründete sein Urteil wie folgt: Man kann das Overload-Hirn nicht dafür verantwortlich machen, dass es die Komplexitätsfalle legt. Man könne die Natur weder mit Verurteilung noch mit der härtesten Strafe ändern.

Kann Freispruch noch nicht fassen: Das angeklagte Overload-Hirn, das zum Präzedenzfall und entlastet wurde.

Nichtwissen angeklagt und verurteilt!

Unter Ausschluss der Öffentlichkeit kam es indessen schon vor Wochen zur Anklage des

Nichtwissens! Die Begründung des Höchtsgerichts lautet, das Dilemma der Komplexitätsfalle entstehe einerseits dadurch, dass ein betroffenes Opfer nicht wisse, dass es nicht wisse, was es nicht wisse, und dass andererseits Konfliktpartner von Overload-Opfern das Problem der Komplexitätsfalle nicht erkennen, sich ihnen gegenüber daher falsch verhalten und damit die Probleme durch die Komplexitätsfalle verschärfen. Nun, da massive öffentliche Aufklärungsarbeit über die Komplexitätsfalle erfolgt sei, können potenzielle Konfliktpartner nur noch wider besseres Wissen in die Komplexitätsfalle gezogen werden.

Obwohl der Beginn der Komplexitätsfalle mit seinen unzähligen menschlichen und wirtschaftlichen Dramen seit langem bekannt ist – mangelnde Information –, reagiert man auf das Urteil dennoch überrascht.

Oberster Gerichtshof überzeugt!

So verblüfft viele auf das Urteil reagieren, so wenige Zweifel herrschen an der Begründung, Gültigkeit und Gerechtigkeit des Urteils. Allerdings führt es mit aller Wahrscheinlichkeit zu deutlichen Konsequenzen in der Gesellschaft.

Permanente öffentliche und betriebliche Information über die notwendige Pflege des persönlichen Hirnpotenzials sind ebenso zu erwarten wie dramatische Werteverschiebungen. Tatsächlich genutztem Wissen könnte künftig ein höherer Wert zu geschrieben werden als Zeugnissen, hierarchischen Positionen und akademischen Titeln. Wissen könnte zum begehrtesten Statussymbol werden. Die Freizeitgestaltung in der Bevölkerung könnte sich radikal verändern. Fitnesscenter berichten bereits, dass ihre Mitglieder während ihrer Körperertüchtigung Hörbücher hören und Fortbildungsvideos ansehen. In den Kaffeehäusern erleben wir wieder intensive Dispute und Reflexionen. Die Vordenker unserer Gesellschaft sehen sich mit ihrer Ankündigung einer Wissensgesellschaft vollends bestätigt.

(Nicht-)Wissen

Lebenshilfe._ Die GEMeinsame hat das bedrohliche Phänomen der Komplexitätsfalle aufgedeckt. Wer anders sollte die genauen Hintergründe des Urteils aufdecken als die GEMeinsame? Über die Unterschiede zwischen Naturkatastrophen, menschlichem Versagen und eindeutigen Straftaten berichten nun alle. Lesen Sie bei uns exklusiv, wie wir das Problem der Komplexitätsfalle GEMeinsam lösen müssen. EdR Achim Sozal, der skurrile und mittlerweile jedem bekannte Gesellschaftskybernetiker, hat es innerhalb kürzester Zeit geschafft, die gesamte Bevölkerung in erhöhte Aufmerksamkeit zu versetzen. Heute beantwortet er uns die wichtigsten Fragen zur gestrigen Verurteilung des Nichtwissens und was es konkret bedeutet, eine erfolgreiche Wissensgesellschaft zu werden.

Herr Sozal, was sagen Sie zum Urteil?

Wenn alle Menschen so weise wären wie dieses Urteil, hätten wir kein Problem.

Welche Konsequenzen hat das Urteil für die Gesellschaft?

Wir werden Lösungen dafür finden müssen, dass das Nichtwissen keinen Schaden mehr anrichten kann.

Welche Ideen haben Sie dazu?

Nun, die wichtigste Frage wird die sein, wie Überlastung, Überforderung und Überreizung vorgebeugt werden kann. Wir werden uns etwa sehr genau überlegen müssen, in welchen Fällen Personaleinsparungen mittel- und langfristig sinnvoll sind und in welchen Fällen das nur zum bedenklichen Ausbeuten der Mitarbeiter und Kaputtsparen führt.

Wir werden auch sehr genau darauf achten müssen, welche Aufgaben welche Qualifikationen erfordern. Ebenso ernsthaft werden wir uns mit der Qualität von Wissen und Wissensangeboten beschäftigen müssen. Falsche Theorien können sich fatal auswirken. Mit anderen Worten wird der Einzelne sehr genau darauf achten müssen, was er eigentlich wissen muss. Er wird verlässliche Beratung brauchen. Wir müssen uns sehr genau ansehen, wie ein seriöser Wissensmarkt auszusehen hat, welche Auflagen Wissensanbieter erfüllen müssen.

Sprechen Sie damit das Problem an, dass die Qualität von Spezialisten für Laien praktisch nicht überprüfbar ist und dass durch dieses Problem die Komplexitätsfalle sehr leicht ausgelöst werden kann?
Exakt. Die Frage ist, ob etwa IT-, Kommunikations- Finanz- und Managementberater, die ja alle so breit wie tief in die ganze Gesellschaft einwirken wie zum Beispiel unsere Ärzte, Rechtsanwälte und Psychotherapeuten unter Werbeverbot gestellt werden sollten. Die zuletzt erwähnten Berufe sind aus Gründen der Qualitätssicherung auf Mundpropaganda und seriöses Informieren im Interesse ihrer Patienten bzw. Klienten angewiesen.

Diese Frage ist allerdings nicht ganz konfliktfrei, zumal es in den ersten erwähnten Branchen in vieler Hinsicht um Konkurrenzvorteile geht.
Richtig. Hier gibt es das Gegenargument: Wer empfiehlt schon seinen Spezialisten weiter, der ihm zum Sieg gegen den Mitbewerb verholfen hat? Dieses Argument verbietet aber noch lange nicht, seriöse Information über ein Angebot anstatt verführerischer, aber hohler Phrasen einzufordern. Wir müssen der Irreleitung durch zu flache Argumente und falsche Theorien entgegensteuern.

Gibt es ein Prinzip, das Sie verfolgen würden?
Ja. Als Kunde will ich Information, die mir hilft und nicht Wissen, das jemand hat. Dazu muss ich entweder in der Lage sein, meinem Spezialisten die richtigen zu Fragen zu stellen oder ich muss ihn bitten, mir zu sagen, was ich ihn fragen muss, damit er mir helfen kann.

Vor allem würde ich mir Spezialisten aussuchen, die mir sagen, was ich hören muss, wenn ich es auch nicht gerne hören will. Dem Spezialisten, den ich für seine Hilfe bezahle, muss es, etwas übertrieben gesagt, gleichgültig sein, ob ich ihn für seine Meinung lieb habe oder nicht.

Sie sehen, hier stecken der Spezialist und ich als Kunde in einer Beziehung von Wechselwirkungen. Information kann man nicht einfach so kaufen wie eine Zeitung oder Kaffee. Man kann nur sie nur im Dialog erarbeiten.

Wie unterscheiden Sie Information von Wissen?
Information ist eine Erkenntnis, die man eben erst gewonnen hat und verarbeiten muss. Sie verändert die Sicht auf etwas, und daraus kann man Konsequenzen ziehen.

Wissen ist eine Erkenntnis, die bereits verarbeitet ist. Man setzt die Konsequenzen aus diesem Wissen gegenüber relevanten Situationen und Informationen spontan ein.

Information erfährt man. Man erreicht Information über etwas außerhalb seiner Haut nur durch Signale von außen. Wissen hat man schon in sich, man erreicht es mit Nachdenken und Erinnern.

Was ist dann eigentlich Nichtwissen?
Das ist Wissen, das man nicht oder nicht mehr oder gerade nicht abrufbar in sich trägt, Information, die man nicht erreicht oder nicht aufnimmt. Es handelt sich um Ahnungslosigkeit, die uns dazu zwingt, uns gegenüber uns unbekannten Sachverhalten mit unsicheren Vermutungen und Glauben durchzuschlagen.

Wir wirkt sich Nichtwissen aus?
In erster Linie ist Nichtwissen der fehlende Informationsfilter für die richtigen Fragen. Das verhindert den richtigen Fokus der Aufmerksamkeit.

Wir können dann aus der Vielfalt der Signale die richtigen nicht herausfiltern, nicht die richtigen Fragen stellen.

EdR Achim Sozal:
„Information ist etwas, was wir gerade erfahren. Wissen haben wir bereits in uns."

Was passiert, wenn das relevante Wissen als der richtige Filter fehlt?
Es führt zum Beispiel zu Desinteresse, unrealistischen Vorstellungen und Erwartungen, kontraproduktiven Bedürfnissen, Interessen und Zielen, die dann zusätzlich als falsche Filter wirken.

Was kommt dabei heraus?
Wir verlieren die Orientierung und treffen falsche Entscheidungen.

Die Folgen?
Probleme können nicht nachhaltig gelöst werden. Im Gegenteil – mit der Lösung des einen Problems werden viele neue Probleme geschaffen.

Wir haben dann also mehr Probleme zu lösen als nötig wäre?
Ja, wir vergeuden wertvolle Ressourcen sozusagen mit Blödsinn.

Kann man sagen, dass Nichtwissen die Lebensqualität reduziert?
Absolut!

Wissen ist also der Weg zum Glücklichsein?
So einfach ist es leider nicht. Ich sage es mit Goethe: *Eigentlich weiß man nur, wenn man wenig weiß; mit dem Wissen wächst der Zweifel.*

Dennoch wird nun die Wissensgesellschaft massiv propagiert? Wird das dann nicht eine Zweifelsgesellschaft?
Ich hoffe, denn wo viel Wissen herrscht und daher entsprechend gezweifelt wird, dort wird man viele wichtige Fragen stellen und lösen, bevor man eine verantwortungsvolle Antwort gibt. Die weit verbreitete Falschinformation als unprofessionelles Mittel der Beruhigung, Oberflächlichkeit, Schönfärberei, Eindruckschinderei und unreflektierte Ja-Sagerei hätten damit endlich ein Ende.

Wie kann die Wissensgesellschaft entstehen? Welcher Weg steht bevor?
Lassen Sie mich in Anlehnung an Paul Watzlawick, Janet H. Beavin und Don D. Jackson einen Aufstieg in fünf Stufen skizzieren.[22]

22 Watzlawick, P., Beavin, J.H., Jackson, D.D., Menschliche Kommunikation, Formen, Störungen, Paradoxien, Verlag Hans Huber, Bern, 1969, S. 242 ff

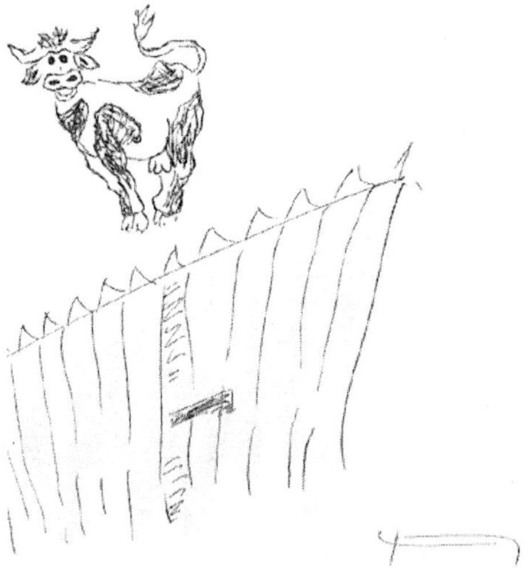

Wissensstufe 0:
Nicht wissen, dass es etwas Bestimmtes existiert
Zum Beispiel nicht wissen, dass es ein neues Tor gibt.

Wissensstufe 1:
Von etwas wissen, dass es existiert.
Beispiel: Wissen, dass es Overload-Hirne gibt.

Wie sieht das aus?

Ich würde gerne mit einer Stufe 0 beginnen – dem Nichtwissen, noch besser Nicht-Gewahrsein oder der Ahnungslosigkeit, dass es etwas gibt.

Steht man vor einem Problem, von dem man noch nie gehört hat, hat man keine Ahnung, wie einem überhaupt geschieht. Man steht sozusagen wie die Kuh vorm neuen Tor.

Wie erreicht man die nächste Stufe?

Man erreicht sie dann, wenn man erfährt, dass es etwas gibt. Man wird sich dessen gewahr.

Nennen Sie ein Beispiel.

Nun, ein Beispiel, das wir gerade alle erlebt haben, ist die Sache mit der Komplexitätsfalle. Vor der Verhaftung des ersten Overload-Hirns hat man nur in bestimmten Kreisen über sie gesprochen oder zu bestimmten Anlässen. Dann kam es zu einer intensiven Medienkampagne.

Deshalb weiß heute so gut wie jeder, dass es die Komplexitätsfalle gibt. Gilt das für alles andere, was man wissen kann, auch?

Ja, was immer es betrifft, man hat die erste Wissensstufe erreicht, wenn man weiß, dass etwas Bestimmtes existiert.

Wissensstufe 2:
Irgendetwas wissen über etwas.
Beispiel: Die Komplexitätsfalle hat mit Informationsmangel zu tun.

Wissensstufe 3:
Wissen für das Erzielen von Sicherheit.
Beispiel: Overload-Hirne stehen unter Hochspannung.

Was muss man wissen, um auf Wissensstufe 2 zu gelangen?

Auf Wissensstufe zwei weiß man bereits etwas über die bewusste Sache.

Ein Bespiel bitte.

Nehmen wir wieder die Komplexitätsfalle. Auf der zweiten Wissensstufe wissen wir zum Beispiel bereits, dass sie durch einen Mangel an relevanter Information entsteht, der u.a. zu Überforderung, Überladung, Überlastung, Überreizung, Überanspannung, Überspanntheit und Überreaktionen führen kann.

Wissensstufe 1 und 2 sind ja eigentlich durch Information erlernbar ...?

Exakt, sofern man für das Wissen aufgeschlossen ist und man sich entsprechend anstrengt. Im Grunde müssten die meisten Menschen die ersten beiden Stufen locker nehmen können. Das gilt auch für die Stufe 3, allerdings braucht es so schon ein bisschen mehr Anstrengung.

Was muss man auf Stufe 3 wissen?
Auf der Wissensstufe 3 weiß man, wie man sich gegenüber der jeweiligen Angelegenheit für seine eigene Sicherheit verhalten muss.

Ich vermute, auf dieser Stufe reicht es nicht, nur irgendetwas über eine Angelegenheit zu wissen. Es muss auch das richtige Wissen sein ...?
In der Tat! Denn nur mit dem richtigen und ausreichenden Wissen kann man für Sicherheit sorgen.

Das bedeutet dann also bereits eine intensivere Auseinandersetzung, wie Sie vorhin angedeutet haben ...?
Ja. Um die dritte Wissensstufe zu erreichen, muss man mindestens zur seriösen Sach- und Fachliteratur greifen bzw. sich bei bewährten und anerkannten Fachleuten schlau machen. Hier reicht es nicht mehr, sich auf das zu stützen, was man vom Hörensagen weiß.

Aus diesem Grund, nämlich aus Gründen der Sicherheit, gehen wir daher zum Beispiel zum Arzt oder zum Rechtsanwalt ...?
... genau, oder wir machen eine Ausbildung, um einen bestimmten Beruf sicher ausüben zu können.

Welches Wissen gibt es dann auf der vierten Wissensstufe zu erreichen?
Auf der vierten Stufe weiß ich bereits so viel über eine Angelegenheit, dass ich die Probleme, die mit ihr verbunden sind, lösen kann.

Kann man auf dieser Stufe von Expertenwissen sprechen?
Ja, aber dann möchte ich das nicht so verstanden wissen, dass sich alles, was so genannte Experten wissen, automatisch auf der Wissensstufe 4 befindet. Vielmehr muss dann jeder als Experte für eine bestimmte Angelegenheit gelten, der weiß und vormacht, wie man ein bestimmtes Problem löst.

Wissensstufe 4:
Wissen, wie man Probleme löst.
Beispiel: Entspannung u. relevante Information befreien aus der Komplexitätsfalle.

Das heißt, die vierte Wissensstufe können nicht nur Professoren und dergleichen geistige Elite erreichen?
Das heißt es. Der Bäcker zum Beispiel, der weiß, wie man das beste Brot seiner Region macht, ist

hinsichtlich Brotbacken für seine Region auf Wissensstufe 4. Er weiß das besser als etwa der beste Ernährungswissenschaftler der Welt.

Was wir bisher besprochen haben, bezieht sich auf Sachverhalte. Aber wie wir wissen, hängen mit der Komplexitätsfalle ja dramatische zwischenmenschliche Probleme zusammen. Was bedeuten diese fünf Wissensstufen dann konkret?
Vom Prinzip her dasselbe. Nur müssen wir für die zwischenmenschlichen Probleme nicht nur das richtige Sach- bzw. Fachwissen haben.

Welches Wissen braucht es in zwischenmenschlichen Fragen außerdem?
Wissen über mich selbst und den bzw. die anderen in der Beziehung sowie Wissen über die Beziehung.

Das klingt kompliziert ...
Sagen wir, es erfordert einen gewissen Einsatz. Ich brauche Sachwissen über die Natur, Notwendigkeit und Probleme in zwischenmenschlichen Beziehungen, über zwischenmenschliche, mündliche, schriftliche und technische Kommunikation usw. Außerdem muss ich wissen, wen ich bei meinen Mitmenschen vor mir habe, und ich muss mich erfolgreich mit ihnen verständigen können.

Zwischenmenschliche Beziehungen
Wissensstufe 0:
Nicht wissen, dass der andere existiert

Würden Sie die fünf Wissensstufen im Rahmen der zwischenmenschlichen Probleme mit uns durchexerzieren?
Gerne.

Wissensstufe 0 – was bedeutet sie hier?
Wenn ich bezüglich zwischenmenschlicher Beziehung auf Stufe 0 bin, bedeutet das, dass der andere für mich gar nicht existiert.

Das bedeutet, auf Wissensstufe 0 habe ich gar keine Ahnung, dass jemand anderer oder jemand bestimmter anderer existiert. Aber es bedeutet nicht, dass ich jemanden mit Absicht ignoriere?
Ja. Es bedeutet *nicht*, dass man einen Mitmenschen mit Absicht ignoriert. Aber es kann bedeuten, dass man ihn so verkennt, dass man ihn nicht so wahrnimmt, wie er tatsächlich ist.

Es ist aber auch gemeint, dass ich zum Beispiel eine Computerproblem habe, das keiner meiner Techniker versteht, und dass ich nicht weiß, dass es in der übernächsten Stadt einen Spezialisten gibt, der es mit einem Handgriff lösen kann.

Diese Probleme bestehen ja in der Komplexitätsfalle massiv!
Vor allem in den fortgeschrittenen Stadien, wenn der Kontaktverlust bis zur totalen Isolation des Opfers zunimmt.

Zwischenmenschliche Beziehungen
Wissensstufe 1:
Wissen, dass es den anderen gibt

Was wird auf der ersten zwischenmenschlichen Wissensstufe besser?
Nun, auf dieser Wissensstufe nehme ich zumindest wahr, dass es den anderen gibt.

Das ist aber nur ein kleiner Fortschritt ...
Je nachdem, wie man hinsieht. Es macht doch einen Unterschied, ob man weiß, dass man nicht alleine auf der Welt oder in einem Raum ist, oder ob man weiß, wer einem am besten helfen kann.

Ich kann nur hoffen, dass es auf Wissensstufe 2 besser wird ...
Auf der zweiten Wissensstufe weiß ich über mein Gegenüber bereits etwas, also mehr als nur, dass es ihn gibt.

Ich verstehe! Was man über jemanden anderen weiß, kann, muss aber noch lange nicht richtig sein ...
Exakt.

Dann laufen auf dieser Stufe zum Beispiel falsche Vorurteile und Meinungen über andere.
Ja, das kann sein.

Zwischenmenschliche Beziehungen
Wissensstufe 2:
Man weiß irgendetwas über den anderen.

Das ist dann die Stufe, auf der Tratsch, Intrigen, Mobbing und Rufmord gedeihen?
Ja, das kann, muss aber nicht so sein. Man kann über andere ja auch Tatsachen, sehr hilfreiche und gute Dinge wissen.

Himmel, was erwartet uns auf Stufe 3?
Da wird es besser. Auf der dritten Wissensstufe weiß ich in zwischenmenschlichen Beziehungen, was ich tun muss, um vor dem anderen in Sicherheit zu sein.

Man kann also in einer zwischenmenschlichen Beziehung erst aufatmen, wenn sich beide Seiten auf der dritten Wissensstufe befinden?
Ja, das ist so. Dorthin zu kommen verlangt eine Menge hinreichende Information über den anderen, klare Verständigung und ein gutes, unvoreingenommenes Einanderkennenlernen.

Warum?
Weil ich nur so eine Vorstellung davon entwickeln kann, was mein Verhalten beim anderen auslösen könnte.

Wann kennt man einander gut genug?
Wahrscheinlich nie, weil wir uns alle ständig,

Zwischenmenschliche Beziehungen
Wissensstufe 3:
Man weiß, wie man mit dem anderen umgehen muss, um in Sicherheit zu sein.

wenn auch meist kaum merklich verändern, und weil man niemanden vollkommen durchschauen kann, schon gar nicht sich selbst.

Was sind die Konsequenzen?
Sich nie ein fixes Bild von jemandem zu machen, sondern immer mit ihm im aufmerksamen Dialog bleiben und beobachten, inwieweit Wort und Tat übereinstimmen.

Das heißt, prüfe stetig den anderen und dich selbst?
So ist es.

Und was, wenn man sich irrt?
Dann ist es wichtig, auf die vierte Wissensstufe zu gelangen.

Was wird auf Wissensstufe 4 zwischenmenschlich möglich?
Auf der vierten Wissensstufe weiß man, wie die zwischenmenschlichen Probleme gelöst werden können.

Zwischenmenschliche Beziehungen
Wissensstufe 4:
Man weiß, wie man ein Problem lösen kann.

Aha! Das ist der Unterschied zur zweiten und dritten Stufe. Das Wissen bezieht sich auf alle beteiligten Seiten!
Genau. Erstens kann das Wissen auf der zweiten Stufe falsch sein. Zweitens reicht das Wissen, wie man selbst vor jemandem sicher ist, noch lange nicht aus, um auch zur Sicherheit des anderen beizutragen.

Wissen über zwischenmenschliche Beziehungen verlangt auf der vierten Wissensstufe wohl sehr komplexe sachliche und auf die jeweiligen Menschen bezogene Überlegungen?
Je nach Problem müssen oft komplexe Zusammenhänge beachtet und bewältigt werden.

Manchmal erscheint das Lösen zwischenmenschlicher Probleme aber doch recht einfach ...?
Dann sind die Probleme entweder nicht groß oder das notwendige Wissen ist so selbstverständlich, dass es einem praktisch nicht zu schaffen macht.

Andererseits ist das Lösen zwischenmenschlicher Probleme aber auch oft unmöglich!
Ja, dann sind es entweder sehr große Probleme, die zu wenig verstanden werden, oder die Lösung wird zumindest von einer Seite gar nicht gewollt.

Wie sehen Sie die Chancen einer Wissensgesellschaft auf Stufe 4?
Ich sehe umso bessere Chancen, je mehr Menschen erkennen, was sie nicht wissen, und je mehr sie bereit sind, darüber zu lernen, und je eher sie sich für das Lösen von Problemen im Zweifelsfall an seriöse und versierte Experten wenden. Man lernt ja auch durch Erfahrung, nicht nur aus Büchern und in Ausbildungen.

Die GEMeinsame

Die Tageszeitung für Mann und Frau

Woche 48, Sonntag, Sonntagsbeilage

Die große Studie zur Falle!

Studie._ Unsere Stammleser wissen es: Die GEMeinsame hat das Problem mit der Komplexitätsfalle aufgedeckt. Auch nach dem Urteilsspruch können wir uns wieder mit einem Exklusivbeitrag von anderen Tageszeitungen unterscheiden. Bereits 2003 wurde am Malik Management Zentrum St. Gallen eine kybernetische System-Studie über die Komplexitätsfalle durchgeführt. Über 500 Führungskräfte im deutschsprachigen Raum gaben in einer Befragung über ihre Befindlichkeit, Herausforderungen und Selbstreflexionen Auskunft. Die Studienergebnisse wurden durch die Studienautorin nur in kybernetischer Hinsicht interpretiert. Die Interpretation der Fakten wurde den Medien überlassen. Wir bringen heute die wichtigsten Ergebnisse.

Ergebnisse der Studie Manager 2003 – Selbstreflexionen und Herausforderungen

96 % aller Befragten geben an, über die Gesamtlage ihrer Organisation gut informiert zu sein und mit ihren Handlungen die beabsichtigten Ergebnisse zu erzielen. Beurteilen Sie selbst, ob die Manager des deutschsprachigen Raums die Komplexitätsfalle erfolgreich umgehen oder bereits Fehleinschätzungen treffen.

82 % aller Befragten glauben, dass wir in einer Zeit leben, in der ein radikal anderes Management-Denken notwendig sein wird. Erklären Sie sich selbst, warum die befragten Manager zu diesem Schluss kommen.

77 % aller Befragten geben zunehmenden Druck an, der auf ihnen lastet. Beachten Sie, dass nicht bekannt wird, woher der Druck kommt.

73 % aller Befragten sagen, sie können gut entspannen und abschalten. Stellen Sie Ihre eigenen Überlegungen an, inwieweit dies mit den restlichen Aussagen in Einklang zu bringen ist.

65 % aller Befragten sagen, dass sich Probleme, die auf den ersten Blick einfach erscheinen, bei zunehmender Auseinandersetzung als zusehends schwieriger erweisen. Welche Hinweise gibt Ihnen das über den erfolgreichen Umgang mit komplexen Systemen?

58 % aller Befragten sagen, sie könnten ihren Anforderungen nur noch mit vermehrter Aktivität begegnen. An welches Stadium der Komplexitätsfalle erinnert Sie das?

52 % aller Befragten geben an, dass sie Führungskräfte beobachten, die immer öfter nicht

mehr wahrnehmen, was um sie herum geschieht. Welchen Aufschluss gibt das darüber, wie weit die Komplexitätsfalle bereits verbreitet ist?

48 % aller Befragten sagen, dass immer mehr Mitarbeiter durch den herrschenden Druck nicht mehr voll leistungsfähig sind. Was sagt Ihnen das?

44 % aller Befragten fällt auf, dass kaum ein Mitarbeiter in seinem Umfeld offen gesteht, was er nicht weiß oder versteht. Stimmt Sie das angesichts der Berichterstattung über die Komplexitätsfalle zuversichtlich?

30 % aller Befragten geben an, dass Führungskräfte immer öfter unangemessen aggressiv reagieren. Was leiten Sie im Zusammenhang mit den anderen Umfrageergebnissen davon ab?

22 % aller Befragten sagen, dass sie den Eindruck haben, von ihrem System gesteuert zu werden. Sitzen diese 22 % in der Komplexitätsfalle, oder haben gerade so viele Manager noch den notwendigen Sinn für die Realität?

16 % aller Befragten sagen, sie seien oft verunsichert, weil ihnen oft wichtige und entscheidende Informationen fehlen würden. Könnte es sein, dass diese Manager gewiss noch nicht in der Komplexitätsfalle sitzen?

14 % aller Befragten haben immer öfter Angst, Fehler zu machen. Vermuten Sie hinter dieser Gruppe eher diejenigen Manager, die noch sehr klar sehen, oder die, die durch ein übererregtes Sympathisches Nervensystem biologisch bedingt mehr Angst entwickeln?

Anmerkung der Autorin:
Die hier präsentierten Ergebnisse sind nicht fiktiv. Es handelt sich um tatsächliche Resultate der kybernetischen System-Studie *Manager 2003: Selbstreflexionen und Herausforderungen*. Sie wurde am Malik Management Zentrum St. Gallen im Frühjahr 2003 durchgeführt und in dessen Auftrag von Maria Pruckner mitgestaltet und ausgewertet. Die Ergebnisse wurden im Juni 2003 der deutschsprachigen Presse vorgestellt.
Befragt wurden rund 500 Führungskräfte aller Ebenen, Branchen und Bereiche aus dem deutschsprachigen Raum anhand eines Multiple-Choice-Fragebogens. Die Befragten waren allesamt ehemalige Teilnehmer von Seminaren am Malik Management Zentrum St. Gallen, das Umfrageergebnis ist also nicht unbedingt repräsentativ. Vielmehr könnte sein, was Univ.-Prof. oec. habil. Dr. Fredmund Malik, der Chef dieser Unternehmens, sinngemäß immer wieder betont: Befragungen dieser Art führen viel wahrscheinlicher zu Antworten, von denen angenommen wird, dass sie erwartet werden, als zur Auskunft über die tatsächliche Meinung. (Siehe Malik, F., Führen – Leisten – Leben, 8. Auflage, DVA, München 2000, S. 23)
Es wäre unsachgemäß, die hier präsentierten Studienergebnisse unter dem Eindruck der intensiven Berichterstattung über die Komplexitätsfalle vorschnell als Indiz für eine bereits katastrophale Verbreitung der Falle zu betrachten. Wie der Name der Studie sagt, zielte sie mehr auf Selbstreflexion und vorausschauende Reflexion künftiger Herausforderungen ab. In einer seriösen kybernetischen System-Studie geht man nicht davon aus, dass man die Tatsachen hochkomplexer Umstände anhand eines Fragebogens analysieren kann. Das Problem der Overload-Falle kann nur theoretisch exakt dargestellt werden. Jeder einzelne reale Fall ist ein individueller Fall, der eine ausführliche fachmännische Untersuchung verlangt.
Die Publikation der gesamten Studien-Ergebnisse kann man kostenlos herunterladen unter
www.mariapruckner.com/publikationen.htm

Vorläufiges Ende des Medienspiegels

Anmerkung Overview Medienbeobachtung

An dieser Stelle ist die Sammlung von fiktiven Beiträgen über die Komplexitätsfalle in diesem Medienspiegel zu Ende. In der Geschichte folgten zahlreiche Beiträge über die erfolgreiche Entwicklung einer Wissensgesellschaft, der die Falle nichts mehr anhaben kann. Information wirkt, aber wie sie wirkt, können wir nie sicher vorhersagen. Aber möglicherweise führt die Publikation dieser Medienbeiträge zu weiteren Medienbeiträgen, die eine Fortsetzung dieses Medienspiegels erlauben …

Falls Sie von hinten zu lesen beginnen …

Es gibt Menschen,
denen sagt man ein einziges Wort, und sie verstehen ein ganzes Buch.
Es gibt Menschen,
denen erzählt man ein ganzes Buch, und sie verstehen kein einziges Wort.

Mit diesen beiden Sätzen hat alles angefangen, was zu diesem Buch geführt hat – ein Buch über die bedenklichen Folgen wichtiger, aber fehlender Information in komplexen Umständen.

Sprache

Viele Menschen meinen, Texte werden so gelesen, wie sie geschrieben wurden. Das ist mitnichten der Fall! Ob es sich um Briefe, Bücher oder Internetseiten handelt: Menschen lesen so, wie ihr Interesse sie lenkt und wie ihre Aufmerksamkeit angesprochen wird. Wie immer man durch dieses Buch geblättert hat, ob dies die erste, letzte oder welche Seite auch immer ist, die man gelesen hat: Am Anfang und am Ende von allem, was wir sagen können, steht das Problem der Sprache. Sie trennt oder verbindet uns, und was sie im einzelnen Fall tun wird, wissen wir niemals mit Sicherheit.

Sprache ist wie Geschenkpapier. Sie verpackt Information und Wissen, sorgt für Überraschung, Langeweile, Freude, Enttäuschung und Verletzung, je nachdem, wie weit das, was sie enthält, dem entspricht, was man sich vorstellt.

Sprache enthüllt nicht, sie verhüllt. Und die Geschenke, die sie enthält, kommen nie von anderen. Im Gegenteil, was der Absender einer Botschaft mit seiner Sprache verpackt hat, kann sich wie auf magische Weise auf dem Weg zu seinem Empfänger verwandeln, ja sogar verschwinden. Der Empfänger bekommt immer nur das Geschenk, das er sich selber gönnt. Es ist immer eines von Wissen, das er selbst schon hat oder eines von Information – von einer neuen Erkenntnis, die er sich eben erst zuteil werden lässt.

Sprache im engsten und weitesten Sinn ist zwar nur eine Hülle für Wissen und Information, aber sie ist unverzichtbar. Die Ausdrucksfähigkeit jedes Individuums ist wie die Visitenkarte seines Geistes. Ohne sie könnte der Mensch ihn nur limitiert zum Ausdruck bringen. Aber gleichzeitig ist sie niemals das, was sie (re)präsentiert. In jedem Kopf geht unendlich mehr vor, als je gesagt, aber auch als je bewusst werden kann.

Ihre Sprache erscheint den meisten Menschen als selbstverständlich, deshalb nehmen sie sie kaum bewusst wahr. Sie spielt in unserem Leben die zentrale Rolle. Sie kann es zum Himmel und zur Hölle machen. Sie kann uns in schlimmste Illusionen stürzen und uns erlauben, unsere Welt und unser Leben mit anderen zu teilen. Sie ist das Türschloss zum Wahnsinn. Der Schlüssel, der uns aus ihm befreien oder vor ihm bewahren kann, ist relevante Information.

Es geht daher viel weniger um eine *schöne* und *gute* Sprache, sondern um ihren Informationsgehalt und seine Wirkung. Das gilt für jede Sprache, für jeden Dialekt und für den Sprachgebrauch in jedem Milieu. Sprache kann integrieren oder ausgrenzen, Information integriert immer.

Worte

Auch die einfachsten Worte sind immer noch ganze Theorien über das, wovon wir sprechen. Wir hören zum Beispiel *Haus* und sehen ein Gebäude mit Fenstern, Türen und einem Dach vor uns. Wir verbinden mit dem Wort *Bauernhaus* etwas ganz anderes als mit *Villa*. Mit *Villa* können wir ein zierliches, schmuckes Häuschen meinen, aber auch nahezu ein Schloss. Und wenn *Hütte* zu hören ist, denken viel mehr Menschen an bescheidenste Wohnverhältnisse, während Bergleute etwa ein Eisenwerk vor sich haben.

Jeder hat mit jedem Wort Vorstellungen vor sich. Nur mit denen, die er mit anderen teilen kann, teilt er auch seine Welt. Nicht von ungefähr kommt das Wort *Mitteilungen*. Sophokles meinte, dass Worte, die helfen, nie schlimm sind. Es gibt viele Worte, die wir täglich verwenden, wie etwa *Feder, Tafel, Hilfe, Management, Kontrolle, Lenkung, Kommunikation, Information* oder *Komplexität*. Worte an sich sind weder gut noch schlimm. Gut, schlimm oder unbedeutend können nur die unendlich vielen verschiedenen Vorstellungen wirken, die sie auslösen, und das wird oft nicht erkannt. Nicht jeder der eben hier erwähnten Begriffe muss beim Problemlösen funktionieren. Hier beginnt das sinnlich nicht wahrnehmbare Problem: das Problem der Information. Es wird umso geringer, je eher die Menschen, die einander verstehen müssen, dasselbe erlebt, gelernt oder dieselben Bücher gelesen haben. Es wird umso schwieriger, je weniger das der Fall ist.

Verständigung

Gerade im so genannten *Wissenszeitalter* leben immer mehr Menschen davon, Probleme zu lösen, die andere nicht mehr verstehen können. Immer mehr von uns sind gefordert, wirksam zu informieren, sich wirksam zu verständigen. Aber komplexen Zusammenhängen steht man oft sprachlos gegenüber. Man kann sie auch nicht fotografieren und einfach herzeigen.

Um richtig verstanden zu werden, müsste man vieles als bekannt und selbstverständlich voraussetzen können. Gerade das ist leider immer seltener der Fall. Man müsste also seiner Botschaft alles Nötige voranstellen, um richtig verstanden zu werden. Das setzte die geduldige Aufmerksamkeit des Gegenübers voraus. Aber das will immer öfter *in drei Sätzen* hören, worum es geht.

$E = mc^2$ – so knapp konnte Albert Einstein seine Spezielle Relativitätstheorie formulieren. Komplexe Erkenntnis zu verdichten ist nicht das größte Problem. Das größte ist, sie zu verstehen! Also ist es gar nicht gut, wenn man *zu viel Information in zu wenig Text* verpackt. Vielmehr müsste man vieles gleichzeitig aussprechen können, um keinen Unmut zu erregen, und auch das ist nicht möglich.

Wenn man sich unter solchen Bedingungen auszudrücken versucht, wähnt man sich leicht in einem erbitterten Kampf mit der Zeit, die man hat, um sich zu verständigen. Genau hingesehen ist es ein erbitterter Kampf um Verstandenwerden. Noch genauer hingesehen ist es einer um das Verstehenwollen unserer Adressaten und um ihre Geduld. Wenn man in solchen Situationen ist, wird mehr oder weniger subtil bewusst, dass jedes Wort in erster Linie Vorstellungen, ja Phantasien über das Beschriebene auslöst, aber nicht unbedingt hilfreiche Erkenntnis.

Wenn man komplexe Umstände erläutern muss, ist man auf die Geduld und Aufgeschlossenheit seiner Gegenüber angewiesen. Man braucht ihre Bereitschaft, mit unseren Gedanken mitzugehen, ohne dass sie dabei ihren eigenen Kopf verlieren. Das ist gar nicht so einfach. Wer zu Einfühlsamkeit neigt und eher ein am Du orientierter Mensch ist, verliert sich nur allzu schnell selbst. Wer eher egozentrisch ausgerichtet ist, den erreichen andere nur schwer, ganz falsch und oft auch gar nicht. Dieser Umstand ist im Grunde beängstigend. Die Wahrscheinlichkeit des Missverstehens ist viel höher als die des Verstehens.

Akzeptanz und Vertrauen

Was uns dann noch bleibt, ist zu vertrauen. Dann macht es einen Unterschied, ob wir das müssen oder auch können. Nur wo vertraut werden kann, können die nötigen Informationen fließen. Wo das nicht möglich ist, werden kontraproduktive zur Wirkung kommen.

Der beliebteste Ausweg aus diesem Dilemma ist, komplexe Angelegenheiten gedanklich zu vereinfachen. Wenn man ausblendet, was überfordern, und wenn man ignoriert, was stören könnte, schafft man am ehesten sympathische Bilder und erreicht damit am ehesten Akzeptanz und Vertrauen. Das Drama dabei ist, dass man so zwar einen beruhigenden Überblick gibt, allerdings einen falschen, weil es das, was man dann darstellt, außer im eigenen Kopf gar nicht gibt. Man vernichtet bzw. verhindert dadurch entscheidende Information. Man stellt auf diese Weise eine Scheinrealität dar, die zwar gut ankommt, aber gefährlich ist.

Es ist menschlich verständlich, dass es immer wieder und immer noch zu dieser Wahl kommt. Jeder, der sich abverlangt, die Dinge so komplex zu sehen und darzustellen, wie sie tatsächlich sind, weiß, welch schmerzhafte Reaktionen einem das einbringen kann. Letztlich muss man sich entscheiden, ob man sympathisch *oder* seriös sein will oder sogar sympathisch *und* seriös. Die letzte Option verursacht gewiss den größten Aufwand, ist langfristig gesehen aber sicher am erfolgreichsten.

Problemlösen und Kreativität

Als Königsweg zu Sympathie und Seriosität wird in unserer oft überfordernd komplexen Welt der Ruf nach Kreativität lauter und lauter. Die meisten Menschen setzen Kreativität mit Phantasie gleich. Wer früh damit angefangen hat, Geschichten zu erfinden, erkannte aber vermutlich sehr früh, dass es viel weniger darum geht, viele und grenzenlose Phantasien zu haben, als darauf, dass sie so gut funktionieren, dass sie für wahr oder zumindest für möglich gehalten werden.

Hilfreiche und ansprechende Kreativität hat vor allem mit guter Organisation und gutem Management zu tun und ebenso viel mit permanenter und intensivster Auseinandersetzung. Ich kenne keinen erfolgreichen Künstler, bei dem sich diese Hintergründe nicht finden. Der eine oder andere mag sein Leben vielleicht nicht genial managen, in seiner Kunst tut er es allemal, mit enormer Disziplin, einem unendlichen Bedürfnis nach Gelingen, einer unstillbaren Neugierde und harter, zielgerichteter Arbeit. Es sieht nur vordergründig so aus, als seien Dichten und Managen zwei verschiedene Dinge. Im Hintergrund sind sie dasselbe. Beides ist das Manifestieren von Vorstellungen, die Wirklichkeit werden können oder sein könnten.

Geist und Realität

Die Wirklichkeit wird so, wie man über sie denkt und spricht. Je nachdem, wie konsequent und stringent man das tut, organisiert man besser oder schlechter, managt man professioneller oder stümperhafter, schafft man unangenehmere und angenehmere, schönere und weniger schöne Realitäten. Manche Leute sprechen dann von *Vision* und werden dafür von anderen kritisiert, weil denen das zu mystisch oder naiv erscheint. Dieses Problem liegt wiederum nur an seinem Wort, denn *Mysterium* bedeutet letztlich dergleichen wie *unerklärlich, unbegreiflich, unerforscht.* Auch das ist ein Problem von Informationsmangel, mit dem man umgehen lernen muss. *Vision* ist ein Begriff mit mehrfacher Bedeutung. Eine davon ist eine *mit geistigem Auge sichtbare Vorstellung zu haben* – zum Beispiel von etwas, das es noch nicht gibt, aber geben soll. Man hat mit dieser Vision dann sein Ziel klar vor Augen. Ziele gehören zum Wichtigsten im Management. Es ist also weniger entscheidend, zu beurteilen welche Worte jemand wählt als zu fragen was er mit seinen Worten meint.

Dichten und managen heißt viel weniger, funktionierende Vorstellungen und Erwartungen zu haben, als sie zu wecken. Es geht viel weniger um die Phantasien des Dichters oder Managers als um die seiner Leser oder Mitarbeiter. Wie bei guter und angenehmer Musik müssen es die Phantasien des Dichters oder Managers erlauben, dass sich sein Leser oder Mitarbeiter den nächsten Ton, den nächsten Gedanken, das nächste Ereignis schon denken und damit dann auch richtig liegen kann. Sie müssen den Leser oder Mitarbeiter aber doch immer wieder ein wenig fordern und überraschen, weil er sonst seine Aufmerksamkeit verliert. Aber das darf nie mehr sein, als es ein Leser oder Mitarbeiter verkraften und verarbeiten kann. Kaum jemand konnte das besser als Mozart. Dem nahe zu kommen wagt wohl niemand zu hoffen. Aber sein beispielhaftes Werk ist ein Auftrag, das immer wieder zu versuchen.

Wie Dichter und Manager im Grunde dasselbe tun, so tun das auch Leser und Mitarbeiter. Sie folgen den Gedanken des Dichters bzw. Managers mehr oder weniger leicht, mehr oder weniger richtig, mehr oder weniger falsch. Und Gelingen hängt zum Teil davon ab, wie gut sie mit den oder gegen die Vorstellungen des Dichters und Managers arbeiten. Zum anderen Teil aber ist entscheidend, wie gut beide Seiten miteinander interagieren.

Über unsere neue Zeit wird viel diskutiert. Viele stellen das Wissen in den Vordergrund. Aber Wissen allein genügt in komplexen Umgebungen nicht. Wissen ist eine Angelegenheit von Sprache, und ob eine Sprache und das Gesagte helfen, ist eine Angelegenheit von Information, und sie ist das, womit wir gestalten, lenken, regeln, regulieren, womit wir managen. Unsere Ergebnisse werden so gut sein wie die Informationen, mit denen wir gearbeitet haben.

Wir erreichen über komplexe Systeme nie alle Information, die sie grundsätzlich bieten. Wie sie angelegt sind, funktionieren und was in ihnen vorgeht, verlangt uns eine Menge an Vorstellungskraft ab. Dennoch ist fundiertes Wissen unverzichtbar. Es wirkt wie ein Filter für die nötigen Informationen, es sagt, welche man suchen und welche man wem geben muss.

Wer nur auf seine Phantasie setzt, der läuft Gefahr, seine Außenwelt mit seinem Innenleben zu verwechseln. Ganz vermeiden kann man das ohnehin nie. Wer meint, Kreativität sei die Lösung, wird dazu neigen, mehr Komplexität zu produzieren, als sinnvoll ist. Wer allerdings nur mit Wissen durchs Leben geht, wird die Dinge seines Alltags mit dem verwechseln, was er über sie schon gelesen, gehört und erfahren hat.

Wer Wissen, Phantasie und Kreativität als die entscheidende Verbindung betrachtet, der baut Kartenhäuser und Luftschlösser und wird zu jemandem, den man wie den Kaiser im Märchen der Gebrüder Grimm allein schon mit schönen Beschreibungen und Bewunderung einkleiden kann, wieder und wieder, während er die ganze Zeit nackt dasteht. Sprache ist Verpackung, und gerade auf den Verpackungen unserer Konsumgüter wird ihre Funktion besonders deutlich. Ein guter Werbetext und eine ebensolche Produktbeschreibung erlauben es, Kieselsteine als Gold zu verkaufen oder parfümierte Vaseline als das beste Schönheitsmittel der Welt.

Wissen, Phantasie und Kreativität werden erst dann zu günstigen Entwicklungen führen, wenn sie mit den Systemen in Verbindung gebracht und gehalten werden, in denen sie wirken. Und in diesem Zusammenhängen werden es die relevanten Informationen sein müssen, die das Geschehen steuern und nicht das, was einem gerade so einfällt und was man gerade so meint.

Leben im System

Man muss sich der Systeme gewahr sein, in die man eingebunden und mit denen man verbunden ist. Erst wenn man die damit zusammenhängenden Umstände und Wirkweisen versteht, versteht man, womit man es im Einzelnen tatsächlich zu tun hat und was sinnvollerweise zu tun ist. Das wichtigste System, über das man immer Bescheid wissen sollte, ist man selbst.

Manche Menschen sprechen mit ihrer Computeranlage, mit ihrem Auto, mit ihren Blumen oder mit sich selbst. Rationalisten mag das verrückt erscheinen. Ich selbst halte das für ziemlich klug, denn es hilft, sich Systeme, ihre Funktionen und Reaktionen vorzustellen. Das Wort *System* steht für ein Ganzes und damit für ein bestimmtes Wesen. Auch wenn es kein Leben in sich haben mag, so hauchen wir ihm mit unseren Gedanken solches ein. Das schafft nicht nur Verbindung, es macht das Wesen von Systemen bewusst und bringt damit folgende Frage ins Rollen: *Was habe ich mit diesem System und seinem Verhalten zu tun?* Diese Frage führt dahin, wie wir mit den Systemen unserer Umwelt interagieren, und sie führt uns zu den entscheidenden Antworten über ihre Gestaltung und Lenkung.

Vorstellungsvermögen ist gerade gegenüber den Dingen unverzichtbar, die wir nicht mit den Sinnen wahrnehmen können, und das ist der Großteil komplexer Angelegenheiten. Wir können sie anders nicht berücksichtigen – die Gefühle anderer Menschen zum Beispiel. Wenn man sieht, dass man anderen die Tränen in die Augen getrieben hat, weiß man noch lange nicht warum. Daher kommt ja die dann häufig folgende Frage: *Warum weinst du jetzt*? Und gerade sie löst nicht selten noch mehr Tränen aus. Man weint dann über den Informationsmangel dessen, der nach dem Grund des Weinens fragt.

Wir Menschen unterscheiden uns von allen anderen Wesen dadurch, dass wir unsere Welt unvergleichbar stärker nach unseren Vorstellungen prägen. Eine unfassbare Anzahl von Menschen ist jeden Tag damit beschäftigt zu beurteilen, was richtig und was falsch ist, und konzentriert sich dabei auf die unterschiedlichsten Dinge. Damit wir uns in einer komplexen Welt erfolgreich und gesund entwickeln können, muss immer diese eine Frage vorangehen: *Haben wir von den Dingen, die uns beschäftigen, überhaupt die richtigen Vorstellungen?*

Die richtigen Vorstellungen können immer nur die sein, die zum Gelingen führen. Aber gelingen können ebenso böse Taten, die anderen schaden, wie gute, die ihnen helfen. Was müsste uns eigentlich gelingen, um niemandem und nichts zu schaden, auch uns selbst nicht? Was wir tun, müsste nicht nur für uns selbst, sondern auch für alle anderen besser werden. Zu erkennen, was es dazu braucht, erreichen wir viel seltener über unsere Ratio als durch die Liebe, die wir für uns selbst und unsere Mitwelt aufbringen können. Aber auch *Liebe* ist ein Wort, das eine Flut unterschiedlichster Vorstellungen auslöst. Nennen wir sie für diesen Fall das Anliegen, dessen Erfüllung man daran erkennt, dass es einem selbst besser geht, wenn es durch das, was man tut, anderen besser geht. Es ist das Anliegen, seinen Beitrag zum Funktionieren zu leisten, auch wenn man dafür keine Anerkennung oder gar Dankbarkeit erntet. Das ist wohl die größte Herausforderung an die menschliche Intelligenz, und es wird nicht genügen, wenn nur eine kleine Elite über sie verfügt wie im Phantasiestaat Innerwelten die grauen Eminenzen.

Systemfehler

Wo immer uns wichtige Informationen fehlen, agieren wir mit falschen Vorstellungen. Menschen, die in der Komplexitätsfalle sitzen, tun das am laufenden Band. Mit ihnen so umzugehen, dass es für alle besser wird, verlangt nicht mehr, als zu verstehen, was allein durch ihr eigenes Gehirn mit ihnen passiert. Und es verlangt, wie Heimito von Doderer so schön formuliert hat, vor ihnen so weit zurückzutreten, *dass der eigene Schatten nicht mehr über sie fällt.* Wenn dieses Buch dabei hilft, den nötigen Abstand zu ihnen zu gewinnen, hat es seinen Sinn erfüllt.

Ich bin vielen Menschen begegnet, die in der Komplexitätsfalle gesteckt haben. Über manchen von ihnen schwebte ein besonders dunkler Schatten, über den ich in diesem Buch ein paar Worte verlieren möchte, um zumindest einen winzigen Teil des letzten Wunsches meines liebsten Lehrers zu erfüllen. Kurz bevor Heinz von Foerster starb, bat er mich: *„Bitte, wenn du damit fertig bist, das Gesundheitswesen zu reformieren, dann fang unbedingt mit den Schulen an.“* Warum er diesen Wunsch hatte, hat er bei vielen Gelegenheiten erzählt, die in den Dialog-Büchern mit ihm nachzulesen sind.

Wenn ich könnte, wie ich wollte, dann würde ich damit beginnen, dass Kinder für ihre Fehler nicht mehr beschämt und bestraft werden und für jeden Fehler, den sie bei ihren Lehrern entdecken, von diesen belohnt.

Die Komplexitätsfalle beginnt durch wichtige, aber fehlende Information, die zu Fehlleistungen führt. Es ist bezeichnend für diese Falle, dass die Fehlleistung dem, dem sie widerfährt, nicht bewusst werden kann. Bei Menschen, die heute noch an der Neurotisierung durch ihre Schulen leiden, wirkt sich das besonders massiv aus. Ihre Angst, eines Fehlers überführt zu werden, löst Widerstand und Krisen von sinnlosestem Ausmaß aus. Bevor derart angstgequälte Menschen zur Einsicht kommen, vernichten sie andere, ohne es zu wollen, weil sie irrtümlich meinen, nur so überleben zu können.

Folgende Probleme würden aber wohl noch viel radikalere Gestaltungsmaßnahmen verlangen: Konkurrenzkampf und Neid. Es ist eine der ältesten und dümmsten *Weisheiten*, dass man so lange kein Problem hat, solange man es auf andere abschieben kann. Wie man sich gewahr wird, dass man in komplexen Systemen eingebunden ist, wird man sich auch der zerstörerischen Folgen dieser Politik bewusst.

Es kommt noch ein drittes Problem hinzu, Eitelkeit. Wer vor allem durch das An- und Aussehen seiner eigenen Person gelenkt ist, vergibt sich nicht nur unzählige Chancen, aus besseren Gründen bewundert zu werden, er treibt sich selbst und seine Systeme damit in Dysfunktion. Wer am Überleben komplexer Systeme interessiert ist, egal ob es sich um belebte oder unbelebte handelt, der muss sich klar darüber werden, dass er immer nur Teil eines Ganzen ist und dass das Ganze stärker und größer ist als er. Damit will nicht gesagt sein, dass man sich nicht um eine gepflegte Erscheinung bemühen sollte, sondern nur, dass es kontraproduktiv ist, sich wichtiger zu nehmen als das System, in dem man wirkt.

Die radikalste, aber wahrscheinlich auch wirksamste Gestaltungsmaßnahme wäre das konsequente Einfordern des Respekts vor den naturgegebenen Gesetzmäßigkeiten komplexer Systeme und vor der Funktionsweise der menschlichen Wahrnehmung und Erkenntnis.

Es geht nicht darum, dass man besser als erster zuschlägt, bevor man von einem anderen geschlagen wird. Es geht darum, dass man seine eigenen Systeme verstehen und sicher beherrschen kann, weil sie sonst „zurückschlagen“. Das klingt so beeindruckend, dass Systeme zurückschlagen. Das ist so ein toller Satz, mit dem man ziemlich gebildet wirkt. Vor allem kann man damit die Verantwortung für Probleme so wunderbar an das System abschieben. Ich bin sicher, dass nicht die Systeme zurückschlagen. Systeme sind, wie sie sind. Sie tun, was sie tun, und zwar ohne jede Absicht, einzig aus ihrer Gestalt heraus. Was zurückschlägt, das ist der Mensch auf sich selbst, mit seinen eigenen geistigen Limits, seine komplexen Umstände und deren Wirkungen ausreichend genug zu erfassen.

Denkfehler

Wo immer wir mit falschen oder unpassenden Theorien arbeiten, agieren wir mit falschen Vorstellungen. So gut wie jeder würde sich wundern, wenn man ein Fußballmatch nach den Regeln des Schachspiels beurteilen oder einen platonischen Körper mithilfe der lateinischen Grammatik berechnen würde. Aber die Tendenz, mehr oder weniger alltägliche Schwierigkeiten mit theoretisch beschriebenen Problemen zu verwechseln, ist immer noch erschreckend groß.

Die meisten Probleme existieren nur in der Theorie isoliert. In der Praxis sind sie mit oft unsagbar dichten und individuellen Bedingungen verbunden. Es ist wichtig, zuerst das Problem genau zu kennen und sich dann erst für eine Theorie zu entscheiden. Probleme genau genug zu kennen verlangt immer die Auseinandersetzung mit ganzen Systemen. Die ersten Theorien, auf die man daher immer zurückgreifen muss, sind die der fundierten Systemwissenschaften.

Praktische Probleme sind faktisch nie einfache Probleme. Sobald sie mit Menschen verbunden sind, sind sie immer bemerkenswert komplex. Aber komplexe Probleme müssen nicht unbedingt auch kompliziert sein. Es ist zum Beispiel komplizierter, einen dicken Faden durch ein winziges Nadelöhr zu fädeln, als ein Auto einzuparken, obwohl das Einparken im Vergleich zum Einfädeln das entschieden komplexere Problem ist. Ebenso ist es komplizierter, sich über die Situation eines anderen nur durch die eigenen Vorstellungen klar zu werden, als im Dialog mit ihm, obwohl der Dialog entschieden komplexer ist.

Komplexe Probleme wechseln ihre Gesichter, je nachdem, wie man sie ansieht. Ich habe nie an einer Universität studiert und werde das wohl auch nie tun. So willkommen ich dort auch sein mag und so großen Respekt ich vor diesen Institutionen habe, so erscheinen sie mir gleichzeitig wie Gefängnisse. Denn Fachgebiete werden allein schon durch ihre Fachsprachen für Außenstehende letztlich uneinsehbar, durch ihr Fachwissen ohnehin. Vor allem aber beschränken sie die Sicht auf ganze Systeme, ihre Vielfalt und Vielschichtigkeit. Dabei ist gerade Einsicht das, worauf wir in komplexen Angelegenheiten am meisten angewiesen sind! Meine *Fakultät* ist sozusagen das pure Leben. Es verleiht zwar keine akademischen Titel, dafür aber einen unvoreingenommenen und uneingeschränkten Blick auf die Dinge, und es erlaubt die freie Wahl der Perspektive.

Lust durch Information

Belastende Probleme sind so gut wie immer Systemprobleme, und selbst von vielen geringfügigen kann man das sagen. Denn jede Schwierigkeit ist mit Problemen der Wahrnehmung und Erkenntnis verbunden, mit Problemen des menschlichen Gehirns. Dieses Organ fordert Information, und zwar echte und relevante Information – Unterschiede, die einen Unterschied machen. Bekommt es diese nicht oder zu wenig, reagiert es mit

Unruhe, Erregung und Spannung. Das soll uns darauf aufmerksam machen, dass wir zu wenig wissen. Die auftretende Unruhe ist nicht dazu da, sie zu unterdrücken, mit welchen Mitteln auch immer. Sie ist dazu da, ihr zu folgen, so lange nach der fehlenden Information zu suchen, bis wir sie haben. Mit dem Erreichen von relevanter Information oder Erkenntnis tritt eine unverkennbare Befriedigung ein, Ruhe und Zufriedenheit, verbunden mit einem Glücksgefühl, das so angenehm ist, dass es lebenslang Lust macht, diese Erfahrung zu wiederholen.

Die Lust am Lernen und die damit verbundene endlose Neugierde sind uns angeboren. Mit dem Gewinnen von Erkenntnis werden bestimmte Botenstoffe frei, die auf das Belohnungszentrum im Hirn wirken. Sie bereiten ein Lustgefühl, das süchtig macht. Um es zu erreichen, muss man sich allerdings auf die vorhergehende Unruhe und Anspannung einlassen und verstehen, was sie bewirken sollen: die Suche nach Information bzw. Erkenntnis.

Menschen, die Unruhe und Anspannung schlecht ertragen und dazu neigen, sie mit unterschiedlichsten Strategien abzuwehren, tappen sehr leicht in die Komplexitätsfalle. Es sind die Menschen, die rasche und einfache Lösungen wollen. Komplexe Probleme akzeptieren solche Lösungen nicht, sie verlangen ebenso komplexe Lösungen, so komplex das Problem ist. Sie verlangen die Suche nach Information und einer Erkenntnis, die alle wirksamen Aspekte berücksichtigt. Stillt man dieses Verlangen nicht, wachsen die Probleme und die Anspannung an. Es entsteht übermäßiger Stress, und es kommt zu Überforderung.

Frust durch Interpretation

Von dieser Art Unruhe, die ich hier beschreibe, und noch mehr von ihrer natürlichen Befriedigung ist mein ganzes Leben getrieben. Aus ihr heraus habe ich nie auf einem festen Standort oder sicherem Platz bestanden, aber immer auf einer besonderen Position als Beobachter – einer wandernden, einer, die mir erlaubt, Probleme aus möglichst vielen Perspektiven zu betrachten.

Von Quantensystemen weiß man das, und von lebenden und sozialen Systemen kann man es auch sagen: Sie verändern sich, wenn sie merken, dass sie beobachtet werden. Deshalb habe ich versucht, so unauffällig wie nur möglich zu beobachten, besonders wenn ich mich mit der Komplexitätsfalle befasste. In so manchen Projekten geriet ich in den Verdacht, Geheimaufträge auszuführen. Aber solche gab es nie. Auch wenn in der Zeitung über mich stand, ich sei als Undercover-Agentin unterwegs: Ich spiele immer mit offenen Karten, weil es weiterführt und das Leben viel faszinierender macht. Es ergibt überhaupt keinen Sinn, sich sonderlich zu verbergen. Denn *undercover* gerät ohnehin alles, was andere nicht erkennen und verstehen.

Hinter den dunklen Verdachtsmomenten stand immer nur der Auftrag an mich selbst, konkrete Systeme möglichst so sehen zu können, wie sie sind. Je mehr Einfluss einem auf oberster Hierarchiestufe zugeschrieben wird, desto eher bekommt man nur noch zu sehen und zu hören, wovon die Menschen denken, dass man es von ihnen erwartet oder dass sie damit am ehesten Vorteile erlangen. Die Menschen, mit denen ich ihm Rahmen von System-Studien und so manchen anderen Projekten zu tun hatte, hatten jede Freiheit, sich so zu verhalten, wie sie es wollten. Denn ich verfügte über keinerlei formale Macht. Gerade das dürfte vielen ungeheuerlich erschienen sein. In anderen Projekten, in denen systemorientierte Lösungen dann umgesetzt werden mussten, habe ich das systematische Hinarbeiten auf das Erreichen von Zielen umso stringenter eingefordert. Aber auch das erschien so manchem als Dreistigkeit, insbesondere Menschen, die mehr damit beschäftigt sind, beschäftigt zu sein, als damit, Probleme nachhaltig zu lösen.

Wenn man reale Systeme studieren und ihre tatsächliche Funktionsweise verstehen will, darf man sie weder mit einer vorgefassten Meinung noch mit einer bestimmten Vorstellung beeinflussen. Man muss immer die Haltung eines Nichtwissenden einnehmen, man muss unbedingt wissen, dass man nicht genug weiß. Man muss auch lange und geduldig genug hinsehen, man muss wissen, wie Systeme sprechen, und man darf nicht voreilig interpretieren. Dann kommen die entscheidenden Muster wie von selbst hervor. Und der Muster darf man sich erst dann sicher sein, wenn man weiß, wie sie entstehen, wenn man sie hervorrufen und vor allem auch, wenn man sie lösen kann. Solange das nicht gelingt, hat man ein System nicht richtig interpretiert.

Freiheit

Wir sind in unseren Interpretationen selbstverständlich frei. Aber ob wir mit unserer Interpretation auch richtig liegen, das können wir nicht selbst bestimmen. Das bestimmt immer das System, mit dem wir es zu tun haben. Es wird umso besser arbeiten, je besser wir es verstehen.

Der Mensch nimmt vor allem das wahr, was er glaubt, und er ist von dem, was er glaubt, oft nur schwer abzubringen. Vielmehr zieht er gerne all das heran, was ihm hilft, sich seinen Glauben zu bestätigen, während er ausblendet, was ihn verunsichern oder widerlegen könnte.

Dass jeder seines eigenen Glückes Schmied ist, kommt nicht von ungefähr, es liegt in unserer Natur. Wir sind Gefangene innerhalb unserer Haut und haben dort ein ungeheures Privileg: Jeder von uns darf selbst unterscheiden und entscheiden, was er erkennt. Allerdings verlangt uns unsere Einzelhaft ab, auch die Verantwortung dafür zu übernehmen. In und gegenüber der Komplexitätsfalle wird uns das besonders abgefordert. Sie löst sich besonders unter solchen Menschen leicht aus, die nicht dazu neigen, die Verantwortung für Probleme zuerst bei sich selbst zu suchen. Und sie wird besonders Menschen gefährlich, die die Verantwortung immer nur bei sich selbst sehen.

Wer sich der Natur des menschlichen Erkennens bewusst wird, wird viel weniger Dilemmata erleben. Es wird ihm besser gelingen, über uns Menschen zu schmunzeln und zu staunen. Er wird die Leute, die in jedem Sinne des Wortes Noten verteilen, weniger fürchten und ernst nehmen, und er wird jeden Tag in den Spiegel sehen und sich vor dem Schlafengehen fragen: *Na, was hast du dir heute wieder so zusammengedacht, und wie musst du denken, damit es morgen besser wird?* Er wird dann auch viel besser erkennen, wie abhängig wir voneinander sind und wie viel wir dazu beitragen können, das gigantische Potenzial unserer Gehirne freizulegen und zu nutzen.

Die Menschen sind heute viel schöner als früher, heißt es. Warum, kann man vor allem in den Bilanzen der Schönheitsindustrie nachlesen. Wir wollen schön sein, weil Schönheit für Erfolg steht. Aber man kann noch so viel Zeit vor dem Spiegel verbringen, die letztlich überzeugende Schönheit kommt von innen. Sie ist der Durchbruch eines klaren, starken, faszinierten wie faszinierenden und vor allem auch wohlwollenden Geistes.

Wer die Geschichten, Fragen und Gedanken in diesem Buch genau genug liest, der wird sehen, dass die Komplexitätsfalle zwei Gesichter hat: eins, das sie jedem zeigt, und eins, das sie gerne verbirgt. Das erste Gesicht ist das, was wir hören, sehen und anfassen können. Das andere Gesicht ist das der Information. Die Information ist keine Zwillingsschwester der Sprache. Wir können sie mit den Sinnen nicht wahrnehmen, wir können sie nur denken. Sie ist das Leben, das in der Sprache steckt. Sie ist das Leben, das in uns steckt. Sie ist unser Leben.

Information bringt Veränderung, und mit Information haben wir die Veränderungen in unserem Leben in der Hand. Es kommt nur darauf an, für welche wir uns entscheiden. Wer nicht sorgfältig genug darauf achtet, dass er die nötigen Informationen erreicht, der achtet nicht sorgfältig genug auf sein Leben, auf das anderer und auf das Leben selbst.

Glossar

Daten

Daten sind Zeichen, die sich auf Papier oder anderen Datenträgern befinden. Daten sind für den Menschen, der sie geschaffen hat, Wissen bzw. Information. Werden sie an andere versandt, bleiben sie so lange weder Wissen noch Information, solange sie die Empfänger nicht als ihnen bereits bekanntes Wissen oder neue Erkenntnis angenommen haben.

Information

Information ist irgendein Unterschied, der bei späteren Ereignissen einen Unterschied ausmacht.[23] Mit anderen Worten werden Daten, Signale, Impulse oder Reize dann zu Information, wenn sie irgendeine Veränderung bewirken.

Gedruckte oder gespeicherte Daten, die sich irgendwo isoliert befinden, ändern sich nicht und verändern nichts. Die Informationen des Menschen befinden sich nicht auf Papier gedruckt oder auf Datenträgern gespeichert, sondern nur in lebenden Köpfen. Daten, die sich zum Beispiel nur auf Disketten in einer Schublade befinden, haben keinerlei Auswirkungen auf Computer. Information kann allerdings durch ihr Vorhandensein ebenso wirksam sein wie durch ihr Fehlen.

Informationsübertragung

Von Informationsübertragung ist dann die Rede, wenn Daten, Signale, Impulse oder Reize von einem System oder Teil zu einem anderen übertragen werden und dadurch eine Veränderung auf der empfangenden Seite bewirken.

Kommunikation

Als Kommunikation kann jede Signalübertragung bezeichnet werden, die zwischen zwei Teilen stattfindet, unabhängig davon, was die jeweiligen Absender mit ihren Signalen beabsichtigen und was sie bei den jeweiligen Empfängern bewirken. Kommunikation ist nicht gleichzusetzen mit Informationsübertragung. Siehe dort.

---

23 Bateson, G., Die Ökologie des Geistes, Suhrkamp Taschenbuch Wissenschaft, Frankfurt/Main, 1985, S. 488

Komplexität

Häufig wird das Wort *Komplexität* als Synonym für *Haken, Klippe, Problem, Hürde, Hindernis, Schwierigkeit, Tücke* oder *Streitfrage* verwendet, allerdings nicht ganz korrekt. Diese Worte stehen vielmehr für typische Wirkungen und Folgen von Komplexität.

Der Begriff *Komplexität* steht für die Gesamtheit aller erwünschten sowie unerwünschten Merkmale und Möglichkeiten eines Systems, wenn es eine unermesslich hohe Anzahl verschiedener Eigenschaften, Verhaltensweisen, Varianten, Wahl- bzw. Reaktionsmöglichkeiten hervorbringen kann. Für das Ausmaß an Komplexität wird der Begriff *Varietät* verwendet. Siehe dort.

Ein Fernsehgerät verbunden mit entsprechend vielen Fernsehsendern ist ein sehr komplexes System. Löst man die Kabel von Antennen und Recordern vom Gerät, bildet das Fernsehgerät ein verhältnismäßig kleineres und einfacheres System, das nur ein Rauschen, Flimmern oder Testbild hervorbringen und sich nur in seiner eigenen Beschaffenheit verändern kann. Es können zum Beispiel die Lautsprecher ausfallen.

Komplexitätsfalle

Als Komplexitätsfalle wird in diesem Buch ein Problem beschrieben, das durch einen Mangel an relevanter Information entsteht, die für das erfolgreiche Erreichen von Zielen erforderlich ist. Durch den Informationsmangel kommt es zu Fehlleistungen, durch deren Folgen zu Stress. In dem Verhältnis in dem der Stress ansteigt, steigt durch das Vegetative Nervensystem bedingt auch der Mangel an Information. Die Folge von Stress ist die zunehmend schlechter werdende Wahrnehmung und Hirnleistung. Informationsmangel und Stress schaukeln einander bis zum Zusammenbruch wechselseitig auf.

Kybernetik

Diese Wissenschaft wurde Mitte des 20. Jahrhunderts begründet. Sie beschäftigt sich mit dem erfolgreichen Verhalten in komplexen und dynamischen Situationen und widmet sich den damit verbundenen Problemen.

Die Kybernetik ist eine Systemwissenschaft, das heißt, sie widmet sich dem Gemeinsamen aller Dinge und nicht wie andere Fachgebiete den Unterschieden. Sie wird definiert als die Theorie der Steuerung, Regulierung und Informationsübertragung in der belebten und unbelebten Natur.

Aus den Erkenntnissen der Kybernetik sind die wichtigsten Errungenschaften unserer Zeit hervorgegangen: die elektronische Datenverarbeitung, Automatisierung, die moderne Nachrichtentechnik, die zeitgenössische Informations- und Kommunikationswissenschaft, Pädagogik und systemische Psychotherapie. Sie hat die aktuelle Wissenschafts- und Erkenntnistheorie beeinflusst und prägt bereits das Denken vieler Fachgebiete.

Zu den bekanntesten Begriffen der Kybernetik gehören die Worte *Feedback* und *Regelkreis*. Die Kybernetik erklärt zum Beispiel, was es mit Teufelskreisen, Instabilität und Krisen auf sich hat.

Zusammengefasst könnte man die Kybernetik als die Lehre über das Verstehen und Beherrschen komplexer Systeme bezeichnen. Der Gedanke des Beherrschens mag einer der Gründe sein, warum sich diese Wissenschaft lange herber Kritik stellen musste. Die Kybernetik ist keine Lehre der Machtausübung, vielmehr eine darüber, warum Machtausübung oft vollkommen unangebracht ist. Wenn sie von Beherrschen spricht, dann meint sie das so, wie man zum Beispiel eine Sprache verstehen und beherrschen kann oder eben nicht.

Linearität

Dieser Begriff steht für Abfolgen von etwas, das einen Anfang hat, dessen Ende sich ins Unendliche fortsetzen kann, ohne sich jemals wieder mit seinem Anfang zu verbinden. Lineares Denken widerspricht den notwendigen Anforderungen für den erfolgreichen Umgang mit komplexen Systemen. Notwendig ist hier zirkuläres Denken. Siehe unter Zirkularität.

Maßnahmen gegen die Komplexitätsfalle

Die wirksamste, wenn auch oft nicht einfach umzusetzende Maßnahme gegen die Komplexitätsfalle ist prinzipiell ausreichende Entspannung. Häufig ist hierzu fachmännische, oft ärztliche Unterstützung angebracht. Dies ist die Voraussetzung dafür, dass das Nervensystem und Gehirn aus der Umwelt wieder Information aufnehmen und verarbeiten kann. Ebenso wichtig ist grundsätzlich das Erreichen der notwendigen Information, da andernfalls die Anspannung vielfach nicht nachlässt.

Die weniger optimale Alternative ist, den Anlass der Anspannung als nichtig zu erklären und damit die Relevanz der fehlenden Information und der dadurch ausgelösten Anspannung auszuschalten. Allerdings lohnt es sich, darüber nachzudenken, wie wichtig die Bedeutung eines Anlasses tatsächlich ist, der zu stark in Stress versetzt.

Als Vorbeugung kann ausreichende erforderliche Qualifikation, Zeit zur Informationssammlung, zum Informationsaustausch sowie zur Erholung und Reflexion gelten, aber auch die Kenntnis des Musters der Komplexitätsfalle, um rechtzeitig richtig zu reagieren. Ebenso hilfreich sind das Vermeiden unnötiger Reizüberflutung und Unterforderung, Konzentrationstrainings und Meditation sowie ausreichender und gesunder Schlaf.

Overload

Menschliche Gehirne geraten unter mehr oder weniger komplexen Bedingungen aus verschiedenen Gründen an ihr Limit. Dieses Limit rührt aus der Natur des Menschen. Der Prägnanz halber wird es in diesem Buch als *Overload* bezeichnet. Dieses Wort steht dann für: Überlastung, Überladung, Überforderung, Überanspannung, Überreizung, Überspanntheit und entsprechende Überreaktionen. Der Begriff *Overload* soll die individuellen und naturgegebenen Grenzen menschlicher Gehirne ständig im Bewusstsein halten.

Overload-Hirn

Der Leser wird in diesem Buch laufend Gehirnen begegnen, die unter *Overload* stehen. Der Prägnanz halber werden sie *Overload-Hirne* genannt. Was der Leser unbedingt wissen sollte: Ihr Verhalten wird, je stärker ihr Overload ist, umso weniger durch ihre Ratio gesteuert und umso mehr durch ihre Biologie. Ihr Verhalten passt mit anderen Worten besser ins Tierreich als zu kultivierten Menschen. Allerdings haben Overload-Hirne ihr Verhalten nicht unter Kontrolle. Sie brauchen entsprechendes Verständnis und einen professionellen Umgang.

Signal

Unter Signal versteht man jede Botschaft bzw. jeden Impuls, der von einem lebenden oder mechanischen System abgesendet und/oder empfangen wird, unabhängig davon, was sie beim Empfänger bewirken.

System

Unter System wird immer eine Einheit oder ein Ganzes verstanden, das aus unterschiedlichen Teilen zusammengesetzt ist, die zusammen für bestimmte Funktionen sorgen. Man unterscheidet unter anderem

1. **einfache Systeme**, deren Teile und Funktionen vollständig analysiert werden können,
2. **komplexe Systeme**, die sich aufgrund ihrer Konfiguration, Funktionsvielfalt und Dynamik jeder vollständigen Analyse entziehen.

Einfache Systeme können unbelebter bzw. mechanischer oder geistiger Natur sein, z.B. Scheren oder die Regeln von einfachen Kinderspielen. Biologische bzw. lebende und soziale Systeme sind immer komplexe Systeme, aber auch viele, wenn nicht die überwiegenden technischen und geistigen Systeme sind komplexer Natur. Komplexe Systeme aller Art haben gemeinsame Eigenschaften und Wirkweisen nach naturgegebenen Gesetzmäßigkeiten, die in der Kybernetik beschrieben werden. Siehe dort.

Ursache der Komplexitätsfalle

Die primäre Ursache der Komplexitätsfalle ist fehlende Information, die notwendig ist, um ein Problem oder eine Aufgabe richtig zu verstehen und zu lösen. Die sekundäre Ursache ist Stress. Informationsmangel und Stress schaukeln einander physiologisch bedingt auf. Die Aufnahme von Information wird durch Stress verhindert, der zunehmende Mangel an Information verursacht zunehmenden Stress.

Varietät

Der Begriff *Varietät* wird als Maßeinheit für Komplexität verwendet. Es steht für die Anzahl möglicher Unterschiede, Nuancen, Abstufungen bzw. Varianten, die ein System welcher Art auch immer grundsätzlich hervorbringen kann, unabhängig davon, welche es tatsächlich hervorbringt.

Ein Fernsehgerät, verbunden mit entsprechend vielen Fernsehsendern, kann zum Beispiel unendlich viele verschiedene Bilder, Töne und Botschaften hervorbringen. Seine Varietät ist dann enorm hoch, das TV-System ist entsprechend komplex. Löst man die Antennenkabel vom Gerät, reduziert sich die Varietät beträchtlich. Ein Fernsehgerät ohne Antenne ist nicht deshalb bedeutend weniger komplex, weil ein Kabel und die Antenne fehlen, sondern weil die Verbindung zu einem oder mehreren Fernsehsendern nicht vorhanden ist und deren Sendungen nicht auf dem Bildschirm übertragen werden können.

Zirkularität

Dieser Begriff steht für Kreisläufe und kreisläufige Verbindungen. Das Funktionieren komplexer Systeme ist von seinen zirkulären Verbindungen abhängig.

Literatur

Ashby, W. R., Einführung in die Kybernetik, Suhrkamp Taschenbuch Wissenschaft, Frankfurt/Main, 1974

Bateson, G., Die Ökologie des Geistes, Suhrkamp Taschenbuch Wissenschaft, Frankfurt/Main, 1985

Beer, S. Brain Of The Firm, London 1972, Wiederauflage bei Wiley & Sons, Chichester, 1992

Beer, S., Decision and Control, London 1966, Wiederauflage bei Wiley & Sons, Chichester, 1995

Beer, S., Diagnosing the System, Wiley & Sons, Chichester, 1998

Cwarel Isaf Institute, Homepage www.managementkybernetik.com, Texte von Maria Pruckner in Zusammenarbeit mit Fredmund Malik

Festinger, L., Theorie der Kognitiven Dissonanz, Huber-Verlag, Bern, 1978

Fischer, R., A Cartography of the Ecstatic and Meditative States, SCIENCE Vol 174 No 4012 26, November 1971

Malik, F., Führen – Leisten – Leben, 8. Auflage, DVA, München, 2000

Malik, F., Systemisches Management, Evolution, Selbstorganisation, Verlag Haupt, Bern, Stuttgart, Wien, 1. Aufl. 1993, 3. Aufl. 2003

Malik, F., Strategie des Managements komplexer Systeme, 6. Aufl., Verlag Haupt, Bern, Stuttgart, Wien, 2000

Pruckner, M., *90 Jahre Heinz v. Foerster: Die praktische Bedeutung seiner wichtigsten Arbeiten*, Videofilm, 90 Minuten, St. Gallen 2001, erhältlich im Online-Shop unter www.mom.ch

Pruckner, M., HILFE|KRANKENHAUS, Döcker Verlag, Wien, 1999

Schlichting, Michael (Hrsg.), Welten des Bewusstseins, Band 6, Abstracts – 2. Internationaler Kongress des Europäischen Collegiums für Bewusstseinsstudien (ECBS), Heidelberg (Deutschland) vom 22. bis 25. Februar 1996

Ulrich, H., Probst. G.J.B., Anleitung zum ganzheitlichen Denken und Handeln. Ein Brevier für Führungskräfte. Verlag Haupt, Stuttgart, 1995

Wiener, N., Cybernetics or Control and Communication in the Animal and the Machine, The MIT Press, Cambridge, Massachusetts, 1948

von Foerster, H., Pörksen B., Die Wahrheit ist die Erfindung eines Lügners, Carl Auer-Systeme-Verlag, Heidelberg, 1998

Watzlawick, P., Beavin, J.H., Jackson, D.D., Menschliche Kommunikation, Formen, Störungen, Paradoxien, Verlag Hans Huber, Bern, 1969